고철 정철수 선생 유고집

나의 청춘
한 학도병이 걸어온 길

고철 정철수 선생 유고집

나의 청춘

한 학도병이 걸어온 길

정철수 지음·홍순석 엮음

채륜
CHAE RYUN

고철 정철수 선생(1966년경)

가족사진 (1975. 4)

보성전문학교 재학시절(1943)

보성전문학교 졸업(1943. 10)

보성전문학교 졸업(1943. 10)

남장 조선혁명군 정치 군사학교(1944)

무정장군과 함께 (1945년경)

조국을 향하여 나오던 중 화북평원지대를 지나며(1945)

호가장전투에서 희생된 전우를 고별하며(1945. 9)

호가장전투에서 희생된 전우의 추모(1945. 9)

평원지대를 지나며(1945)

산해관을 지나(1945. 10)

평원지대를 도보로 횡단하며(1945)

국가장 어느 농촌에서(1944)

소련홍군과 함께 봉천역 광장에서(1946)

조선의용군에서 전우와 함께(1944)

길동보안군문예공작대(1946)

연길에서 새 동복을 입고 친구와 함께(1946)

연변8구직속대생산초보총결노모대회(1947. 7. 14)

연길현제1차정서교육연구회(1949. 8. 10)

市立延吉市民衆教育館職員一同1949.9.18記念

연길시 교육과원

연길현학연회(1949. 9. 18)

길림북산(1950)

고철교육과장송별(1950. 3. 6)

연길현 제1소학교 간부훈련반(1950. 2. 14)

조중국총시서 최영철송별기념(1951. 1. 7)

연변제2고중졸업(1951. 7. 3)

1955. 작가협회 회원일동

연변작가협회(1955)

연변제1중졸업(1978)

연변제1중졸업(1979. 6. 3)

대한민국방문(1986)

종손 귀국 환영(1987. 2. 22)

고철 정철수 선생 묘역(1989)

제 180605 호

표 창 장

고. 정 철 수

위는 대한민국의 자주독립과 국가
건립에 이바지한 공로가 크므로 이에
표창합니다.

2011년 8월 15일

대통령 이 명

이 증을 대통령표창부에 기재합니다.

행정안전부장관 맹 형

1. 이 책은 고철 정철수 선생의 육필 원고를 정리하여 편집한 것이다.

2. 제1부는 1993년 발간된 《나의청춘》을 저본으로 정리하되, 원문에 충실하였다. 제2부와 제3부는 미
   발표된 산문·연구원고·시 등을 수집하여 정리한 것이다.

3. 이 책의 편집 체계는 다음과 같다.

   1) 유고집의 원문 표기대로 옮김을 원칙으로 한다. 단, 띄어쓰기는 현행 한글맞춤법(1988. 1. 29) 규정
      에 의거하여 표기한다.

   * 두음법칙(렬차, 련락, 녀자 등), 사이시옷(구두발, 부자집, 기발 등), 된소리(원쑤, 문뜩 등), 모음(페품,
     은페, 웨치다, 끼여, 이였다 등), 받침(않되다 등) 표기 등은 원문대로 표기한다.
   * 외래어, 고유어, 고유명사도 원문대로 표기하되, 보충이 필요한 경우 주석으로 처리한다.
   * 단위어(명_人, 센치_cm, 메터_m, 푸로_%) 및 숫자도 원문대로 표기하되, 의미상 보충이 필요한 경
     우 주석으로 처리한다.

   2) 단락의 구분은 원문대로 옮기되, 대화는 부호를 통일하여(" ") 일괄적으로 줄바꿈 처리한다. 단, 인
      용문은 예외로 한다.

   3) 한자의 병기는 원문에 표기된 경우 본문에 표기하되, 원문에 쓰이지 않았거나 보충이 필요한 경우
      는 주석으로 처리한다.

   4) 육필 원고 원문의 오류는 바로잡아 주석으로 처리한다.

한 학도병이 걸어온 길

시간은 무슨 죄를 지어서 그리도 빨리 도망가는지 모르겠다. 숨 가쁘게 뒤쫓다가 한 숨 몰아쉬며 바위에 걸터앉아 달려오던 길을 뒤돌아본다. 언제부터인가 '벌써'라는 말이 입 안에 대기하고 있다.

벌써 30년이 다 된 것 같다. 용인지역 향토사에 관심을 두고 처음으로 찾은 곳이 포은묘역이다. 포은종택에서 할머니 한 분을 만났다. 나중에 알게 되었는데, 그분이 포은종가의 22대 종부이셨다. 툇마루에 앉아서 포은묘역을 바라보시며, 묻지도 않았는데, "우리 아들이 인자 돌아온대요." 말씀하시던 모습이 아직도 또렷하다. 그때의 인연인가 보다. 30년 만에 고철 정철수 선생의 유고집을 정리하게 되었다. 일제강점기에 학도병으로 끌려간 맏아들을 40년간이나 기다리던 어머니의 간절했던 모습이 나로 하여금, 이 책을 꾸미도록 독려하였다.

고철 정철수 선생이 포은의 23대 종손이라는 사실을 알고 나서 처음으로 유고집 《나의 청춘》이란 책자를 읽어 보았다. 포은 종손, 학도병, 고철, 조선의용군, 5.3운동, 문예활동, 문화혁명 등의 어휘가 그의 인생역정을 시사한다. 유난히도 술을 좋아하였던 그는 "나의 살던 고향은~"이란 노래를 즐겨 불렀다. 유난히도 진달래꽃을 좋아하였다. 중국 제남의 학도병 훈련소를 탈출한 첫째 이유가 포은종가의 종손이기 때문이었다. 그런데도 포은종손이라는 사실을 숨기고 '고철'이란 이름으로 40년을 살았다. 조선의 용군으로 활동하였던 그가 연변대학교 교수로 있으면서 강의하였던 과목이 일본문학이었다.

미천한 나는 아직도 그의 그릇을 엿보기 어렵다. 그의 육필 원고를 정리하면서 몇 편의 시를 발견하였다. 그리고 그것이 조선의 용군 '고철'과 포은 23대 종손 '정철수'를 잘 말해주고 있다고 판단하였다.

우화대 가는 길가 푸른잔듸에/ 뭉텅뭉텅 떨어지는 붉은 동백꽃/ 선렬들의 뜻을 이은 젊은이들의/ 감격이 숨막킨 심장이런가!

남경 우화대를 참배하고서, 1984. 4.

아낀돈을 보태여 접시차리니/ 흙백이 완연한 두층이로다/ 선조 대한 부근민은 민구하건만/ 사실이 이러하니 어찌하리오

포은선조의 제사를 모시며

이러한 사실들을 하나하나 접하면서 감히 이 책을 엮는다는 것은 만용임을 깨달았다. 게다가 책머리에 글을 적는다는 것은 더없이 면구스러운 일이 아닐 수 없다. 머지않아 누군가에 의해 다시 엮어질 것을 간절히 기대한다.

끝으로, 이 책은 영일정씨 포은공파종약원, 별좌공파종친회의 재정지원으로 간행되었음을 밝혀둔다. 중국 길림지역 답사와 원고정리, 교정 등에 함께 참여하신 여러 분들과 출판의 기쁨을 함께 나누고자 한다. 아울러 채륜의 서채윤 사장과 실무자에게도 감사의 뜻을 전한다.

계사년 봄날 처인재에서
홍 순 석 적다.

故 대종손의 유고집 발간을 축하하면서
정철수 대종손의 유고집 출간에 즈음하여

사람이란 태어나서 국가와 민족을 위해 그리고 가족을 위해 목숨 바쳐 싸우고 얼마나 희생하였느냐가 매우 중요하다 할 것입니다.

영일정씨 포은공파 대종손이며 애국지사이신 故 정철수(鄭哲洙, 일명 高哲, 1927~1989) 선생의 생애와 항일독립운동사를 재조명하는 유고집이 발간됨을 진심으로 축하합니다.

이번 유고집은 정철수의 장남 래정來晶 종손과 포은학회 부회장인 홍순석 교수의 주관으로 순국 24년 만에 발간되는 매우 뜻깊은 일이기도 합니다.

효자는 이 세상을 마칠 때까지 부모님을 그리워하게 마련이며, 부모님이 살아 계실 때도 극진히 그 효도를 다하는 것은 물론이고 부모님이 세상을 떠난 뒤에도 한평생 부모님을 그리며 살다가 자신이 세상을 마치는 순간이 되어서야 부모님에 대한 그리움을 끝내게 되는 것입니다. 이것이 참된 효자의 마음가짐이기도 합니다.

옛날 위대한 순舜 임금이 바로 한평생 부모님을 그리워한 효자 가운데 대표적인 인물입니다.

부모님이 돌아가시고 나면 효자는 부모님에 대한 그리운 마음을 달랠 길 없어 부모님이 가족과 이웃, 한나라의 독립을 위해 어떻게 투쟁하며 살아왔는가 하는 정신과 생활상을 책 속에 담아 후대에 남기게 되는데, 그리하면 부모님의 정신과 사상, 학문을 영원히 세상에 전하게 되는 것입니다.

이번 정철수 대종손의 장남인 래정 종손이 발간하게 된 부친에 대한 유고집은 바로 래정 종손이 지닌 아버님에 대한 효심의 발로라 생각합니다.

포은선조의 단심丹心의 정신과 핏줄을 이어받아 온 포은선조 24대 종손 래정 씨는 부모님에 대한 효심이 그 어느 사람보다 강하고 깊어 지난 1993년 8월 중국 연변지역에서 아버님 정철수 씨의 항일민족독립운동사에 얽힌 자료를 수집하여 처음으로 《나의 청춘》을 발간했습니다. 이어 이번에 발간되는 정철수 종손의 유고집은 지난 1993년 발간된 《나의 청춘》에 미처 싣지 못했던 미발표 원고와 연구 논문, 정철수 선생이 학도병으로 강제 징집되면서부터 탈출하는 과정, 팔로군 생활과 광복, 영주귀국 과정, 그리고 민족교육자와 항일독립운동가, 작가로서의 여러 면모 등이 자세히 소개되고 있습니다.

포은선조의 23대 종손인 정철수 선생은 경기도 용인시 모현면 능원리 71번지에서 출생하여, 1943년 말 일제의 학도병 강제지원 정책에 따라 고려대학교 2학년이 되자마자 일본군에 징집되었으며 1944년 3월 25일 중국 산동성 제남의 일본군 병영을 탈출하셨습니다. 이때 남은 가족에게 피해가 없도록 하기 위해 자신의 이름을 고철高哲로 바꾸고 조선의용군 조선독립연맹에 가담해 항일민족 독립운동을 펼쳐 오기도 했습니다.

학도병 탈출 제1호로 기록되는 정철수 선생은 공교롭게도 탈출 지역이 중국 공산당의 관할 지역이어서, 또다시 틈틈이 탈출계획을 세워 어느 날 다른 두 명의 학도병과 함께 구사일생으로 병영을 벗어나는 데 성공하였습니다. 천신만고 끝에 찾은 곳은 항일투쟁 근거지인 태항산이었는데 하필이면 이곳 역시 일본군대와 조선의용군 중국 팔로군의 치열한 항일전투 현장이었습니다. 정철수 선생은 일본 황군과 대치하고 있었던 팔로군 장교 고용高勇에 의해 극적으로 구출된 뒤, 그곳에 있는 조선의용군 대오에 참가하기도 했습니다.

1944년 9월 태항산맥에 있는 화북 조선혁명군사정치간부학교에서 항일독립활동을 하면서 해방을 맞았으나 선생은 곧바로 그리운 고국으로 돌아올 수가 없었습니다.

정철수 선생은 군생활을 접고 그곳에서 조선인들을 위한 교육사업에 뛰어들어 중국 길림시 조선중학교를 직접 설립하고 초대교장으로 취임하는 등 교육사업에 정열을 쏟으며 보냈는데, 그로부터 41년 만의 고국방문과 영구귀국으로 이어진 그의 인생편력은 가히 파란만장하였습니다.

정부는 뒤늦게나마 정철수 선생을 애국지사로 인정하였는데, 2011년 8월 15일 광복절 기념을 맞아 대통령으로부터 애국지사서

훈을 장남인 24대 종손 정래정 씨가 받기도 했습니다.

중국에서의 아버지의 항일독립운동을 통해 애국애족 정신과 포은선조의 사상 그리고 정신을 이어받아 자라 온 래정 종손은, 아버지의 피 끓는 애국애족심과 명문가의 정신을 보고 익혀 온 마음에서부터 아버지의 남은 자료집을 알뜰하게 찾고 정리하여 보존해 왔습니다. 그런 귀한 자료를 모아 이번에 정철수 유고집을 발간하게 되었음을 마음 깊이 축하하며 포은선조 대종가의 무궁한 발전과 함께 대대손손 번영과 영광을 기원하는 바입니다.

2013년 4월 30일
영일정씨 포은공파종약원
이사장 정 춘 영

contents

동틀 무렵

3부 연구원고와 미완성 시

연구원고

1부

나의 청춘 01

탈출

고노예(近衛 文麿, 1891~1945)
군인이자 정치가. 제34대(1937년
6월 4일~1939년 1월 5일), 제38대
(1940년 7월 22일~1941년 7월 18
일), 제39대(1941년 7월 18일~1941
년 10월 18일) 총 3회에 걸쳐 일
본의 총리대신으로 재임하였으
며, 제2차 세계대전 패전 후 1급
전쟁 범죄자로 지정되어 수감되
는 날 새벽에 음독자살하였음.

도-죠(東條 英機, 1884~1948)
군인이자 정치가. '近衛 文麿'의
뒤를 이어 제40대(1941년 10월
18일~1942년 7월 22일) 일본의
총리대신으로 재임하였으며, 제
2차 세계대전 패전 후 1급 전쟁
범죄자로 기소되어 1948년 12
월 23일 처형당하였음.

도나리구미(隣組, となりぐみ)
제2차 세계대전 당시, 국민의 감
시와 통제를 위해 만든 최말단
지역 조직.

방황

생활의 길이란 평탄하지 않으며 이러저러한 억울한 경우가 있기 마련이다. 그러나 사람에게 있어서 단 하나밖에 없는 자기 생명을 원쑤를 위해 바칠 것이 강요된 처지에 빠지게 된 억울함보다 더 큰 굴욕은 없을 것이다. 어떻게 하면 사람답게 살겠는가가 문제인 것이 아니라 어떻게 하면 사람답게 죽을 수 있겠는가를 생각하지 않으면 안 되게 된 처지, 더구나 갓 대학을 마치고 자기의 희망찬 장래를 개척할 꿈을 꾸어야 할 그런 청년시절, 특히는 일제를 몰아내고 제 나라를 찾기 위해 꿋꿋이 싸워나갈 충천하는 포부를 한가슴에 지닐 청년시절에 말이다.

"이 힘이여, 이 생명을 부릴 곳이 어덴가?"

지금은 부릴 곳마저 엄금되어 있는 이 노래의 이 구절이 머리 속에서 계속 맴돌이치고 있었다.

'고노예近衛'의 뒤를 이어 '도-죠東條'가 등장하자 대외적인 일제의 침략과 대내적인 탄압과 착취는 더욱더 발광적이였다. 일제의 식민지인 조선에까지도 '1억 인민 총동원'의 간판 밑에 지원병, 징병, 학도병, 징용, 애국부녀회, '도나리구미'…… 아닌 게 아니라 일 억 인민을 한 꾸러미에 꿰여 들고 휘둘렀으며, 공출, 공채, 헌납 등 부자집 녀편네의 금비녀, 은가락지로부터 나중에는 어린

애의 밥숟가락까지 빼앗아가 총알 깍지를 만들었다.

하와이폭격, 웰남●상륙, 싱가포르점령, 말레이시아폭격…….
소위 전격전을 불어대던 것도 옛날의 일, '앗쓰도,'● '가다루가나
루도,'● '사이반도'●의 옥쇄●……. 전멸된 것도 '야마도' 정신의 승
리라고 고아댔으니 '승리'란 골회가 되어 '야스구니' 신사●로 가는
것을 의미하는 것이었다. 전쟁 전에는 상품광고가 휘날리는 번화
하던 경성 진고개거리도 이젠 골목마다 '무운장구'를 비는 출정
기발이 만기모양 바람에 휘날리고, 그렇게 많이 보이던 일본 옥
상●들의 센닌하리●를 비는 모습도 이젠 지쳤는지 눈에 잘 띄우지
않게 되었고, 소란스레 달가닥거리던 일본 사람들의 '게다'짝 소
리도 사라지고 '황군'의 구두발 소리만 높아갔다. 이젠 누구나 다
일제가 망한다는 것을 짐작하고 있는 때였다. 이런 때에 일제의
강제학도병으로 끌려가게 되는 대학생들, 그의 가정과 사회의 불
안과 소란을 상상하기 어렵지 않을 것이다. 그러니까 믿기 어렵다
던 조선 사람까지 전선으로 끌어내여 마지막 도박을 벌린다는 것
쯤은 누구나 다 알고 있는 일이었다.

1943년 12월 하순, 그도 새해 원단을 앞둔 일주일 전 오후 3시
경부터 서울 남대문정거장은 소위 학도지원병을 환송하는 사람
들로 인산인해를 이루고 있었다. 풍설에 의하면 집에서 설을 쇠게
하면 무슨 일이 생길가봐 앞당겨 입대시킨다는 것이다. 정거장은
사각모를 쓴 대학생들, 중학생제복을 입은 녀학생들, 양장을 한
모-다껄,●조선옷으로 점잖게 단장한 어머니, 아버지들로 붐비고
있었다. 무엇에 지지눌린 듯한 숨막히는 침묵 속에서 멍하니 먼 곳

웰남
월남.

앗쓰도(Attu Island)
앗쓰 섬. 알류샨 열도의 니어 제
도 최서단에 위치한 섬. 일본이
점령했을 때는 아쓰타 섬(熱田
島)이라고 불림. 태평양 전쟁 중
에 일본군과 미군의 격전지가
되었던 곳으로, 일본의 패색이
완연해지면서 1944년 5월 29일
일본 육군 수비대 2,600명 이상
이 이곳 앗쓰 섬에서 전멸당한
바 있음.

가다루가나루도(Guadalcanal Island)
과달카날 섬. 남서태평양 솔로
몬 군도 남단에 위치한 섬. 태
평양 전쟁 당시 일본군과 미군
군의 격전지가 되었던 곳으로,
1942년 8월에서 1943년 2월까
지 6개월 이상의 전쟁 끝에 결
국 일본군이 패배하였음. 과달
카날 전투는 일본이
패배하는 결정적 계기로 작용
하여, 2년 후인 1945년에 일본
은 결국 항복을 선언함.

사이반도(Saipan Island)
사이판 섬. 서태평양 북마리아나
제도 남부에 위치한 섬. 제1차 세
계대전 후에는 일본에 점령되었
다가, 제2차 세계대전 중인 1944
년 7월에 미국의 통치령이 되었
으며, 전쟁 후반부 미국의 주요
공군기지 역할을 하였음.

옥쇄(玉碎)
1944년 앗쓰 섬의 일본군 수비
대가 전멸한 직후 생겨난 단어.
태평양 전쟁을 일으킨 일본군
은 한정된 병력을 태평양의 수
많은 섬에 분산배치 했는데, 전
세가 기울면서 제해권과 제공
권을 상실하자 섬에 배치된 병
력은 고립되었고, 미국군은 각

섬들을 공략하였고, 대부분 일본군 수비대는 전멸함. 전멸한 일본군들을 '옥처럼 아름답게 부서졌다.'고 해서 옥쇄한다고 표현하였음.

야스쿠니신사(靖國神社)
야스쿠니신사, 일본 도쿄 지요다구(千代田區)에 있는 일본 최대의 신사. 태평양전쟁 전몰자 246만여 명 안치되었으며, 1979년에는 제2차 세계대전의 전범들까지 이곳으로 옮겨오며 국제적인 주목을 받았음.

옥상(おくさん)
일본어. 남의 아내의 높임말. 부인, 아주머니의 의미.

센닌바리(千人針, せんにんばり)
센닌바리. 일본어. 출정 군인의 무운(武運)을 기원하기 위해, 천명의 여인들이 한 장의 천에 붉은 실로 한 땀씩 매듭을 뜬, 일종의 부적. 태평양 전쟁이 본격화되면서 '애국부인회'와 같은 단체에서 국가적 차원으로 전달 운동이 진행되기도 하였음.

모ー다걸(modern girl)
모던걸. 도시 문화 형성기인 1930년대에 단발과 양장을 하고 거리를 활보한 신식 여성을 지칭하는 말.

모대기는(모대기다)
북한어. 괴롭거나 안타깝거나 하여 몸을 이리저리 뒤틀며 움직이는 모양을 나타내는 말. '부대끼다'의 의미.

설음
'설움'의 북한어.

만 바라보는 어떤 로인의 두 눈, 절망과 격분에 모대기는●듯 피발이 선 아낙네들의 눈길, 출발시간이 언제인지도 모르고 묵묵히 서 있는 사람들의 흐리멍텅한 얼굴들만이 붐비고 있었다.

이미 해는 떨어지고 어둡기 시작한 서울 남대문정거장과 플래트홈에는 자식과 리별하려는 부모님들과 형제, 자매, 사랑하는 남편과 작별하려는 젊은 녀성들의 흐느낌에서 마치 이를 풍자하기라도 하는 듯 일본 군악대가 소위 성전가聖戰歌를 불어대는 통에 대지가 막 흔들리는 듯하였다. 마침내 출발을 알리는 기차의 기적소리가 울리자 이제까지 속으로만 흐느끼던 설음●은 급기야 통곡으로 폭발되고야 말았다. 배속으로부터 울려나와 울음으로 끝을 맺는 차 안팎에서의 곡성, 서로들 웨쳐대는, 불안과 공포, 절망과 통분에 쌓인 작별의 울음소리, 고등계 형사 놈들과 헌병 놈들의 살기찬 눈총, 삽시에 정거장은 수라장으로 되고 말았다. 기차는 서서히 떠나기 시작했다. 날은 이미 저물어 눈앞이 몽롱하였다. 바로 그때다. 나는 지금까지도 그렇게까지 긴장하고도 자연스러우며 폭탄이 폭발되는 것 같은 녀자의 웨침소리를 들어본 적이 없다.

"○○야, 네가 가면 난 어떻게 사냐! ○○야……."

떠나기 시작한 군용렬차를 뒤따라오면서 같은 외마디소리로 웨쳐댄다. 사람들의 시선은 삽시에 그에게로 집중되였다. 얼핏 보기에 오십쯤 되여 보이는 그 녀자는 흰 저고리에 흰 치마를 입고 흰 고무신을 신었는데 당시로 말하면 전형적인 점잖은 가정부녀들의 차림새였다. 점점 빨라지는 기차를 쫓느라고 자갈에 걸려 신한 짝이 벗겨진 모양이다. 차를 따라 달려오는 그 녀자는 발을 약간씩 절었고 뒤쪽에는 흰 고무신 한 짝이 딩굴고 있었다. 차의 속도가 점점 빨라지자 그 녀자의 그림자는 차차 희미해지더니 시그널 옆까지 오자 더구나 어렴풋해졌다. 단정하게 빗어 올렸던 머리가 달리는 차 바람에 헝클어져 볼모양 없게 된 그 녀인은 마치도 미친 사람인 듯 버선발로 두 손을 허우적거리면서 뭐라 계속 웨치며 따라오는 것이었다. 기차의 속력이 빨라짐에 따라 그 녀인은 점점 멀어지더니 이제는 유령같은 흰 점이 아물거릴 뿐 드디여 그것마저 어둠 속에 사라지고 말았다. 나는 점잖고 단정해 보이던 그 녀인이 그렇게까지 광적상태에 이른 모습을 생각하고 모성애의 힘과 그의 처지를 생각해 볼 때 새삼스럽게 뜨거운 눈물이 가슴속으로 굴러 떨어지는 것을 어찌할 수 없었다. 떠들썩하던 차 안도 이젠 제각기 무슨 명상에 잠겼는지 조용해졌지만 나 자신만은 '○○야……' 하고 폭발되여 나오던 녀인의 목소리가 귀전에서 쟁쟁하게 울려오는 것만 같았으며 머리를 풀어헤친 채 미친 듯이 달리는 기차를 따라오던 그녀의 아물거리던 형상이 머리속에서 희미해지질 않고 새록새록 커졌다 작아졌다 하면서 나를 괴롭히였다. 더우기 이상한 것은 그는 박재권의 어머니가 아니였으나 때론 그의 모습으로 변하여 나의 마음을 더욱 괴롭히였다.

　재권이는 나의 중학교 동창이였는데 중학시절의 하숙집 주인이기도 하였다. 하숙집은 반 칸짜리 부엌 하나, 반 칸짜리 아래방 하나, 한 칸짜리 웃방 하나였는데 기실 두 칸밖에 안 되는 찌그러져가는 오막살이집이였다. 재권 어머니는 40세 좌우여서 우리 어

시그널(signal)
열차 운행의 안전을 위해 신호를 보내는 장치. 출발 신호기, 구내 신호기 따위가 있음.

머니와 나이도 비슷하였고 어머니로서만이 가질 수 있는 독특한 모성애 또한 같았다. 그리하여 나는 입으로만 어머니라고 불렀을 뿐만 아니라 감정상으로도 서먹서먹함을 느껴본 적이 없었다. 친어머니와 딴 점이라면 평시에는 말수가 적었으나 말문이 열리기 시작하면 좀 수다스러웠고 눈물이 헤픈 것이었다. 슬픈 이야기를 할 때에는 더 말할 것도 없거니와 기쁜 이야기를 할 때에도 두 눈에 눈물이 글썽거리기가 일쑤였다. 이 일은 썩 후에 알게 된 것인데 그가 시집온 지 얼마 안 되어 그의 남편은 무슨 사상범으로 감옥에 갇혔다가 병이 위급하게 되니 보좌석방되어 나오긴 하였으나 5개월 만에 약을 쓴 보람도 없이 세상을 뜨고 말았고 그의 시아버지도 고령인데다가 너무 상심하다나니 자식의 뒤를 이어 작고하고 재권이가 유복자로 이 세상에 태여났을 때에는 재산이란 지금 살고 있는 오막살이뿐이였고 식솔은 어머니뿐이였다 한다. 그래도 재권 어머니는 바느질 솜씨가 있어 삯바느질감은 떨어지지 않았고 그 밖에 한 칸 방에 학생을 주숙●시켜 생활하였다 한다. 그러니 그들의 생활 형편은 짐작할 수 있을 것이다. 알뜰한 살림살이보다도 무서운 결심과 노력, 의지가 아니였더라면 그런 처지에서 자식을 대학까지 졸업시킨다는 것은 상상하기도 어려운 일이 아닐 수 없었다. 기실 삯바느질을 부지런히 하여 살림을 알뜰히 하고 자식을 공부시켜 남부럽지 않게 박씨 가문의 대를 이어주는 것이 그의 인생의 소원인 듯싶었다. 바느질손을 놓지 않은 채 혹시 그의 입이 열려 이야기가 나오느라면 그저 인생풀이뿐이였고 세상일은 남이 말해도 바느질에만 정신이 팔리곤 하였다. 재권이와 나는 중학을 졸업한 후 학교가 달라지는 바람에 갈라지지 않으면 안 되었다. 그 후 나는 집 생각이 나면 그를 찾아가곤 하였다. 어느덧 3년이 다가와 졸업을 앞둔 어느 날 학도지원병령이 내렸다. 물론 나도 당황했지만 재권이의 처지도 궁금하여 상의도 해볼 겸해서 그를 찾아갔다. 내가 방문을 여니 재권 어머니는 예전대로 바느질에 여념이 없었다. 먼저 눈치 챈 재권이는 눈짓으로 나를 재빠르게 밖으로 끌고 나갔다. 그의 의사인즉 졸업과 성가에 대한 어머니의 희망을 허물어 버릴 수가 없으니 지원병에 대한 이야기는 꺼내지 말아달라는 부탁이다. 난 그의 말을 듣고 깜짝 놀랐다. 며칠이 아니면 탄로될 터인데 그때는 어떻게 하겠느냐고 물으니 그는 "하여간 그때까지라도 어머니의 유일한 희망과 기쁨을 나로서는 깨뜨려 버릴 수가 없어서……" 하고는 한숨을 쉬었다. 이만하면 소위 학도지원병문제의 토론은 끝난 셈이었으나 온 김에 인사라도 해야 되겠기에 다시 방문을 열었다.

"자네들 무슨 비밀이야기를 했나? 아마 자네도 약혼을 했겠지? 자, 이게 우리 집 며느리감이네." 하며 녀자의 사진 한 장을 내놓았다. 서울녀자사범학교 교복을 입은 처녀의 사진인데 금년에 졸업하면 곧 잔치를 한다는 것이다. 그의 수다스러운 이야기는 또 시작되었다. 물론 기계 돌아가듯 같은 빠른 속도로 돌아가는 바느질손은 멈추지 않았다. 자기가 시집올 때 이야기로부터 시작하여 오늘에 이르기까지 20여 년간의 고생살이며 며느리의 인품자랑이며 시어머니로 되게 된 노력의 보람이며 지난날의 생활과 곧 닥쳐올 생활의 행복 등……. 물론 이야기의 시작부터 슬픔과 기뺨에 반죽된 눈물이 하염없이 흘러내렸다. 박씨댁의 대를 이어주는 것이 인생의 전부라는 그의 굳은 신념과 세상과는 동떨어진 그의 신념의 천진성에 새삼스럽게 놀라지 않을 수 없었다. 나는 환상에 도취되어 기쁜 눈물을 떨구는 그 어머니를 보고 공포에 잠겨 있는 재권이의 눈치만 살폈다. 재권이가 눈살을 찌프리고 속으로 한숨을 쉬는 것이 똑똑히 알리었다. 자기 이야기에 취했던 어머니도 말이 거의 끝날 무렵에야 아들의 눈치를 챘는지 "너 어디 아프냐? 얼굴색이 왜 그러냐? 오늘이 10월이지? 11월, 12월, 정월 이제도 네댓 달 남았구나. 어서 병원에 가 봐라." 그의 말을 듣고 난 나는 인사도 똑똑히 못하고 어물거리다가 그의 집 문을 나섰다. 바래러 따라 나온 재권이를 보고 "넌 어떡할 작정이냐? 어서 사실을 어머니에게 알려드리고 위안해드려라."라고 하였다. 죽은 사람같이 창백해진 그의 얼굴에서는 끊어진 구슬마냥 두 줄기의 눈물이 굴러 떨어지고 있었다. 나도 이렇다 할 좋은 방도가 없어 "자, 그럼……." 하고 작별인사를 한 후 갈라지고 말았다. 그 후 때로는 재권이네 일이 궁금하여 가보고 싶은 마음은 있었으나 앞으로 일어날 끔찍한 일이 생각키워 끝내 오늘까지 가 보지 못하였었다. 이런 회상에 잠겨있노라니 남대문 정거장에서 피끗 보았던 그 녀인의 얼굴이 똑똑히 재권 어머니의 얼굴로 변하여 머리를 풀어헤치고 유령처럼 아직도 기차 뒤를 따라오고 있는 것만 싶었다.

　"하여간 죽더라도 일본 놈의 대포밥이 되지 말고 조선 독립을 위해 조선 사람답게 똑똑히 죽자."라던 생각은 "최소한도로 피값이나 하고 죽어야지."로 변하였고 "전선에 나가면 도망쳐라!" 마치도 그 유령이 알려주기라도 한 듯 정신이 번쩍 들었다.

"전선에 도착하면 도망치자!"

"왜놈은 원쑤이니까 왜놈들의 소위 적이란 것은 우리의 벗이 아닌가! 이게 유일한 길이다."

"우리들이 힘을 합쳐 왜놈과 싸운다면 피값이야 못하겠냐!"

나는 생각을 구을리며 차창 밖만 하염없이 내다보았다. 차 안은 쥐죽은 듯 고요하였다. 더러는 멍하니 앉아있고 더러는 눈을 감고 있는데 하여간 자는 사람은 있는 것 같지 않았다.

덜컹덜컹하는 단조로운 차바퀴 소리가 들려올 뿐이다. 대관절 어데로 끌고 가려는지?

야밤의
별빛

입대하여 대구에 온 지 30여 일이 지난 어느 날 저녁 무렵. 군
용렬차에 실린 우리는 이번에는 북으로 향하고 있었다. 이튿날 오
후 정거장에 도착하여 표말을 보니 중국 산동성 제남이였다. 병
영은 도시와 동떨어진 곳에 있었는데 근처에 백성들을 얼씬거리
지 못하게 하였으니 눈에 띄우는 것은 황군뿐이다. 단조로운 제
식교련으로부터 이미 실전 연습, 야간 연습 단계까지 들어갔으니
한 달 후이면 전선으로 나갈 판이다. 조선인 학도지원병들은 한
개 분대에 1~2명씩 끼워 넣어 훈련시켰는데 탈출하려는 생각을
가진 사람은 나뿐이 아니였다. 하기에 아는 사람들끼리 만나면 대
놓고 조선말로 탈출하자는 말을 주고받곤 하였던 것이다. 한 달포
쯤 지난 어느 날 학도병만 특별회의를 한다는 통지가 와 우리는
모여 앉았는데 헌병을 제외해도 70명은 푼히 되는 상싶었다. 알고
보니 3일 전에 학도병 2명이 탈출하였는데 1명은 붙잡혔다 한다.
이자는 당지 조선 사람치고 유일한 도지사였던 충청도 우가와鳥川
의 아들이였다. 다른 1명은 갈 길이 없고 위급해지니까 철도 자살
을 하였다는 것이다. 그 후부터 우리들에 대한 감시는 심해졌다.
이로 하여 탈출하려는 생각은 잠시 자취를 감추게 되였다. 그때

토요일 저녁이면 주보회를 열었는데 주보회 때만 매개인에게 안주 몇 가지에 술을 얼마씩 주었다. 술을 마시면서 오락회를 열었는데 이것을 주보회라고 하였다. 물론 교관도 다 참가하여 소대별로 오락회를 열었다. 당시 훈련 조건에 비해 식량 공급이 대단히 부족하여 밤낮 배를 곯고 있던 차에 색다른 안주와 술이 있으니 주보회를 하는 것도 싫지는 않았으나 오락회만은 정말 싫증이 났다. 술을 마셔 얼굴이 지지벌개가지고 저가락으로 술상을 두드리며 놀아대는 그 추잡스러운 꼴은 참으로 징그럽게 생각되었다. 그날도 불쌍한 자기의 처지와 값없는 생명에 대한 생각에 사로잡혀 속으로 눈물을 떨구고 있는데 별안간 노래를 부르던 교관의 입에서 내 이름이 튀여나왔다. 노래를 부른 사람의 권리로 이것은 자기의 뒤를 이어 오락회를 이어가라는 분부로서 그의 명령이나 다름없었다. 환멸과 반항심에서 더구나 먹을 줄 모르는 술까지 두어 잔 마신 흥분 속에서 나의 머리에는 내가 학창시절에 즐기던 일본 시 '하기하라사꾸따로'● 중의 '도네강반'●이 떠올랐다.

"전 노래를 부를 줄 몰라 시를 한 수 랑송하겠습니다."라고 하니 좌석에서는 집이 떠나갈 듯한 박수갈채가 울려나왔다.

> 어제도 강물에 몸을 던져버릴가 하고
> 도네강반을 거닐고 있었노라.
> 허나 강물의 흐름 너무나도 빠르고
> 나의 애탄 마음 또한 멈춰 세울 방법도 없어
> 뻔뻔스럽게 살아가면서

하기하라사꾸따로(萩原朔太郎, 1886~1942)
일본의 근대시인. 『月に吠える』, 『青猫』등의 시집이 있음.

도네강반
利根川の岸辺より

게사니
'거위'의 방언(강원, 경기). 북한어.

오늘 또한 강반에 나와 돌을 던지며 놀았노라.
어제나 오늘이나
보람도 없는 이 나의 몸을
이렇게까지 사랑스럽게 느껴지는 기쁨이여,
누가 나를 죽이려고 한다더냐.
난 애처로운 나 자신을 부둥켜안고서 통곡할지어라.

　나의 랑송에 흥성거리던 분위기는 갑자기 가라앉고 늙은 로병의 두 눈에는 눈물까지 글썽하였다. 그러자 교관의 두 눈은 삼각형으로 변하였다.

　잘못됐구나 하는 생각이 떠오르자 나는 가라앉은 이 장면을 만회해 보려고 교관이 특별히 사랑하는 신주神主학교 학생이었다는 자에게 노래를 넘겼다. 그는 몸을 가다듬고 나서 게사니●처럼 목을 비틀어대며 소리를 쳤다. 하지만 흥성흥성하던 분위기는 되살아나지 못하였다. 이렇게 되자 그날의 주보회도 시시해지고 말았다. 이 일이 있은 후 교관과 나 사이에는 내 힘으로 어찌할 수 없는 간벽이 생기고 말았다.

　일요일이었다. 로병들은 다 외출하고 신병들은 총직일교관의 지휘하에 집체로 대청소를 한 다음 오후에는 자유 시간을 주어 집에 편지를 쓴다든가 자기의 빨래를 한다든가 하는 일들을 하게 하였다. 나는 빨래를 해가지고 맥이 풀려 터벅터벅 병영으로 걸어갔다. 이상한 감에 본능적으로 문득 그 자리에 서고 말았다. 우리 병영에서 소곤거리는 말소리가 들려나왔던 것이다.

"저, 며칠 전에 태산부근에서 황군이 빠로(팔로군이란 뜻)한테 습격을 당했는데 손실이 적지 않았다 합니다."

두 눈알이 새까만 부분대장의 목소리였다. 공포에 질린 얼굴이 보이는 상싶었다. 나는 꽉 막혔던 가슴이 탁 트이는 것 같았고 앞길이 환히 내다보이는 것만 같았다. '태산'이란 산동 제남 부근에 있는 산이며 중국의 으뜸가는 명산이다. 이는 탈출할 방향을 몰라 매일같이 속을 태우고 있던 나에게 있어서 그야말로 더없이 진귀한 정보가 아닐 수 없었다.

"그 속에는 조선인도 있었답니다."

입대한 지 8년이 되었으나 상등병밖에 되지 못한 어리무던한 농민 출신인 분대장의 목소리였다. '3.1운동, 의병운동, 림시독립군, 신출귀몰하는 유격대, 축지법……. 그런데 그 사람들이 이곳에 있다 하지 않는가!' 울렁거리는 가슴을 억제하면서 또 무슨 말이 나올가 하고 귀를 도사리고 있는데 뒤에서 왜군의 발자국 소리가 났다. 시간은 어물거리고 있도록 용서치 않는다. 만약 그가 내 눈치를 채면 장관에게 보고할 것이며 그들이 시간과 장소를 대비하여 자기들의 말을 내가 들었으리라는 짐작만 간다면 어떠한 후과를 초래할지 모를 일이다. 나는 활발하게 구두발 소리를 내면서 병영문 앞으로 다가가 "보고! 초년병 ○○○ 빨래를 해 가지고 왔습니다." 하고 왜가리소리를 쳐댔다.

"자못 기운찬데, 참 황군다와!"

주보회에서 실수한 후 처음 들어보는 교관 녀석의 칭찬이었다.

어느덧 취침 시간이 되었다. 대낮같이 환하던 병영은 불이 꺼지고 다만 요긴한 곳의 전등만 어둠 속에서 졸고 있는 상싶었다. 나는 자리에 누워 내 옆에 누워있는 분대장이 잠들기만 기다렸다. 나에겐 지도책이 있었기에 중국의 제남과 태산과의 거리 및 방향을 똑똑히 보고 싶은 마음이 불타올랐다. 탈출하면 어느 때에 하고 누구와 하고 어떤 수단으로 할 것인가? 나는 생각이 많았다. 사방에서 코고는 소리도 요란해지자 그것을 압도하려는 듯 분대장의 코고는 소리도 점점 더 높아졌다. 나는 일어나 수지를 찾는 체하면서 지도책을 꺼내가지고 변소로 달려갔다. 과연 제남도 있고 태산도 있었다. 방향은 제남에서 동남쪽, 거리는 축소비례에 의하여 계산해 보아도 직선으로는 70리 돌아간다 해도 백 리 푼한 듯싶었다. 70리라면 젊은이로서는 어렵지 않은 하루길이다.

무사히 병영을 뛰어넘어 동남쪽으로 하루길의 로정을 달려가면 태산, 그곳에는 '빠로'가 있지 않는가! 조선인 군대도 있다지! 오직 그곳으로 찾아가야만 조선을 독립시키고 망국노의 설음에서 벗어날 수 있다. 죽는 한이 있더라도 찾아가야 한다. 이만하면 탈출하여 찾아갈 목적지가 아주 똑똑하지 않은가! 그날 밤 나는 기쁨과 흥분으로 하여 도무지 잠을 이룰 수 없었다. 밤도 깊어 대지는 어둠 속에 파묻혔고 창 너머로 흘러드는 뭇별의 빛발들이 어렴풋한데 분대장의 코고는 소리만은 변함없이 요란하였다. 동남쪽 상공에 반짝이는 별빛은 더더욱 찬란하였다.

탈출

　탈출조직사업을 다그치기는 하였으나 자유 시간이 전혀 없는 초년병의 처지로서는 일이 진척되지 않았다. 시작한 지 보름이나 되었건만 겨우 네 사람을 묶어세웠다. 따져보니 한 사람에 거의 나흘이나 걸린 셈이다. 어느 날 병사 이동 소문이 떠돌더니 전시 비상용식량까지 나누어 주는 것이었다.

　"이것은 우연한 경우 식량공급이 일시 끊어졌을 때 사령관님의 명령에 의하여만 먹을 수 있는 것이다. 알아들었느냐?"

　교관이 웨쳐대는 소리였다. 떠도는 소문, 우리가 받은 훈련, 나눠가진 물건 등을 미루어보아 병영 이동은 틀림없었다. 전례를 봐도 '이동명령'은 언제나 불시에 내리는 법이었다. 만약 제남을 떠난다면 태산이란 목적지를 어디에 가서 찾는단 말인가? 더는 기다릴 수 없는 것이다. 곧 떠나자! 어물거릴 때가 아니다. 그렇다면 이미 약속된 네 명의 사상을 통일시키는 것이 시급한 문제이다. 이렇게 생각한 나는 곧 이 일에 착수했다. 같은 소대에 있는 평장우와 허섭은 괜찮은데 딴 소대의 친구와의 련계가 문제였다. 우리 셋은 서로 분공하여 한 사람씩 돌파해 나가기로 했다. 날자는 3월 25일 밤, 나의 야간 보초가 끝난 다음 통지에 의하여 행동하기로 하고 준비할 것은 일본군이 내준 비상용 식량, 담배, 수건, 비누

이외에도 식량과 바꾸어 먹을 수 있는 물건 등이다.

3월 25일이 닥쳐왔다. 밤 10시 반부터 11시 반까지가 나의 보초 시간이었다. 야간 보초래야 훈련 중의 초년병들은 실내보초를 서는 것인데 한 개 소조가 5명으로서 동서출입문에 각각 2명씩이고 1명은 각 칸을 순시하는 것이었다. 당시 일제는 이미 태평양 전쟁까지 벌린 때라 인력, 물력 등 여러 면에서 곤경에 빠졌으므로 병사들 가운데는 병자가 많았다. 취침이 시작된 지 한 시간 반이나 지난지라 훈련에 지친 병사들은 눕기가 바쁘게 요란하게 코를 골아댔다. 나는 평장우가 자는 방에 이르러 그를 다치였다. 벌떡 일어난 그는 준비한 보따리를 들고 나가는 것이었다. 나는 정신을 바싹 가다듬고 보따리를 가진 그가 출입구보초선을 어떻게 통과하겠나 하고 가슴을 조이며 귀를 기울였다. 문어귀에선 별다른 동정이 없었다. 무사통과된 것이다. 그제야 나는 안도의 숨을 쉬었다. 집합장소를 정해 변소에 모이기로 하였지만 여러 칸인 변소에 가서 어떻게 찾는단 말인가? 계획상 빈 구멍이 생겼다는 것을 발견한 나는 인차● 뒤쫓아나갔다. 나는 설사가 난다고 혼자말처럼 큰소리로 중얼거리면서 보초선을 지나 그의 뒤를 쫓았다. 변소에 가보니 평장우는 오줌을 누는 척하며 어물거리고 있었다. 나는 그더러 빨리 8포 변소 칸으로 들어가 안으로 문을 잠그고 내가 와서 찾을 때까지 기다리게 한 다음 병영으로 돌아와 또다시 침실순찰을 시작하였다. 허섭이 있는 방에 이르러보니 바로 그의 옆에는 이를 앓아서 얼굴이 퉁퉁 부어 있는 병자가 있었다. 그의 볼에 랭수 찜질을 해 주어야만 했다. 나는 찬물에 수건을 푹 적셔 갖다 주는 체하면서 허섭이를 건드렸다. 그는 깜짝 놀라 눈을 번쩍 떴다.

"빨리 8호 변소 칸으로!"

간단히 통지를 해 주고는 옆에 앉는 병사가 눈치를 차리지 못하게끔 특별히 관심하는 체 하였다. 이만하면 됐으리라 생각한 나는 딴 방으로 갔으나 허섭의 동정이 들리지 않았다. 나의 주의력은 허섭이 있는 방에 집중되었다. 아직도 아무런 동정이 보이지 않는다. 어찌된 셈일가? 그렇다고 다시 그 방으로 갈 수는 없는 것이다. 내가 한 바퀴 순라를 하고 다시 허섭이 방으로 들어가 보니 그는 그냥 자는 체하고 있었다. 지나가는 척하고 또 툭 다치니 그는 눈을 번쩍 떴다. 보따리를 들고 변소로 향하는 허섭이를 보고서야 팽팽하던 마음이 좀 풀린 나는 다음 방으로 바삐바삐 돌아갔다. 바로 그때 출입구 쪽에서 "어이, 시간이 됐다." 하는 소조장 이와사끼의 목소리가 들려왔다. 나는 더욱 초조해났다. 아직도 깨워야 할 사람이 한 사람 더 있지 않는가?! 나는 나오는 길에 약속한 그 친구의 방에 가 보았다. 동작이 느린 그에 대해 괘씸하게 생각한 나는 분김에 깨운다는 것이 총탁목으로 그의 머리를 쳤다. '쿵!' 하고 그리 높지는 않으나 둔탁한 소리가 울렸다. 바로 그때 "어데 있냐 ○○!" 나를 찾는 다음 차례 보초원의 목소리가 들려왔다. 더는 어물거릴 수 없었다. 하여간 통지를 하였으니까 변소에 가서 기다리겠지. 나는 이렇게 나 자신을 위안하면서 병자정황 교대를 대수하고는 자기 침실로 돌아와 보초를 서고 먼저 들어온 자들의 동정을 살피었다. 이와사끼의 코고는 소리는 나를 안심시

박투(搏鬪)
서로 맞닥뜨려 치고 때리며 싸움.

판가리
'판가름'의 북한어.

켰다. 그들이 잠든 것이 분명하였으나 그래도 미심해서 나는 "이 빌어먹을 설사가 또 나네!" 하고 혼자 중얼거리며 보따리를 들고 변소로 달려갔다.

바로 이때 뚜벅뚜벅 장교의 발자국 소리가 들려왔다. '이 보따리를 어디에 감춘다?' 얼핏 보니 세멘트로 만든 긴 세면대가 있는데 그 구석이 캄캄하였다. 얼른 그 구석에 보따리를 밀어 넣자 장교도 변소에 이르렀다. 나는 내무반 조례대로 경례를 하고는 "초년병인 제가 설사를 만나 변소에 왔습니다." 하고 보고를 하였다. 그는 전지를 켜들고 변소 안을 뺑 둘러보기 시작하였다. 전지불이 벽에 닿은 그 높이가 바로 내가 보따리를 감춰둔 곳의 높이와 같았다. 만약 그 불빛이 직선으로만 간다면……. 간이 콩알만 해져 가슴을 조이고 있을 때 교관 녀석이 켜든 전지불빛이 점점 세면대로 다가왔다. 삽시에 나는 온몸의 맥이 탁 풀리면서 세상이 뱅그르 도는 것 같고 하늘이 다 노랗게 되여보였다. 위기일발의 시각 박투● 하여 판가리● 낼 것인가 아니면 벗들을 위해 나만 희생할 것인가? 하느님이 보호해 주었는지 그 녀석은 전지불빛을 아래로부터 우로 올리 비추면서 세면대 웃부분만 비추고 돌아서는 것이었다. 나는 숨이 활 나가고 정신이 번쩍 들었다. '내 정신보라지. 설사한다는 놈이 이렇게 멍하니 서 있다니!' 나는 불이나게 변소 칸 문을 열고 들어갔다. 장교도 내가 변소 안으로 들어가는 것을 보고 뚜벅뚜벅 구두소리를 내면서 밖으로 사라졌다.

"똑, 똑."

나는 8호 변소 문을 똑똑 두드렸다. 변소 문이 열리자 우리 셋은 한데 모였다.

"척식대학 권투쟁이를 어떻게 하니?"

그때까지도 내가 네 번째로 련계한 친구는 도착되지 않았다. 척식대학 학생이였고, 권투가 3단이기에 우리는 그를 권투쟁이라고 부르고 있었다.

"더 기다릴 순 없다. 자, 가자!"

허섭이는 말을 마치자 동남쪽을 향하여 뚜벅뚜벅 걸어갔다. 평장우가 그 뒤를 따르고 또 그 뒤에 내가…… 이렇게 셋은 한 줄로 서서 걸어갔다. 철조망에 이른 허섭이는 3메터 높이나 되는 철조망 기둥에 의지하여 기여오르기 시작하였다.

'저 애가 미쳤나!' 육중한 사람이 철조망에 매달리니 삐걱삐걱 쇠줄 조여드는 소리, 뎅그렁 뎅그렁하는 달아맨 빈 통조림통 소리가 요란하였다. 철조망 높이는 3메터였고, 전호 깊이도 3메터였다. 그런 높이에서 육중한 사람이 전호에 떨어지니 '쿵' 하는 소리가 울려 퍼졌다. 뒤이어 평장우도 넘어갔다. 아슬아슬한 찰나 동작의 신속함을 요구할 뿐 다른 것은 아무 것도 필요되지 않았다. 이런 생각을 굴리는 순간 나의 몸도 전호 안으로 떨어졌다. 셋은 너무나도 기뻐 "됐다! 됐어! 됐다! 됐어!" 하며 서로 부둥켜안고 껑충껑충 뛰였다.

"우선 적정을 살피자! 적이 우리 행동을 눈치챘는지."

일순간의 흥분이 지나자 셋은 다 같이 매복하여 랭정해졌다. 보초선으로부터 시작하여 병영에 이르기까지 약 3분간 살펴보았으나 사방은 쥐 죽은 듯 고요하고 다만 가까운 곳에서 '또로록 또

로록' 벌레의 울음소리만 귀가에 들려올 뿐이였다. 우리 셋은 전호 한 모퉁이에 둘러앉아 행동 계획을 토론하였다. 첫째 제남에서 동남방향, 우선 방향을 잃지 말 것, 둘째 날이 밝기 전에 제남 교구를 빠져나갈 것. 우리의 행동계획은 간단하게 통과되었다. 우리는 집들이 앉은 방향, 나무가지가 뻗어나간 방향, 나무그루 껍질의 온도상의 차이 등을 가리면서 방향을 찾아 걸어갔다. 동남쪽을 바라보니 아득한 곳에 높은 산이 어렴풋이 보였다.

"됐다, 저 산을 향하여 길이 있건 물이 있건 직선으로 곧게 가자. 앞으로!"

내가 웨쳤다.

"날이 밝기 전에 제남교구를 벗어나자!"

허섭이가 받았다. 다시 적정을 살펴보아도 다른 동정이 없었다. 큰길을 피하면서 걷자니 여간만 힘든 것이 아니였다.

"됐다, 계속 전진!"

우리 셋은 누가 누구에게 명령을 하는지 서로 웨치고는 큰길을 버리고 밭으로 들어섰다. 한참 가고 보니 큰길로 가는 것보다 몇 곱절이나 힘겨웠다. 자세히 살펴보니 도로는 우리가 가는 방향으로 곧게 뻗어져 있었다.

"지금은 우선 이 도로를 리용하자!"

세 마음이 단합되자 우리의 걸음은 한결 빨라졌다. 우리가 신은 일본군 평상화는 어찌나 징을 많이 박았는지 고요한 야밤 공기를 뒤흔들어 놓는 것만 같았다.

"누구얏?"

보초선인 듯한 곳에서 중국말의 구호가 울려나왔다. 너무나 예상 밖인지라 셋은 약속이나 한 듯이 주춤하며 물러섰다. 그 바람에 구두발이 도로바닥에 긁히어 마치 유조를 잡아제끼고 장탄하는 듯한 소리가 들려왔다. 그러면서 "황군" 하는 높지는 않으나 오돌찬 목소리가 나의 귀전에서 흘러나왔다. 보니 허섭이였다.

"으응! 으응!"

자다 깨난 녀석의 얼버무리는 겁에 질린 목소리를 보아 왕정위 군대의 보초선이란 짐작이 갔다. 우리는 들어보라는 듯이 일본말로 지껄여대면서 태연하게 지나갔다. 만약 그게 일본군이였다면 꼭 탄로가 났을 것이 아닌가! 고생스럽더라도 또다시 밭을 지나고 물을 건느면서 동남쪽으로 태산을 향하여 걸었다. 울퉁불퉁한 밭과 험악한 산은 우리를 반갑게 맞아주었다.

무엇보다도
큰 힘

날이 희붐히 밝아오자 서풍이 일기 시작했다. 어렴풋이나마 주위를 살필 수 있게 되자 시계를 보니 세시 반이였다. 제남시는 보이지 않고 이곳저곳에 큰 마을만 보이였다. 우리가 걸은 시간으로나 환경 풍경으로 봐서 제남시교구역은 빠져나온 상싶었다. 서풍이 불어오니 바람 방향을 따라 나간다면 방향을 잃을 근심은 없게 되였다. 어느덧 밭을 지난 우리는 모래밭으로 들어서게 되였다. 바람에 모래알까지 날려 와 사정없이 우리를 후려갈겼다. 때론 사람을 날릴 양으로 모래바람은 극성을 부리며 덮쳐들었다. 태양마저 흙먼지 속에 파묻혀 술에 취한 사람의 얼굴마냥 지지벌개가지고 공중에 걸린 것이 마치 흐린 날씨에 밤하늘에 걸린 달과도 같았다. 가도 가도 모래판이다. 대관절 우리가 어델 왔을가? 발을 디디면 모래밭에 쑥 빠져 들어가고 움푹이 패였던 발자국은 발을 빼자마자 서풍에 날려 온 모래에 메워지곤 한다. '왜놈들아! 너희들이 개를 데리고 추격해도 이젠 우리를 찾긴 다 글렀어!' 탈출 성공이 긍정되자 긴장이 풀리고 배가 고파 못 견딜 지경이였다. 시계를 보니 여섯시 반이다.

"좀 쉬고 가자. 맥이 없어!"

평장우의 말이다. 우리는 모래밭에 주저앉아 왜군이 내준 비상용식량(굳은 빵)으로 배를 달래였다. 목이 메여 캑캑거리면서도 하루의 식량을 잠간 사이에 다 먹어치우고 말았다. 좀 지나니 이번엔 갈증이 나 못 견딜 지경이였다. 하여간 또 걷자. 셋은 일어나 몸부림치는 서풍을 등지고 또다시 걷기 시작하였다. 이렇게 모래밭만 하여도 두어 시간은 푼히 걸었을 무렵에 개울이 나타났다. 얼른 달려가 마셔볼가하니 어찌나 물이 흐렸는지 차마 입을 댈 수가 없었다. 우리가 신을 벗어들고 바지를 걷어 올리고 물을 건너가려할 때 나의 머리속에서는 제남 부근의 지도가 얼른거렸다.

"그렇다. 구황이다!"

나도 모르게 소리를 질렀다. 손으로 물을 떠 자세히 들여다보니 그저 보기보다는 좀 깨끗해보였다.

"마시자, 왜군이 내준 약도 있지 않니? 물을 마시고 먹는 소독약 말이다."

내 말이 떨어지기 바쁘게 셋은 개울에 엎디여 물을 켜기 시작하였다. 소독약도 먹었다. 그리고 나니 한결 정신이 나서 서로 쳐다보니 아직도 모자나 목에는 모표와 령장이 그대로 있었다. 우리는 서로서로의 것을 뜯어주었다. 평장우는 뜯어낸 모표와 령장을 모두어 들더니 침을 탁탁 뱉어 발로 밟아 뭉개였다가 다시 주어 들고 "어데다 버릴가?"라고 하니 "개울에 던져. 황해로 들어가 조선 고향땅 바다가에 몰려갈지 누가 알어."

허섭의 말이 떨어지기 바쁘게 평장우는 강물에 팽개치고는 깔깔 웃어대며 약속이나 한 듯이 서로 부둥켜안고 "만세!"를 불러댔다. 찬물이 위에 들어가서인지 몸이 부르르 떨렸다.

"자, 동남쪽으로! 태산을 향하여!!"

바람이 점점 더 심하여지면서 모래알을 마구 흩날리는 통에 얼굴을 들 수도 없었다. 모자를 푹 눌러쓰고 수건을 꺼내어 목까지 가리고는 땅만 보고 걷기 시작하였다. 발아래론 잔모래가 마치도 동으로 흐르는 물결처럼 날려가고 있었다. 얼마나 걸었는지 언덕이 보이고 왼쪽으로 마을이 어렴풋이 보인다.

"마을로 들어갈가?"

"왜놈이나 왕정위군대가 있으면 어떻게 해?"

우리는 걸으면서 마을의 동정을 살피였다.

"저기 사람이 나온다."

우리는 본능적으로 은폐하여 그의 동정을 살피였다. 점점 우리 쪽으로 다가오는 상싶었다.

"한 사람이다."

"남자다."

"평장우, 우린 은폐하고 있을게. 너 먼저 나가봐!"

말이 떨어지자 평장우는 그에게로 다가갔다. 그런데 무슨 영문인지 서로 절만 하고 있지 않는가? 그러던 것이 평장우가 우리를 오라고 신호하였다. 우리가 그들 앞에 다가가니 그 사람은 아주 땅에 엎디기까지 하면서 절을 하였다. 일으켜 세우고 보니 사지가 사시나무잎처럼 떨고 있었다. 그는 무서운 공포에 싸여 있는 것이였다. 그도 그럴 것이 우리를 왜군으로만 보고 있었기 때문이였다. 그가 얼마나 왜군의 시달림을 받았으면 저렇게까지 공포에 떨고 있을가!

"니디 워디 이양디."● 라고 말하는 나의 눈시울은 뜨거워났다. 눈치 챈 평장우는 그의 재간을 발휘하기 시작하였다. 눈짓, 고개짓, 손짓, 발짓 또는 몇 마디씩 아는 중국말을 섞어 넣어가면서 하여간 온몸을 다 써가면서 우리는 왜군도 아니고 일본인도 아니며 일본의 침략과 압박 착취를 받고 있는 조선인이라는 것, 오늘은 일제를 반대하여 팔로군을 찾아간다는 것을 거듭되는 반벙어리 대화(차라리 희극이라는 것이 나을 상싶었다.)를 통하여 하나하나 설명해 나아갔다. 얼마쯤 의사가 통했던지 또는 황당해 도망치는 왜놈의 꼴에 속이 시원해서인지 그는 시무룩이 웃었다. 머리속에 첩첩히 쌓였던 의혹도, 얼어붙었던 마음도 어느덧 스르르 녹아내리는 것 같았다. 일본군도 위군도 그 촌에 없다는 것을 알게 된 우리는 그에게 마을로 들어가 촌장을 찾아달라고 부탁하였다. 그 사람은 한참이나 무엇을 생각하다가 결심을 내렸는지 자기를 따라오라는 손시늉을 하면서 우리를 자기 집으로 안내하였다. 온 동네 주위는 토성으로 둘려있었고 그 안팎에는 배꽃과 복숭아꽃이 만발하여 있었다. 촌장이 오기를 기다리면서 우린 먹을 것을 좀 달라고 하였다. 주인은 먹을 것이 없다는 것이다. 당신들이 자시는 것이라도 좋으니 좀 주면 우리의 보따리를 보이면서 물건을 주겠다고 하자 주인은 수수죽과 겨떡에 짠지 몇 쪼각을 가져다주었다. 말이 수수죽이지 기실은 멀건 물속에 수수알 서너 개가 있었고 겨떡도 아닌 게 아니라 완전한 사겨가루떡이였다. 궁했던 우리건만 겨떡을 씹어 넘기려 해도 목에 걸려 잘 넘어가질 않았다. 그

니디워디이양디(你的, 我的, 一样的).
'너의 것과 나의 것이 같다'는 의미의 중국어. 문맥상 서로의 처지가 다르지 않음을 뜻함.

러나 갈 길을 생각하여 그 수수죽을 마시며 약 먹듯이 그 겨떡을 조금씩 씹어 넘기곤 하면서 한 개 반씩 먹었다. 하여간 음식을 먹었기에 값을 치르자고 우리는 저마다 수건 한 개, 권연 한 갑씩 꺼내여 안 받겠다는 것을 억지로 주인에게 맡기고 있노라니 촌장이란 사람이 왔다. 한자를 아느냐고 물으니 그는 고개를 끄덕이는 것이였다. 우리는 종이를 꺼내놓고 쓰기 시작했다.

"조선인예朝鮮人也, 반대일제침략反對日帝侵略, 탈출일제병영예脫出日帝兵營也, 지원참가팔로항일支援參加八路抗日, 청고쑤淸告泝, 팔로지점예八路地点也, 감사감사예謝謝, 谢谢也"

우리의 글을 보고 있던 촌장은 믿어진다는 듯 눈에서 빛을 뿌렸다. 이를 눈치 챈 주인은 우리가 준 물건들을 내보이면서 련방 뭐라고 말하고 있었다. 그러자 촌장의 눈은 더욱더 빛났다. 비록 의복은 왜놈과 꼭같았으나 우리의 행동에서 왜놈과 딴 점을 보아낸 그는 우리를 한층 더 믿게 된 모양인지 환영을 표시하면서 서쪽으로 곧게 10리만 더 가면 목적지라고 알려주었다. 촌장은 큰길까지 나와 가리켜주면서 우리 일행을 열정적으로 환송하였다.

한집 식구—家人

바람은 여전하였다. 마을을 나서니 무연한 벌판에 불어대는 서북풍은 더욱더 기승을 부리며 우리에게 덮쳐들었다. 온 천지에 덮쳐드는 서풍은 사정없이 몸부림치며 떨고 있는 상싶고 중천에 걸린 해는 흐린 날씨의 달 모양 홍진만장● 저쪽에서 불그레한 얼굴로 우리를 내려다보는 것만 같았다. 창공에는 어떻게나 흙먼지가 휘날리는지 한 여람 자국만 떨어져도 사람과 나무를 분간할 수 없을 정도이다. 약 40분쯤 걸었을 무렵 어데서 자동차 엔징소리가 들려왔다. 자세히 보니 우리 앞 20메터 되는 곳에 긴 뚝 같은 것이 보였는데 그 뚝으로 드문드문 사람들이 지나가고 자전거도 지나가는 것이 보이였다. 도로임이 분명하였다. 이젠 자동차도 똑똑히 보였다. 한 대, 두 대, 세 대, 트럭엔 군인들이 실려 있는 상싶었다. 허섭이가 팔로군차일 것이라고 기뻐 날뛰는 것을 만일의 경우를 생각하여 다급히 말려버리고 우리는 지형지물을 리용하면서 포복전진으로 도로에 바싹 다가들어 정황을 살피였다. 나는 깜짝 놀랐다. 허섭의 눈치를 보니 그도 무안해서 어쩔 바를 몰라 하였다. 세 대의 트럭에는 총검까지 빼 꽂은 전신무장한 왜군이 박아 서있었으며 운전실 우에는 경기까지 한 대씩 걸려 있었다. 차마다 일장기가 바람에 펄럭이고 있지 않는가. 장관 놈은 쌍안경

성수나게
신명나게.

로샹! 로샹!(老乡! 老乡!)
'같은 고향 사람'을 뜻하는 중국
어. 동향 사람이나 (낯선) 농민을
친근하게 부를 때, 시골 사람한
테 말을 걸 때 쓰는 말.

으로 먼 곳만 살피고 있었다. 드디어 차는 다 지나가고 부릉거리는 소리만이 한참 들려올 뿐이었다. 이젠 또 광풍이 울부짖는 윙윙 소리가 귀청을 울렸다. 우리는 동남쪽을 향하여 그 도로를 건너 오솔길로 걸음을 재촉하였다. 얼마나 걸었는지 해는 서산에 뉘엿뉘엿하였다. 그렇게 기승을 부리던 서풍도 해가 저물자 좀 풀이 죽은 듯 잠잠해졌다. 우리가 가는 길옆으로부터 10미터가량 떨어진 밭에서 어떤 농민이 아주 성수나게● 밭갈이를 하고 있지 않는가! 이제까지 우리만 보면 슬금슬금 피하려던 그 의혹에 찬 눈, 또는 공포에 찬 듯한 사람들만 보아온 우리가 생기발랄한 그 농민이 말을 모는 쨍쨍하고도 명랑한 소리를 들으니 하도 반가워 "로샹! 로샹!"● 하고 소리쳤다.

"응? 어깨에 멘 게 총이 아닐가?"

바로 그때 맞은켠 마을에서 긴 호각소리가 긴장하면서도 명랑하게 울려 퍼졌다. 바라보니 청년남녀가 집합하고 있었다. 총을 가진 사람도 있고 창을 든 사람도 있다. 어제까지 군사훈련을 받아 온 우리는 기계적으로 은폐물을 리용하여 엎드렸다. 그들은 각 분대로 산개하더니 또다시 소조로 산개하여 우리를 향하여 진공해 오는 품이 보병초전의 책 대로였다.

"투항하자."

펑장우의 목소리였다.

"투항하려면 어떻게 하니?"

허섭의 물음이었다.

"흰 수건을 내 흔들어!"

나의 말에 우리 셋은 목에 감고 있던 흰 수건을 내흔들었다. 그들의 진공태세는 멈춰졌다. 확실히 흰 수건의 효력을 인정한 나는 "평장우, 네가 먼저 일어나 알아봐." 하고 청하였더니 평장우는 서슴지 않고 일어나 그들에게로 걸어갔다. 그곳에서도 체코식 목갑 권총을 빼든 대장인 듯한 사람이 일어섰다. 그들은 서로 만나 뭐라고 말을 주고받는 것 같더니 평장우가 우리를 부르는 신호를 하였다. 우리 둘도 일어섰다.

"빠로八路?"

"응, 빠로!"라고 하며 왼손 엄지손가락과 둘째손가락으로 여덟팔자 모양을 해보였다. 우리는 너무도 기뻐서 서로 부둥켜안고 만세를 불렀다. 이젠 살았다! 이젠 원쑤를 갚을 수 있다! 우리는 그 대장의 인도 하에 대원들이 어찌된 영문을 몰라 어리벙벙해 하는 사이에 빠져나와 마을의 한 집으로 들어갔다.

세수물을 가져온다, 차물을 부어준다 하면서 우리를 접대하느라 분주히 서둘고 있었다. 하라는 대로 세수를 하고 발을 씻고 나니 몸도 거뿐해지고 마음도 가벼워져 날 것만 같았다. 저녁상이 들어왔다. 보니까 국 세 그릇에 잰빙이 들어왔다. 그러지 않아도 출출하던 차인지라 게 눈 감추듯 순식간에 다 먹고 말았다. 항일구국회 주임이라는 청년이 와서 뭐라고 말하는데 더 먹겠느냐는 뜻인 것 같았다. 이를 눈치 챈 평장우는 있으면 많이 먹겠다고 손마선질● 대화를 했다. 또 들여왔다. 순식간에 또 다 먹어치우니까 이번에는 접시에 담지 않고 키에 담은 채로 들여왔다. 어찌도 게걸스럽게 먹었는지 또 순식간에 다 먹어치운 것을 본 주임은 다해

손마선질
손마선-질. 손마선은 '손재봉틀'의 북한어. 손으로 의사를 표현하는 모양.

서 10근이니까 한 사람이 3근 3냥씩은 먹었겠다 하면서 골려주는 것이었다. 배불리 먹고 나서 기분이 좋아진 평장우는 몇 마디씩 한어를 섞어가며 손마선질 대화로 희극을 놀았는데 그 뜻인즉 우리도 집에 있을 적에는 이렇게 먹지 못하였는데 일본군대에 끌려온 후 일본군 내에 식량이 부족해서 매일 거의 굶다싶이 하다나니 이렇게 게걸스럽게 많이 먹었다고 하면서 이것도 왜놈이 빨리 망할 징조라고 하였다. 마음이 놓이지, 얼굴과 발까지 깨끗이 씻은 데다가 배까지 부르니 신이 난 그의 벙어리 희극은 아주 훌륭히 의사가 통하였고 왜놈 군대 내부에 대한 이런 폭로는 군중에게 매우 통쾌한 인상을 주는 듯하였다. 그가 자리에 앉자 박수갈채가 터져 나왔는데 이상한 것은 바깥마당에서도 박수소리가 나왔던 것이다. 이상스러워 내다보니 밖은 어두워서 잘 보이지는 않으나 동네 사람들이 우리를 구경하러 온 상싶었다. 이젠 손님들도 쉬어야 할 터이니 다들 가라고 대장이 루차 동원하여서야 군중들은 해산되었다. 이곳이 제남에서 얼마나 되느냐고 물으니 약 30리가량이라고 한다. 산동성 소재지에서 30리 밖이 이러하니 일제가 불어대던 선전의 허위성이 똑똑히 알려졌다.

팔로군 가운데서 제일 처음으로 만나 악수한 사람은 ○○현 기관민병이며 대대장인 고용高勇이라는 사람이었다. 그는 우리를 보고 날도 저물었는데 어서 자라고 권하였다. 오늘 수고하여 고맙다고 인사를 하니까 "뭘 별말씀을, 우리들은 항일대가정의 한 집 식구지요. 우리 팔로군에는 조선 동지도 있고 일본 동지도 있지요. 우리는 서로 돕고 서로 의지합니다. 일본제국주의가 거꾸러져야 우리 중국도, 조선도, 일본 인민도 해방될 수 있지요." 하고 말하는 것이었다. 그의 말은 간단하였으나 의미심장하였다. 우리는 바로 지옥에서 모대기다가 천당에 와서 재생된 것만 같았다. 그렇다! 우리는 항일대가정의 한집 식구로 된 것이다.

태항산을 찾아

외유내강 外柔內剛

눈물

끝없는 평원, 첩첩한 산, 무수한 항일영웅

외유내강外柔内剛

밖에서 떠들썩하는 소리에 놀라 눈을 번쩍 떠보니 날은 이미 환히 밝았고 떠다놓은 세수물에서는 김이 물물 피여오르고 있었다. 날씨는 완전히 개였고 그렇게 기승을 부리던 서풍도 어데로 갔는지 바람 한 점 없고 배꽃과 복숭아꽃이 만발한 사이로 꿀벌들이 윙윙거리며 날고 나비들도 꽃을 찾아 하느적거리고 있지 않는가! 참으로 오래간만에 보는 평화롭고 아름다운 풍경이였다.

아침 식사를 현장이 청한다는 말을 듣고 긴장하여진 우리는 손거울을 보며 옷맵시를 단정히 하고 큰 기대를 안고 통신원의 뒤를 따랐다. 꼬불꼬불한 골목길을 에돌아 동네 한구석 제일 초라한 집으로 데리고 가더니 좀 기다리라는 것이였다. 어찌된 영문도 몰라 기다리고 있을라니 허여멀쑥한 30좌우의 상냥한 사나이가 우리를 마주나와 환영하였다. 그가 현장이라는 것이였다. 사무실로 안내하더니 우선 차물부터 권하는 것이였다. 현장 사무실에는 중국식 책상과 나무 걸상 몇 개, 벽에는 서류보가 주룽주룽 걸려 있었다.

"식사를 하지요."라고 하면서 우리를 마당으로 안내하였다. 꽃이 만발한 살구나무 밑에는 네모꼴 중국식 밥상과 나무걸상 몇 개가 놓여있었으며 상 우에는 세수대야만큼씩한 큰 양재기에 수

북수북 담긴 다섯 가지 순수한 중국료리에 새하얀 만두가 놓여있었다. 중국료리라고는 우동, 짜장면, 호떡 따위밖에 보지 못하였던 우리의 눈이 휘둥그래졌으며 그 후더분하고도 푸짐한 대접에 놀라지 않을 수 없었다. 술도 나왔다.

"당신들은 피곤할 터이니 먼저 한 잔 들고 천천히 많이 자시오."

현장의 말이 떨어지기 바쁘게 우리는 체면을 잃고 먹어댔다. 우리는 처음으로 이런 만족스러운 기쁨을 느껴본 것이다. 식사가 거의 끝날 무렵에 한 꼬마 팔로가 들어왔다. 이 꼬맹이는 우리의 근무원이니 일이 있으면 시키라고 현장은 우리에게 알려주었다. 나이는 열일곱 살이라 하였다. 거의 무릎까지 내려오는 긴 군복저고리에 무릎 우까지 감아올린 각반, 거의 제 키만한 38식 보총, 얼핏 보기엔 좀 어울리지 않는 것 같으나 그가 신은 가뜬한 헝겊신으로부터 호리호리한 몸매, 반짝이며 윤기 도는 까만 두 눈, 가볍게 다루는 38식 보총, 어딘지 모르게 그의 총명성과 장기간의 유격전에서 단련된 그의 기량이 엿보여 귀엽기도 하고 믿음직하기도 하였다. 그를 따라 정해진 숙소에 이르니 방은 이미 말끔히 소제되어 있었고 자리에는 새 군복까지 마련되어 있었다. 우리는 보기도 싫은 왜놈 군복을 활활 벗어던지고 팔로군 군복을 갈아입고 각반도 팔로군 모양으로 무릎 우까지 감아올렸다. 우리는 변모된 자기들의 모습을 서로 쳐다보며 껄껄 웃어댔다. 꼬마 통신원은 엄지손가락을 추켜들고 우리와 함께 기뻐하는 것이였다. 그는 우리와 말은 서로 통하지 않으나 어찌 눈치가 빠른지 몇 가지 시늉만 하면 의사가 통하였기에 별 불편함을 느끼지 않았다. 속속

들이 관심하여 알심들여 사람마저 알선해 준 현장의 마음씨에 우리는 진심으로 탄복하였다. 술까지 몇 잔 마신 데다 의복마저 새 신랑처럼 깨끗이 갈아입은 우리는 기쁨에 취하여 어느덧 소르르 잠이 들고 말았다.

*

해가 저물어 어슬어슬해지자 낮에는 어디에들 있었는지 보이지 않던 팔로군들이 여러 골짜기마다에서 모여드는데 인수가 얼마나 되는지 도무지 헤아릴 수조차 없었다. 그들은 동네 광장으로 모여들며 기운차게 군가를 불렀고 호각소리에 발을 맞추어 "하나 둘, 하나" 하고 구령을 웨치기도 하였고 또 발에 맞추어 지휘관이 "단결, 긴장, 엄숙, 활발" 하고 웨치면 대원 일동은 그에 맞춰 "단결, 긴장, 엄숙, 활발" 하고 받아 넘기곤 하였다. 광장 안은 삽시에 혁명적 분위기로 끓어 넘쳤다. 대렬은 또다시 구불구불 장사진을 이루어 행군을 시작하였다. 우리도 물론 항일대오의 일원으로서 그들 속에 끼여들었다. 딴 것이라면 행군 도중에 팔로군은 우리의 총과 배낭을 메여주기도 하고 말이나 노새, 때론 수레에 태워주기까지 하였다. 실로 일본침략군대와는 딴판이였다. 이렇게 행군하면서 일본군의 동정을 살피다가 적당한 기회를 만나기만 하면 일본군을 먹어치우고 마는 것이다. 바로 이러한 일이 우리가 있던 제남에서 40~50리 떨어진 곳에서 매일과 같이 일어나고 있었던 것이다. 내가 제남병영에서 들은 이야기도 바로 이런 것이였구나 하고 생각하니 쓴웃음이 저절로 나왔다. 그러다가도

마을에서 부대를 재편성하는 모습

날이 희붐히 밝아오면 우리 곁에는 부대 수장과 몇몇 경위원만
남게 되고 그 많던 군대들은 사막을 흐르는 강물이 어느새 모래
속으로 스며들어 말라버리고 마는 것처럼 제각기 지정된 마을로
들어가 자취를 감춘다. 우리까지도 예정한 장소로 들어가면 마
을은 쥐 죽은 듯 한가한 마을로 되고 마는 것이다. 물론 통신원과
련락원만이 긴장하게 오가며 지휘소에서만이 새로운 군사계획
을 작성하곤 하는 것이다.

낮에는 자고 밤에 행동하는 이런 생활이 3~4일 계속 되더니 반대로 낮에 행동하고 밤에 자는 것을 보아 이젠 일제의 병영과는 거리가 비교적 멀어진 모양이었다. 이렇게 되는 매일과 같이 무슨 현이요, 무슨 퇀(련대)이요, 또 무슨 사령부요 하는 등의 초청을 받았고 그곳에 이르면 먼저 군중대회를 열어 우리를 환영했으며 대회에서는 우리를 청하여 조선 국내의 민족모순의 격화와 인민들의 고통스러운 생활, 일본군내부의 여러 가지 모순의 로골화 등을 폭로하는 연설을 시키고 끝으로 수장은 우리의 연설을 총화하여서 제국주의의 종이범●의 실질을 발가놓았다. 하여간 대회의 분위기는 동정과 격분, 결심과 승리의 신심으로 끓어 넘쳤으며 "일제의 침략을 반대하고 조선독립을 위하여 탈출한 조선대학생을 열렬히 환영한다!", "중조인민은 한데 뭉쳐 공동의 원쑤 일제를 타도하자!", "공동의 원쑤 일제를 타도하자!", "중조인민 대단결 만세!"라고 웨쳐대는 구호 소리는 멀리멀리 메아리쳐 갔다.

이런 대회도 수십 차례나 겪고 보니 이젠 평범해졌다. 건강도 회복되고 나니 그리운 것은 고향이었다. 특히 때가 되면 근무원이 갖다 주는 음식은 언제나 고기채, 닭알국에 만두였으니 날이 갈수록 밥 생각이 나서 못 견딜 지경이었다. 전사들은 팥을 둔 조밥에 배추국을 먹고 있었는데 구수한 팥조밥의 냄새는 우리의 코를 찔렀다. 그래서 한 번은 정위 동지를 찾아가 우리의 소원이니 전사들과 같이 밥을 달라고 요구하였다. 그는 매우 난처해하면서 말하였다. 당중앙의 규정에 입쌀이나 밀가루 등 세량을 공급하라기에 이밥을 대접해야겠는데 이 고장에서 얻기가 힘들어 정

종이범
종이호랑이.

째여있는
'싸이다'의 북한어.

말 미안하다는 것이었다. 우리는 더 말하지 못하고 돌아 나오고
말았다. 생각 끝에 근무원의 밥과 바꾸어 먹으려고 청을 들었다.
근무원은 이것은 규률위반이라고 하면서 좀처럼 말을 듣지 않았
다. 우리는 여러모로 꾀여 끝내 그의 팥조밥과 만두를 바꾸어 한
끼를 맛나게 먹었다. 그런데 누가 알았으랴! 근무원이 바뀌여지고
말았다. 우리는 안달이 났다. 기실 잘못은 우리에게 있는데 근무
원이 처벌을 받지나 않았는가? 이런 눈치를 챈 우리는 즉시로 정
위를 찾아가 우리의 소원을 말하였다. 정위는 중앙의 지시는 에
누리 없이 집행해야 하는데 입쌀을 구하지 못해 미안하다는 자기
검토만 하는 것이었다. 근무원은 왜서 바꾸었는가고 물으니 그것
은 처벌인 것이 아니라 그에게 혁명적 규률 교육을 하기 위해 다
른 일을 시키는데 이렇게 하는 것이 그의 장래에 유익하다는 것이
다. 우리는 하는 수 없이 다시 우리 숙소로 돌아와 곰곰히 생각
해 보았다. 얼핏 보기에는 산만한 것 같으나 기실 물샐틈없이 째
여있는● 혁명군대 내부의 규률성에 대해 탄복하지 않을 수가 없
었다. 평장우가 "이게 손자병법에 '외유내강外柔內剛'이라는 것이
요."라고 익살부리니 "왜군 내에서 하루에도 몇 차씩 맞아대던 초
년병도 이 며칠 사이에 '군사가'가 되었구나!" 하고 허섭이도 덧붙
였다. 그 말에 우리 셋은 모두가 폭소를 터뜨렸다.

눈물

이마벽
북한어. 벽 위쪽을 뜻함.

　그러던 어느 날이였다. 항일중학교에서 청한다는 통지를 받은 우리는 모두 학생 출신인 것만큼 마음은 몹시 반가왔다. 항일중학교에 대한 호기심에서 한시바삐 가보고 싶은 충동에 초조해 있었다. 듣자니 그 학교의 교장은 영어도 할 줄 안다는 것이다.

　아침 식사를 끝낸 우리는 통신원을 따라 골목길을 뱅뱅 돌아서 큼직한 절당인 듯싶은 집으로 안내 되였다. 교실에서는 씩씩한 혁명가가 울려 나오고 있었다. 교실에 들어선 우리는 깜짝 놀랐다. 책상은 물론 걸상도 없었고 모두가 이불 짐을 깔고 앉아있는데 남자가 있는가 하면 녀자도 있고 나이가 20여 세 되여 보이는 사람이 있는가 하면 12, 13세나 될가 말가한 소년도 있었다. 교실이나 학생이나 할 것 없이 모두가 우리 생각과는 딴판이였다. 전쟁도 유격 전쟁이니까 학교도 유격식 학교로구나 하는 생각이 들자 마음이 눅잦혀졌다. 환영회장 정면 벽의 장식을 보고는 다시 한 번 깜짝 놀랐다. 정면 이마벽●에는 '일제를 반대하여 항일하러 오신 조선의 국제벗을 열렬히 환영한다'라는 큰 구호가 가로걸려 있고 량쪽에는 '중조인민은 굳게 단결하여 일제를 쳐부시자. 중조인민은 필승하고 일제는 필패한다'라는 구호가 걸려 있었다. 그리고 구호 복판에는 중국 국기와 조선 국기가 정중히 걸려 있었다. 우리 셋의 눈이 조선 국기에 이르자 약속이나 한 듯이 조선 국기에 못 박히고 말았다. 나의 머리에서는 피뜩 이런 생각이 지나쳤다. '저게 조선 국기로구나. 아버지가 이불 속에서 설명하여 주시던 우리나라 국기가 바로 저런 것이로구나. 아버지도 감히 보여 주기 겁나하던 우리나라 국기를 이 사람들이 우리에게 보여주는구나.' 바로 그 순간 코마루가 시큼하더니 두 줄기의 눈물이 좔좔 흘러내렸다. 나이 20이 넘은 사람이 이 많은 사람들 앞에서 눈물을 흘리다니, 참으려 해도 막무가내로 흘러내리는 눈물을 어찌할 수 없었다. 평장우와 허섭이를 쳐다보니 그들도 나와 마찬가지였다. 무안한 김에 "너는 왜 우니?" 하고 허섭을 가리키니 그도 "너는 왜 우니?" 하였다. 우리 셋은 다 같이 너무나 감개무량하여 아무 말도 못 하고 있었다. 이때 교장선생님께서는 "학교에 와서 자기 나라 국기를 처음 보고 너무나 감격되어 우신 것을 가히 리해할 수 있습니다. 얼마나 자기 조국이 그리웠으면 그러했고 망국자의 슬픔이 얼마나 크면 그렇겠습니까!"라고 하시였다. 당시 중국말을 전혀 모른 나였지만 그의 손짓과 얼굴 표정을 보아 아주 똑똑히 말의 뜻을 알 수 있은 것이다. 우리를 소개하는 교장의 말소리는 더욱더 흥분되었고 청중들은 쥐 죽은 듯 고요하여 그들의 숨소리마저 들려오는 듯, 군중의 정서도 흥분되여감이 똑똑히 알려졌다. 마침내 교장의 소개가 끝나고 내가 교단에 올라서자 장소는 떠나갈 듯한 박수갈채 속에 파묻히고 말았다. 자기의 굴욕을 하소연할 곳조차 없이 헤매이던 터에 억울함을 리해해 주고 같이 해결할 것을 맹세하니 쓰디쓴 굴욕을 하소연하기보다 더

통쾌한 일이 어디 있으랴! 흥분된 나는 생각나는 대로 일제에게 압박받던 조선학생들의 생활로부터 일본군대 내에서 조선 사람에 대한 일제의 기시와 압박, 억울함을 토로조차 할 수 없었던 망국노의 고통을 툭 털어놓고 하소연하고 나니 마음도 한결 가라앉는 상싶었다. 뒤이어 일제를 중국에서 몰아낼 때까지 당신들과 생사를 같이 하며 단결하여 투쟁할 것이며 나아가 나의 조국—조선을 완전히 독립 해방시키는 날까지 나의 일체를 바쳐 싸워나갈 결심을 토로하였다. "중조인민은 한데 뭉쳐 공동의 원쑤 일제를 철저히 타도하자!", "중조인민은 필승한다."는 구호 소리와 박수 소리가 장내에 울려 퍼졌다. 뒤이어 평장우, 허섭이 발언하였고 마지막에 교장이 총화하였다. 이제까지는 야외의 군중대회라 그랬는지, 또는 조선 국기가 걸려 있었기에 그랬는지 하여간 여느 때보다 더욱더 인상이 깊게 나의 머리에 사진 찍혔다. 언어가 통하지 않아 통역을 통해 한 연설이였지만 우리의 고개짓, 손짓, 얼굴 표정을 통하여 그대로 우리의 감정이 각이한 지방, 각이한 민족이기는 하지만 언어의 장벽을 뛰여넘어 중국 청소년들에게 통하는 것만 같았다. 우리의 말구절이 떨어질 때마다 통역이 아직 번역하기도 전에 사방에서 우리가 말한 내용에 꼭 맞는 구호가 튀여나와 우리의 연설에 호응되였으니 참으로 온 장내는 여러 심장이 한 사람의 심장 모양 같은 분노, 같은 격분, 같은 결심으로 끓어 넘쳤다.

환영대회가 끝나자 또 푸짐한 대접을 받았다. 교장은 영어를 아는지라 영어로 말하였다. 우리는 영어가 서툴기는 하지만 대강

다부산즈
중국 두루마기.

의 의사만은 통할 수 있었다. 그의 말에 의하면 태항산에는 조선 의용군이 있으며 또 조선인의 사업 일군도 있는데 며칠 아니면 만날 수 있으리라는 것이었다.

       *

   밖에서 울부짖는 바람소리에 잠에서 깨어나니 온 창공은 누르스레한 흙먼지에 싸였고 대지는 광풍 앞에 떨고 있는 상싶었다. 휘몰아치는 광풍에 문풍지가 울부짖고 나무숲에 덮쳐든 광풍은 나무가지를 휘여잡고 뿌리까지 송두리채 뽑아갈 듯 기승을 부리였다. 온 마을과 온 창공도 흙먼지 속에 파묻혀 버려 날이 밝았는지 해가 떴는지조차 분간하기 어려울 지경이였다. 동녘 하늘에 솟은 태양도 그의 광채를 광풍에게 송두리채 빼앗기고 부끄러운 듯 낯이 지지별개가지고 대지를 굽어보고 있을 뿐이다. 온 마을, 온 창공엔 단지 광풍에 취한 흙먼지만 휘날리고 있을 뿐이고 천하의 생명은 어느 한구석에 숨어 버리고 있는지 세상은 그야말로 광풍의 천하로 변하고만 있는 상싶었다. 방안은 대낮인데도 서로의 얼굴조차 분간하기 힘들었다. 통신원이 콩기름불을 가져다주었다.

   아침 식사를 마친 우리는 온돌에 누워 대자연의 위력에 놀람과 동시에 고향의 봄날을 머리속에 그려보며 무한한 향수의 정에 사로잡혀 묵묵히 천장만 바라보고 있었다. 문을 두드리는 소리에 정신이 번쩍 들어 문을 여니 구부정한 허리, 휘영청한 키에 다부산즈●를 입은 장년이 들어오면서 "동무들이 조선분이라지요?" 하고 웃음을 띠우며 물었다.

"네, 우리는 조선 사람입니다. 일전에 제남 일본군병영에서 탈출한 강제학도병입니다."

셋은 약속이나 한 듯이 일제히 대답했다.

"수고들 하였습니다."

수천 리 타국 땅에 와 향수의 정에 사로잡혔을 적에 뜻밖에 조선혁명가를 만났다. 우리는 서로 인사를 하며 악수를 나누었다. 순간, 저도 모르게 눈시울이 뜨거워남을 느꼈다. 우리의 눈물을 보자 흙먼지를 뒤집어쓴 그 동무의 두 눈에도 눈물이 어리였다. 그는 양웬楊이라고 부르는 로동지로서 공작 나왔던 길에 소식을 듣고 찾아왔다는 것이다. 그는 평양 사람이였다. 양웬 동지는 고향을 떠난 지가 오래된지라 조선의 여러 가지 소식과 일본군내의 정황이 몹시 궁금했던 모양이였다. 우리는 그가 묻는 대로 신바람이 나서 이야기하였으며 양웬 동지도 그가 아는 데까지 연안, 태항산, 산동 등지에 있는 조선독립동맹, 조선의용군에 대한 이야기, 특히 연안과 태항산에는 조선의용군의 간부학교가 있다는 등 이야기를 해주었다. 그리고 또 우리가 태항산으로 갈 것이라고 알려주었다. 우리의 안계는 활짝 틔였다. 이제까지 우리가 봐온 것이 일제의 강점 밑에서 신음하는 조선이였다면 지금 이 시각부터는 일제를 불살라버릴 혁명의 불을 지피고 있는 조선혁명가들의 세상이였던 것이다. 아! 태항산! 그곳에서 혁명의 불을 지피고 있는 동지들은 우리가 올 것을 고대하고 있을 것이다. 한시바삐 그곳에 도착하여 하나의 석탄덩이가 되어 혁명의 불을 지피자! 우리의 마음은 태항산으로 날아갔으나 밖에서는 여전히 광풍이 휘몰아치고 있었다. 우리 귀전에서는 방 안에 켜놓은 콩기름불심지가 가끔 뿌직뿌직거리며 타들어가는 소리가 들려왔다.

끝없는 평원,
첩첩한 산,
무수한 항일영웅

　일본군에서 탈출한 지도 벌써 한 달이 넘었고 그간 환영받은
곳만 세어 봐도 35곳이나 된다. 한곳에서 하루 이상을 머문 적은
없으나 계속 걸었으면 천여 리는 넘어 걸었을 것이다. 앞을 내다보
면 역시 무연한 벌판뿐이다. 향나무가 우거진 곳, 이는 틀림없는
묘지요, 과일나무가 있는 곳은 틀림없는 마을이다. 가도 가도 평
원, 가도 가도 같은 풍경, 길 안내자에게 물어보니 날씨가 좋은 가
을에는 몇백 리가 아득하게 보인다고 한다. 평원은 문자 그대로의
평원으로서 무슨 언덕 하나 없는 일망무제한 평원이다. 매일과
같이 평원을 걸으니 발바닥이 아픈 것이 아니라 발허리가 눌려
늘어나 아파났다. 그러던 어느 날, 서북쪽 방향에 어데서부터 시
작되어 어디서 끝났는지도 알 수 없는 푸르스름한 것이 어렴풋이
보이기 시작하였다. 그게 바로 우리가 오매에도 고대하던 태항산
맥의 지막이라 한다. 이젠 팔로군과는 떨어져서 길 안내자인 통신
원을 따라 곧게 태항산으로 향하는 판이다. 산 쪽을 향하여 걷기
시작한 지도 한 보름이나 되였을 적에 눈 앞에 첩첩한 산이 평원
을 가로막고 있었다. 오래간만에 보는 산이다. 산은 온통 석산이

요, 흙이 있는 곳엔 나무나 풀이 서있고 모두 다 깎아 세운 듯한 절벽이며 산과 산 사이로 개울이 흘러나온다. 길은 개울을 따라 오르락내리락 너비 4메터 될가 한 개울을 건너왔다 건너갔다 하면서 꼬불꼬불 서서한 올리막길을 걷고 걸었다. 개울은 석천인지라 물은 맑은데 흙이

가도 가도 끝없는 평원

란 찾아볼 수도 없고, 온통 돌과 바위뿐이고 모래마저 귀하여 깊은 웅뎅이에 조금씩 있을 뿐이다. 오랜 세월을 두고 흙은 모두 씻겨 내려간 모양이었다. 마치 조선의 금강산 입구를 방불케 한다. 그러나 이 길이 근거지로 통하는 유일한 길인 듯 오가는 사람은 띠엄띠엄 그칠 줄 몰랐다. 이곳은 얼마 전까지만 하여도 봉건습관이 엄중하였던지 30이상의 녀자들은 모두 전족이었다. 큰 개보다 좀 클가한 당나귀를 타고 다니는데 얼핏 보면 전족(종발)이 땅에 끌려 당나귀발이 여섯 개가 있는 상싶어 이국 풍경을 한층 자아낸다. 처음에는 아름다운 풍경에 황홀하였으나 이젠 그도 눈에 익고 나니 싫증이 났다. 평원에서는 가도 가도 평원이더니, 이번에는 가도 가도 산, 또 산이다. 산과 산 사이 좀 널직한 곳엔 마을이 있고 마을을 지나면 또 산이다. 이제는 발허리가 아니라 발바닥 앞쪽과 발뒤축이 아파났다. 1938년 3월 31일, 향당포 매복전

에 참가했다고 하는 길 안내군은 한 곳에 이르러 신이 나서 당시의 정황을 이야기하였다. 그곳 지형을 살펴보니 산골짜기의 좁은 데는 너비가 한 10메터가량 되고 넓은 데는 40메터 푼히 될가 한데 량면은 깎아세운 듯한 절벽으로 사람은 고사하고 산짐승도 기여오를 수 없을 정도였다. 골짜기에는 너비 4메터가량 되는 꼬불꼬불한 길이 있고 그 옆에는 개울과 자갈밭이 있는데 일본군 108명과 14명이 4렬 종대로 하여, 200여 대의 자동차로 이 길을 따라 일장기를 펄럭거리며 들어왔는데 산꼭대기에는 팔로군이 매복하고 있었다 한다. 일본군이 매복권 내에 다 들어왔을 때 경기와 중기로 일본군의 뒤와 앞을 차단해 버리고 매복하였던 팔로군과 민병들이 일제히 불벼락을 퍼부어 일거에 일본군 자동차 180여 대와 일본군 4백여 명을 섬멸시켰다는 것이다.

"그 당시, 창과 청류도는 무슨 작용을 했나요." 하고 물으니 "하, 동무는 아직 정황을 모르시는구려. 산정●에 매복하였던 우리는 수류탄, 보총, 경기, 중기, 박격포로 산정에서 한 백 메터 거리의 아래로 내리대고 쏘는 판인데, 참 재미가 있었습니다. 불의의 습격을 당한 왜놈의 말은 놀라 내빼고 왜놈들은 우로 올리대고 사격하기는 했지만 헛방이 많았지요. 게다가 당황하기까지 하지 우리 특등 사격수의 총알에 지휘관들 한 놈 한 놈 꺼꾸러지지, 한데 모이면 수류탄이 날아가지, 태평천국 때 사용하던 토총, 사냥총은 더 말할 것도 없거니와 바위돌도 훌륭한 무기였지요. 자, 일이 이렇게 되니 우리의 사기는 충천하고 왜놈들은 겁에 질려 의지할 곳만 있으면 숨는 판인데 매에 쫓긴 꿩이 급하면 대가리만

풀숲에 박는다더니 왜놈도 기실 그 모양이 되고 말았지요. 우리가 '충아(돌격)' 하고 청류도와 창 그리고 총창을 휘두르며 돌격해 가니 어떤 놈은 투항하고 어떤 놈은 몸은 내놓고 머리만 돌 틈에 틀어박고 숨었는데 창은 고사하고 손가락으로 궁뎅이를 꾹 찌르면서 '꼼짝 말앗!' 웨치기만 하면 벌벌 떨며 투항하는 판인데 창과 청류도는 훌륭한 작용을 했지요. 이런 것들도 주인을 잘 만나거나 때를 잘 만나기만 하면 신세를 고친답니다."

그는 유모아적인 말을 잠간 그쳤다가 "이게 곧 우리 모아바이가 창조하신 유격전술의 하나인 적을 자루 안에 가두어 놓고 때려잡는다는 거지요." 하고 말하였다. 흥이 난 그의 입에서는 이런 이야기가 꼬리에 꼬리를 물고 술술 흘러나오는 것이었다. 산천경개는 무한히 아름다왔으나 그것도 10여 일이나 지속되다나니 싫증이 나던 판에 우리는 통신원의 이런 이야기에 끌려 다리가 아픈 줄도 시간이 어떻게 흐르는 줄도 모르고 산에서 산으로 계속된 이 계곡 길을 하루하루 재촉하였다.

우리를 안내하는 팔로군의 로전사였던 길 안내군에게서 이 지방의 돌 하나, 나무 한 대에 깃든 항일전쟁 이야기가 술술 흘러나왔다.

"저 바위를 보시오. 구멍이 뚫려졌지요." 하면서 길가에 있는 평퍼짐한 바위돌을 가리키더니 "우리도 여기서 좀 땀이나 들이고 가지요." 하면서 걸터앉았다. 옆에 나무가 우거져 그늘까지 든 이 너럭바위는 천연적으로 된 놀이터 같았다. 쉬여 가자는 말을 들으니 불시에 다리가 아파나 우리도 다들 털썩털썩 주저앉았다.

"이곳까지 땀을 흘리며 와서 이런 그늘과 이런 천연적 놀이터를 보면 누구나 쉬어 가고 싶은 충동을 느끼지요."

"왜놈들도 사람이니까 이 점에서는 우리와 마찬가지지요."

"이 구멍은 무엇인지 아십니까?"

어리벙벙해 있는 우리의 눈치를 채자 그는 또 말을 계속했다.

"이게 곧 바위 폭탄이란 겁니다. 왜놈들이 소탕 나올 적에는 우리는 이 구멍 안에 화약을 가득 채워 넣고 뢰관을 달아 왜놈들이 행군하다가 이 자리에 와서 쉴 때를 기다리다가 뢰관 줄을 잡아당기지요."

"쾅!"

그는 흉내까지 내가면서 왜놈들이 꺼꾸러지는 모양을 해 보이곤 껄껄 웃더니 여기저기에 있는 돌덩이를 뒤집어 보이면서 또 말을 계속하였다.

"다 구멍이 뚫려 있지요. 이게 석뢰石雷라는 것입니다. 그렇게 되면 여기저기에 있는 돌이 다 지뢰가 되어 터지게 되는 것입니다."

"한번 해볼 만한 훌륭한 장난입니다."

그는 호탕하게 껄껄 웃고 나서 "이곳에 있는 리공이라는 사람은 한낱 무명의 석수쟁이였는데, 43년도 대소탕 때 이 석뢰로 왜놈 116명을 잡아 일약 항일석뢰영웅으로 되었답니다. 공산당에서 호소하는 '힘 있는 사람은 힘을, 돈 있는 사람은 돈을, 지혜가 있는 사람은 지혜를! 모든 것은 항일전쟁의 승리를 위하여'라는 구호는 사람들을 흥분케 합니다. 농촌의 한 석공이 우리의 원쑤 한 놈이라도 모르겠는데 116명을 잡아치웠으니 그 얼마나 통쾌한 일입니까! 게다가 또 항일석뢰영웅이란 칭호까지 받았지. 그래 해볼 만한 일이 아닙니까?"

그는 입맛을 다시면서 또 껄껄 호탕하게 웃어대였다. 하여간 그의 이야기는 골짜기에서 흘러내리는 개울물과 같이 그칠 줄 모르고 줄줄 흘러나오고 있었다.

그러던 어느 날, 우리는 몹시 파괴되여 불에 타버린 벽만 남은 한 마을에 당도하였다. 마을은 상당히 큰 마을 같았으나 집이란 타다 남은 벽을 의지하여 림시로 지어 놓은 움막집들이 있을 뿐이였다. 길 안내군은 이 마을에 이르자 방금까지 호탕하던 그의 어조는 침울하고도 통분한 어조로 변하였다. 그러나 이야기만은 그치지 않고 줄줄 흘러나왔다.

"43년 5월 소탕 시에 우리에게 두들겨 맞을 대로 맞은 놈들이 애매한 이 마을에 와서 분풀이를 하였답니다. 악에 받친 놈들은 기병과 비행기까지 동원하여 우리를 찾아다니다가 유격대에 불시에 얻어맞고는 이 근방의 무고한 백성을 죽이고 마을을 불태워 이 꼴이 되게 하였답니다. 살아남은 저분들은 친척집에 갔었거나 그 무서운 불길 속에서 요행 빠져나온 분들이지요. 하여간 우리는 그놈들을 끝까지 깡그리 깨끗이 몰아낼 때까지 싸워야지요."

그의 두 눈은 분노와 새로운 결심으로 하여 불을 토하고 있는 것만 같았다.

오늘도 래일도 산, 산, 첩첩한 산을 넘고 개울을 따라 올라가는 꼬불꼬불한 골짜기에서 흘러내리는 물은 그칠 줄 몰랐고 그의 항일영웅들의 이야기 또한 그칠 줄 몰랐다.

태항분맹생활: 무에서 유에로

(태행분맹 1944. 5~1945. 8. 29. 이야기)

태행산로
근거지

대후방(大后方)
장개석이 점령하고 있던 곳. 여기서는 무한(武漢), 락양(洛陽), 계림(桂林) 등지를 말함.

료현(遼縣)
작가 주_ 산서정 료현은 좌권장군이 1942년 5월 반소탕전에서 희생되자 그를 기념하기 위하여 지금은 좌권(左權)현이라 칭함.

편성(偏城)
작가 주_ 항일당시는 선서성에 속해 있었는데 지금은 하북성에 속함.

태행산로 근거지는 조선독립동맹, 조선의용군으로 말하면 연안과 함께 잊을 수 없는 곳이다.

1841년 초에 무정통지가 화북조선청년련합회를 창립하고 대후방大后方●에 있던 조선의용대가 첩첩한 장애를 물리치고 그해 7월경에 찾아와 련합을 실현하였고 화북조선동포와 청년들을 항일의 길로 인도하기 위한 공작을 본격적으로 벌이기 시작한 곳이 바로 당년 팔로군전선사령부가 있던 산시성 료현遼縣● 동욕桐峪이고, 1941년 7월부터 1942년 6월까지는 그곳에서 동남 방향 20~30리 되는 곳에 있는 청천淸泉에서 간부학교를 꾸렸던 곳이며, 당시 련합회의 골간─앞날의 조선독립동맹의 중심 간부들이 유명한 1942년 5월의 반소탕전을 겪은 곳 역시 그 근방으로서 동욕에서 동남방 10여 리 되는 마전麻田, 또다시 그곳에서 20~30리 동쪽에 있는 편성偏城●부근이였고, 특히 평성 화옥산花玉山 반포위 돌격전에서 팔로군에서는 부총참모장인 좌권左權 장군을 잃었고, 의용군에서는 탁월한 지도자들이였던 진광화陳光華, 석정石鼎 동지를 잃은 곳이다. 청천에서 청장하淸漳河를 따라 하북성으로 들어와 10리가량 내려오면 석문石門촌에 이르는데, 그곳 뒤산에는 '항전이래 순국렬사의 능묘'가 모셔져 있는데 이곳에 좌군 장군의 능묘와 함께 진광화. 석정 동지의 묘지도 있다. 그곳에서 다시 15리가량 내려오면 곡원曲原●에 이르는데, 1942년 7월에 이곳에서 화북조선청년련합회를 열어 조직 명칭을 화북조선독립동맹이라 개칭하고 8월에 다시 정식으로 조선독립동맹이라 칭하기로 되었다. 1943년 1월에야 김두봉金枓峰 최창익崔昌益 등 나이 있는 간부들을 위수로 한 동맹본부가 연안으로 들어갔으니, 그때까지는 련합회—동맹본부도 이곳에 있었던 것이며 무정을 위수로 한 골간의 일부는 계속 그곳에 남아 1944년 2월까지 간부학교를 꾸려나갔고, 곡원에서 청장하를 건너 맞은편 적안赤岸에는 류백승劉白承 사령원과 등소평鄧小平 정위가 령도하는 129사 사령부가 있어 해방될 때까지 이곳에서 항일을 지휘하던 곳이며 그곳에서 한 3리 내려와 있는 하남점河南店에는 곡원에 있던 의용군 간부학교및 태행분맹이 1944년 3월경에 내려와 해방될 때까지 선후로 간부학교, 동맹경리부를 두어, 대중의원, 3.1방직공장, 3.1상점, 3.1사진관, 3.1리발관을 꾸려 하북성 서남단 이국땅에서 조선혁명의 상증● 인 3.1의 간판을 내걸고 활동하던 곳이며, 그곳에서 동남향 3리 되는 곳, 남장南莊에는 화북 조선혁명군사정치간부학교가 1944년 9월부터 시작하여 1945년 8월29일 주덕 총사령의 6호 명령에 의해 조국—조선을 향하여 떠날 때까지 있던 곳이다.

망국노로 태여나 일제의 강제 '학도병', '증병', '증용'으로 끌려왔던 허다한 청년들이 혁명의 길을 찾아 이곳에 와 생전 처음 조선 국기를 보고 눈물을 흘렸고, 혁명 선배들을 만나 혁명 도리와

곡원(曲原)
작가 주_ 당시는 곡원이라 하였는데 지금은 중원(中原)이라 함.

상증
상징.

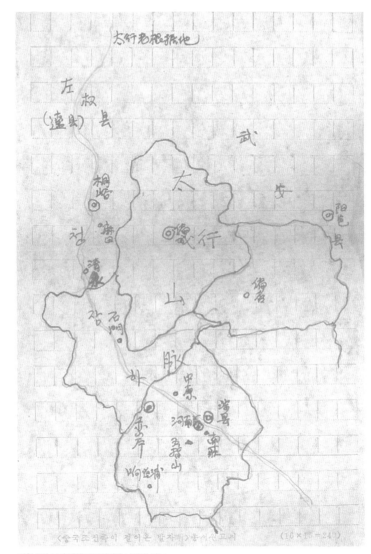

정철수가 그린 태행로 근거지를 나타낸 지도

군사 기능을 배워냈으며 또 문맹이였던 동지들이 이곳에 와 우리 글을 배워 눈을 떴고 보다도 혁명가로서의 자각의 눈을 뜬 동지들은 또 그 얼마인가!

오지산五指山을 비록한● 이 근방의 산과 들에서 자력갱생, 풍의족식의 깃발하에 숫구이●를 하고 화전을 일구어 감자를 심고, 일제의 경제 봉쇄선을 뚫고 들어가 등짐으로 소곰●을 나려오너라고 흘린 땀 또한 얼마인가!

이곳에는 조선의용군의 피와 땀이 숨백여있는 곳이며, 많은 조선혁명간부를 길러낸 요람지이며, 그들로 말할 때 혁명의 고향인 것이다.

비록한
비롯한.

숫구이
숯구이.

소곰
소금.

목적지는
태항산

1944년 3월 25일 제남 일본군병영에서 탈출하여 그 이튿날 저녁에 팔로군을 만난 후, 각 항일정부, 팔로군의 사, 퇀 등 단위의 환영을 받으며 돌아다닌 지도 이미 근 두 달이나 된다.

각 단위에서 군중환영대회를 열게 되면 우선 탈출한 우리 셋이 일본군내의 정황과 조선 국내의 정황을 소개하였다. 연후에 그 단위의 수장이 총결발언을 하고, 대회 후에는 푸짐한 음식 대접을 받았다.

처음에는 항일 근거지의 정경에 흡인되어 시간가는 줄도 몰랐으나 차츰 날자가 흐름에 따라 한시바삐 태항산에 도착하여 선배들을 만나고 싶은 생각이 불같이 솟구쳤다.

치는 속에 그리운 고향이었다. 끼니가 되면 근무원이 날라다 주는 음식은 언제나 고기볶음에 닭알국, 만두였는데 날이 갈수록 밥 생각이 나서 못 견딜 지경이었다. 보아하니 전사들은 팥을 둔 조밥에 시래기국을 먹고 있었는데 그 구수한 팥조밥 냄새는 코를 찔렀다. 참다못해 정위를 찾아가 우리의 소원이니 전사와 같은 밥을 달라고 하였더니 그는 매우 난처해하며 당중앙의 지시가 국제벗에게는 입쌀이나 밀가루를 공급하기로 규정되어 있기에 입쌀을 구해 와야 할 터인데 이곳에서는 얻기가 힘들어 미안하다고 하였다. 우리는 더 우겨보지도 못하고 돌아오고 말았다. 그러나 끼니마다 풍겨오는 팥조밥의 그 구수한 냄새 때문에 정말 참을 수가 없었다. 생각 끝에 근무원의 밥과 바꾸어 먹으려고 하였으나 근무원은 규률위반이라고 하면서 좀처럼 승낙하지 않았다. 우리는 여러 가지로 타일러서야 그의 팥조밥과 우리의 만두를 바꿔 한 끼 만족히 먹었다. 그런데 누가 알았으랴! 근무원이 바꾸어지고 말았다. 새로 온 근무원에게 물어봤으나 시물시물 웃기만 할뿐 대답하지 않는 것으로 보아 일이 잘못된 것이었다. 우리는 안달이 났다. 잘못이 있다면 우리에게 있지 그에게는 없는 것이 아닌가!

우리는 곧바로 정위를 찾아가 우리의 견해를 말했더니 정위는 중앙의 지시는 에누리 없이 집행해야 하는데 입쌀을 구해오지 못해 미안하다고 자아검토만 하는 것이었다. 근무원은 어데 갔느냐고 하니까 처벌한 것이 아니라 혁명규률교육을 시키기 위해 딴 일을 시키는데 이렇게 하는 것이 그의 장래에 유리하다는 것이었다. 숙소로 돌아온 우리는 곰곰이 생각해볼수록 혁명군인의 규률성에 탄복하지 않을 수 없었다. 평장우는 무슨 생각에 골똘하였다가 "이게 바로 손자병법의 외유내강이라는 것이요." 하고 엉뚱한 말을 꺼냈다.

태항분맹

꼬불꼬불한 언덕길을 따라 고개마루에 올라서니 마침내 산이 멀어지고 앞이 탁 트인 분지가 나타났다. 분지 중간으로는 비교적 큰 개울인 청장하가 흐르고 강 건너편은 섭현涉县, 이쪽은 허난댐 河南店, 언덕컨엔 난좡南庄이란 마을이 보이였고 멀리엔 아아한 산들이 병풍모양 둘러선 것이 어렴풋이 보이였다. 우리가 그렇게 고대하던 조선독립동맹, 태항분맹과 조선의용군은 이곳에 있다 한다.

우리의 걸음이 저절로 빨라지는 바람에 이제까지 앞에서 길 안내하던 통신원도 우리 뒤에 처지기가 일쑤였다. 마을로 들어서자 수다스럽던 그도 묵묵히 우리를 따라오고 있었다.

허난댐은 그 근방의 교통과 상업의 중심인 듯 얼핏 봐도 몇천 호는 잘될 상싶고 거리도 제법 중심거리는 동서남북 十자형으로 되여있었다. 길 량쪽으로는 신화서점, 음식점, 약국, 잡화점들이 드문드문 늘어서 있었다. 큰 거리를 벗어나 운동장 같은 광장, 기실은 그 동네의 타작마당에 이르렀을 때 흰 샤쯔에 진한 남색 양복바지를 입고 등 뒤로 十자형으로 내리 건 멜빵에 쌍태머리를 짤막하고 가쯘하게 짜르고 량쪽 팔 소매를 걷어 올린 나이 한 30이 될 상싶은 얼굴이 하야말쑥한 녀성 청년이 다가왔다. 길 안내군이 쪽지를 주며 뭐라고 하자 "동무들이구만요, 수고했습니다."

하며 우리 손을 굳게 쥐여주는 것이었다. 나중에 안 바이지만 그가 조선독립동맹 조직과장인 김영숙이였다. 우리는 반갑기도 하고 녀성 동무도 있구나 하는 놀라운 생각에 사로잡힌 채 그의 뒤를 따랐다. 골목길로 하여 또다시 큰 거리로 나오니 앞에 조선독립동맹 태항분맹이라고 내리쓴 간판이 눈에 띄었다. 대문으로 들어가니 집에 있던 동무들이 한데 몰려와 악수를 하며 인사를 나누었다. 한 10여 명 푼히 되는 상싶은데 부분적 동무들은 사업 시간이라 사업 터에 있다는 것이었다. 옷은 다 팔로군 군복이였으나 말만은 조선말로 서로 인사를 주고받고 반가와 떠들썩하였다. 집은 남북으로 세 줄, 동서로 두 줄 서로 꼬리가 맞물려있어 날일자형인데 벽은 회칠을 하여 산뜻하고도 명랑해보였고 화단에 심은 라일라크는 한창 꽃이 피여 향긋한 향기를 뿜고 있었다. 집은 옛날 절간이였던지 딴 집보다도 크고 터도 높아 한결 위풍이 있어보였다. 어느덧 저녁 식사 때가 되였다. 팥을 섞은 구수한 조밥에 된장국 그리고 또 반찬이 몇 가지 있는데 고추가루를 넣어 매콤한 것이 제법 조선음식의 풍미가 있었다. 하여간 하얗게 회칠을 한 산뜻한 환경, 귀에 익은 조선말, 조선음식의 풍미. 조선과 몇천 리 밖에 떨어져 있는 이국땅이기는 하지만 어딘지 모르게 온화하고 따스한 분위기에 마음도 가라앉고 제 집을 찾아온 듯한 흐뭇한 감격에 싸여있었다.

우리가 도착한 지 2, 3일이 지난 어느 날 우리를 환영하는 대회가 분맹구락부에서 열리였다. 회장 정면에는 조선국기―태극기가 정중히 걸려 있고 '새동지입맹환영대회'라는 프랑카드, 량쪽으로

조선독립동맹 조직과장 김영숙

는 '첩첩한 봉쇄선을 돌파하고 우리를 찾아오신 세 동무를 열렬히 환영한다', '일제의 강제학도병을 반대하여 일제병영에서 탈출한 세 동무를 환영한다'는 구호가 좌우에 내리 걸려 있었다. 대회는 조직과장 영숙 동무의 사회, 구락부 주임의 지휘하에 부르는 혁명가와 의용군 행진곡의 노래로써 시작되었다.

우렁찬 노래소리의 마디마디는 우리의 가슴을 파고들어와 골수에까지 스며들었고 마음속 깊숙이 간직했던 끓어번지는 속심의 말이 화살마냥 폭발되어 나오는 상만 싶었다.

나의 머리속에서는 끝없이 꼬리에 꼬리를 물고 광활한 평원을 달려가던 팔로군의 행렬이 아물거리다가는 태극기를 휘날리며 맹호같이 적진을 향해 돌진하는 조선의용군 용사들의 용감한 모습이 마치 파노라마마냥 머리를 스치고 지나가곤 하였다. 이어 조직과장으로부터 우리의 경력소개와 입맹지원서를 랑독하자 만장일치로 우리의 입맹이 통과되었다. 때는 1944년 3월 25일이었다. 우리는 태극기 앞에서 두 주먹을 높이 추켜들고 입맹선서를 하였다. 이로써 우리는 조직상에서도 조선독립동맹의 한 맹원으로 된 것이며 조선의용군의 한 사람으로 된 것이다.

"이 힘이여, 이 생명을 부릴 곳이 어덴가?"

그 암흑한 일제의 통치하에서 숨 막히는 망국노의 신세를 한탄하며 방황하던 시기는 영원히 종지부를 찍은 것이다. 우리가 망국노가 된 이 현실을 똑똑히 인식하고 자기의 운명, 민족의 운명, 조국의 운명을 틀어쥐고 개척할 주인공의 한 사람으로 된 감격과 흥분 속에 잠겨있을 때 우리의 발언 차례가 되었다. 보고를 하는 나의 머리속에서는 이런 일들이 피뜩피뜩 주마등마냥 스쳐지나가곤 하였다. 43년 특대한재가 들던 그해 일제가 남녀로소 할 것 없이 온 농촌의 농민을 동원시켜 개울, 우물, 늪 할 것 없이 하여간 물이 있는 곳의 물은 몽땅 퍼내여 지고 이고 하여 논밭에 물을 나르게 하던 일, 보리밥 덩이로 겨우 배를 얼리는 농민들이 기나긴 한여름날 온종일 물을 주었지만 거북이 잔등처럼 터갈라진 논은 동이물, 지게물을 눈 깜짝할 사이에 몽땅 삼켜버리고 언제 물을 주었느냐 싶었던 광경, "젠장 소작료, 공출 다 빼앗기고 나면 무슨 먹을 게 있겠다고 이 지랄이야! 가물려면 논밭에서 먼지가 풀썩풀썩 나게 내리쪼여라!" 하고 악에 받친 농민들의 목소리, 자기 자식을 일본 강제학도병에 빼앗기고 남대문 정거장에서 달리는 군용렬차의 뒤를 머리를 풀어헤친 채 아우성치며 따라오던 그 어머니의 모습, 선생님 강의에 의문이 생겨 의견을 제출한 학생에게 "이놈아, 흑판이라도 선생이 희다고 하면 흰 줄 알어!" 하는 소위 중학교 선생이란 작자의 무지막지한 목소리, 일본군내에서 내준 모자가 작으니 큰 것과 바꾸어달라고 했다고 "이놈아, 천황폐하가 내준 모자가 작다고 그래? 네 머리가 크면 골을 깎아 모자에 맞춰라!" 하면서 주먹따귀를 올리부치며 으르렁거리던 일

무정 장군의 모습

본군 교관 놈의 세귀 눈, 나의 가슴속 깊이 맺히고 맺혔던 말들이 꼬리에 꼬리를 물고 터져 나오는 상만 싶었다. 장내에서는 때로는 흐느끼는 소리가, 때로는 분노하여 격분에 찬 구호소리가 터져 나오곤 하였다.

끝으로 무정 동지로부터 총화발언이 있었다. 중키에 몸도 알맞춤하게 퉁퉁하고 상고머리를 가뜬하게 깎아 올린 분이 군중의 박수소리 속에서 연단에 올라섰다. 그는 책상 우의 남포불을 가까이 놓고 돋보기를 꺼내 걸더니 수첩을 꺼내놓고 총화발언을 시작하였다. 어느 사이에 정리하였는지 우리 셋이 폭로해 놓은 원시 재료를 일제의 본질에 결부시켜 리론상으로부터 하나하나 총화해 나아갔다. 음성은 낮으나 우렁우렁한 그의 목소리는 때로는 부드럽게, 때로는 날카롭게 우리의 심장으로 파고들었다. 이제까지 쌓이고 쌓였던 분노를 갓 토해버리고 난 우리의 후련한 마음

속에 새로운 혁명의 씨앗을 심어주는 것만 같았다.

"그러나" 하고 그는 말머리를 돌리였다.

"우리나라와 민족을 독립해방에로 이끄는 혁명의 길은 영광스럽고 정확한 길이기는 하지만 세상의 모든 길이 직선으로만 되여 있을 수 없듯이 곡절이 있는 것이며 풍랑이 있는 것입니다."

그러면서 그는 중공당사의 례를 들어 설명하면서 "진정한 혁명자가 되려면 3대 각오, 즉 얼어 죽을 각오, 굶어 죽을 각오, 적의 총알에 맞아 죽을 각오를 해야 됩니다." 그의 총화의 마디마디는 우리 마음속으로 파고들었으며 우리의 안계를 한층 더 넓혀 주었다.

취침나팔을 분 지 오래되였건만 나는 너무나도 흥분된 탓에 도무지 잠들 수 없었다. 노예로부터 주인이 된 감격과 결심, 기쁨과 흥분 이런 감정에 사로잡힌 나는 자연히 아직도 일본병영에서 강제학도병에 목이 매이여 헤매고 있는 동무들, 아직도 망국노의 노예생활에서 허덕이고 있는 부모, 형제, 자매와 벗들, 그리고 나의 안해와 딸, 그들이 지금 나의 이 처지를 안다면 얼마나 기뻐하랴! 그러나 지금은 이 소식을 알릴 수조차 없는 안타까운 처지, 또 내가 도망친 것이 련루되어 가정에는 어떤 불행이 닥쳐왔는지? 또 내가 조선의 완전한 독립과 해방을 쟁취하는 날까지 살아서 그들과 같이 큰 기쁨과 행복을 나눌 수 있겠는지, 내가 일본군에 끌려 나가 서울 정거장을 떠날 때 무슨 명상에 잠겼는지 멍하니 먼 하늘만 바라보고 계시던 아버지의 모습, 그 옆에 서 있다가 기차가 출발신호를 울리자 사지死地로 떠나는 남편 앞에서 쏟아져 내리는 눈물을 보이지 않으려고 뭇사람들 속으로 뛰여 들어가 몸을 감추고만 젊은 안해의 모습, 그 후에 벌어진 웨침과 통곡...... 생각은 끝이 없었다. 저놈들이 망할 때 우리를 가만두지는 않을 것이니 죽을 바에야 피값이라도 해야지! 이런 절망 속에서 허덕이던 지난날의 나, 그러나 이런 일들은 모두 영원한 지난 일로 된 것이다. 공동한 념원에서 희로애락의 감정이 하나로 서로 엉키고 뭉쳐 구호로 되여 창공 멀리 메아리쳐 흘러넘치는 항일대가정의 단결의 의지와 웨침, 이런 생각에 골똘하고 있을 때 우리가 일본병영에서 탈출하여 제남부근 구황하 근처에서 맨 처음 만났던 중국 청년의 형상이 문뜩 떠올랐다. 아직도 일제 군복을 그대로 입고 있던 우리를 일본 군인인줄로만 알고 땅에 엎드려 절을 하며 사시나무 떨 듯 떨고만 있던 그 청년에게 '당신'과 '우리'가 한데 뭉쳐 싸워나가기만 한다면 일제는 패전하여 도망칠 것이라고 흉내를 내자 원쑤가 도망치는 통쾌한 심정에 사로잡힌 그는 모든 것을 다 잊고 우리와 같이 폭소를 터뜨려 끝내 같은 벗이란 것을 깨닫게 되지 않았던가! 일제의 침략과 압박을 가하는 곳, 그곳에는 우리의 벗이 생기는 법이고 우리의 대가정은 이렇게 확대되여가는 것이다. 침략과 압박이 심하면 심할수록 우리의 대가정은 더욱더 튼튼히 하나로 단결되는 것이다. 때문에 일제의 략탈과 침략이 존재하는 한 우리의 대가정은 더욱 확대, 단결되고 굳세여져 결국은 승리하는 것이다. 나는 오늘 이런 대가정의 한사람으로 된 것이다. 나는 무정 동지의 보고를 곱씹으며 생각을 굴리였다. 지금은 우리 일 때문에 련루되여 고생이 심해진다 하여도, 일본군내에 같이 있던 강제학도병들, 고향의 부모, 형제자매들,

벗들 그리고 젊은 안해도 아직 철부지인 나의 한 살짜리 딸도 우리가 하는 일을 알게 된다면 우리를 리해할 것이며 또 승리하는 그날까지 굳세게 살아 만난다며는 서로 부둥켜안고 우리의 승리를 높이높이 환호해줄 것이다.

밤은 어느 때나 되였는지 온 대지도 피곤에 잠겨 잠들고 있는 듯 벽에 걸린 시계소리만이 고요한 밤공기에 조심스레 고요한 파문을 던지고 있을 뿐. 오월도 막가는 하순인지라 열어 놓은 창문으로는 달빛만이 스며들고 있었다.

당년의
문오활동

우리가 입대한 다음 날 저녁에는 분맹구락부에서 환영만회가 열리였다. 날이 어두워지자 석유램프가 이곳저곳을 환히 비추어 평시에 가물가물한 호도 기름불만 봐오던 우리의 눈이 부실 지경이였다. 배우들까지 화장하기에 분주히 서둘고 있어 웅성웅성한 분위기는 제법 명절 기분을 자아냈다.

드디여 오락회는 시작되였다. 처음 절목은 '엉터리 음악대'. 이름도 유모아적이였지만 들고 나온 악기와 등장하는 인물들을 보고는 깜짝 놀랐다. 조직과장 김영숙, 선전과장 양계, 선전재료과장 박무, 적군과장 고봉기, 호가장전투에 참가했던 로동지 조관 등 모두가 동맹의 골간이며 로선배들이였다. 그들은 혁명사업의 수요로부터 출발하여 장시기 동안 여러 면으로 단련되였기에 군중들 앞에 나서면 선전고동사업자이고 조직자이며 전선에 나가면 용감한 혁명전사이며 또한 훌륭한 지휘관이고 이런 무대에 나서면 인기를 끄는 배우이기도 한 것이다. 그들에 대한 이런 인식은 날이 가면 갈수록 더욱 심각해졌다. 들고 나온 악기로는 하모니카와 퉁소 각각 하나, 그리고 동네에서 빌어 온 중국식 대고와 제금, 죽판竹板, 그밖에 하여간 두드리고 흔들면 소리가 나는 별의

별 물건이 다 있었다. 처음에 혁명가로부터 시작된 합창, 독주, 독창, 연주는 조선 민요로부터 혁명 가곡에 이르기까지 모두가 혁명적 내용과 민족적 풍격으로 충만되어 있었다. 소박하면서도 진실한 조선 민요의 가락은 우리를 고무 격려하여 혁명적 결심을 더 한층 굳게 하였다. 조선, 중국, 쏘련을 비롯한 각국의 혁명적 가요를 처음 들어보니 우리는 그들의 풍만한 혁명적 랑만성과 진실성에 놀라지 않을 수 없었으며 령혼도 혁명적 인민들의 심장과 맥박, 호흡을 같이하는 듯한 흡족한 감명에 사로잡히게 되였다. 이는 봉건왕조 궁전에서 흘러나오던 풍아風雅도 아니고 구라파 음악당에서 흘러나오던 고전음악도 아니요, 이제까지 귀 아프게 들려오던 일본 사무라이의 야심의 칼을 가는 '영웅'의 울부짖음은 더구나 아니다. 이는 굴복당한 처지에서 몰락하는 자의 한숨과 눈물의 신세타령과 영원히 결렬하고 자기의 운명을 자기가 개척하려고 일떠선 혁명가의 기개요, 높이 서서 멀리 앞을 내다보는 필승의 신념에서 스스로 터져 나오는 랑만이며 락관인 것이다. 다음은 양계 동무가 쓴 '동지'라는 시를 읊었다.

"세상에 천만가지 단어가 있다 하여도/ 동지보다 더 소중하고 반갑고 다정한 말/ 나는 알 수 없노라!"라고 시작되는 이 시는 혁명에 갓 참가한 우리에게 '동지'에 대한 깊은 감명과 인식을 갖게 하였다. 사람이 이 세상에서 살아가는 데 천만 갈래로 서로 갈라지기도 하고 엉키기도 하지만 공통한 혁명적 목표의 실현을 위해 생사고락을 같이할 동지보다 더 소중한 관계가 또 어데 있으랴! 우리는 바로 이제부터 반일통일전선대가정의 동지로 된 것이며

고뿌
컵.

반일조중인민통전가정의 동지로 된 것이다.

만회의 마지막 종목은 김창만 작품인 단막극 〈북경의 밤〉이였다.

때: 1943년 겨울, 어느 날 밤.

일: 동맹지하사업일군이 적의 고문실에서의 최후의 투쟁.

장소: 북경 헌병대 고문실.

나오는 사람: 김철(조선독립동맹지하사업 일군, 30여 세), 다까하시(고등계 형사, 30여 세), 김순(일제의 앞잡이로 된 변절분자, 40여 세), 순사부장(40여 세)

무대: 반지하실로 된 일본 헌병대 고문실. 무대 정면 우수로 치우친 곳에 철창을 박은 창문이 있고 좌수에는 지상으로 올라가는 층층대가 있으며 그 우에는 문이 있어 밖으로 통하게 되여 있다. 벽에는 여러 가지 고문 형구가 걸려 있고 방에는 고문 형틀, 그밖에 책상이 하나 놓여있는데 그 우에는 초불이 있어 무대를 어렴풋이 비치고 있다.

막이 열리면: 정면 창문으로 밖에서 왔다 갔다 하는 적의 보초원의 발만이 보이고 손과 발에 무거운 수쇄와 족쇄를 채운 채 김철이 피못에 잠겨 쓰러져있다. 여러 가지 형구와 김철의 모양으로부터 이미 여러 가지 극형이 지나가고 최후의 판가리 고문이 남아있는 상싶다. 순사 부장이 앞서고 이어 다까하시 고등계 형사, 맨 뒤에 김순이 고뿌● 와 물주전자를 들고 등장, 층층대를 내려오다가 순사부장이 다까하시를 돌아본다.

순사부장: 지독한 놈입니다. 글쎄 어제 같은 형벌에 입을 떼지
도 않는 그런 지독한 놈은 처음 봅니다. 내 10여성상
(기척하고) 천황폐하를 위해 충성을 다해 훈팔● 등의
훈장까지 탔지만 처음 봅니다.

훈팔(勳八)
문맥상 '일제를 위해 세운 공'
또는 '공을 세우고 받은 상훈이
여덟 개'라는 의미로 추측됨.

다까하시: 그래 자네는 고문을 시작하기도 전에 겁부터 나는가?

(그동안 김순이는 못마땅한 듯 순사부장을 쏘아본다.)

순사부장: 아니올시다. 이번에야 선생님이 계시는데 그럴 리 있
습니까? (아첨한다.)

다까하시: 부닥쳐 보세 (신심없이), 신심을 가지고 말야. (무슨 결
심을 내린 듯 웨친다.)

(셋이 층층대를 내려와 김철에게로 다가온다.)

(김철은 죽은 듯이 잠잠하다.)

(셋은 흠칫 놀란다. 김순이 약빠르게 김철에게로 다가가 그의 동정을
살필가 하는 순간 김철이 부시시 일어나는 바람에 놀라서 뒤로 물러
선다.)

김철: 물! 나에게 물 한 모금만! (정신이 좀 든 듯 자기의 량손, 량팔,
량다리를 살펴보며) 아, 아직도 내가 살았나? (다시 정신이
나가 본능적으로 부르짖는다.) 물! 물! 나에게 물 한모금만!
물! 물!

(다까하시는 이젠 됐다는 듯이 김순에게 눈짓한다.)

김순: (고뿌에 물을 따라들고) 물이야 있지, 어서 말 한마디만 (고
뿌를 높이 추켜든다.)

(김철은 고뿌를 뺏을 듯 달려든다. 그 바람에 바닥에 물이 쏟아진다. 김

철은 미친 듯이 엎디어 쏟아진 물을 핥으려 한다. 재빠르게 다까하시는
바닥의 물을 발로 밟아 뭉개버리고 순사부장은 김철에게 달려들어 밀
어치는 바람에 김철은 다시 쓰러진다.)

–사이–

　다까하시는 흠칫 놀라며 순사부장을 못마땅한 듯이 쏘아
본다.
순사부장은 어쩔 바를 모르고 김순은 조심조심 김철에게로
다가가 그의 동정을 살피고는 다까하시에게로 다가온다.
김순: 아직 살았습니다. 문제없습니다.
(다까하시 그제야 되었다는 듯 고뿌의 물을 김철의 얼굴에 뿌린다. 그
바람에 김철은 다시 깨여나 일어난다.)
김철: 물! 물! 나에게 물 한모금만.
다까하시: (물을 고뿌에 철철 넘게 따라 부으며) 자, 물이야 얼마든
　　　　　지 있지! 다만 너의 조직만 대면.
김철: 몰라, 난 몰라! (다시 쓰러진다.)
　일제가 사상범을 체포하였을 적에 갖은 육형을 다 대여도
효과를 보지 못하면 사형하기 전에 최후수단으로 계속하여
잠을 재우지 않으며 물을 공급하지 않으며 나중에는 갈증과
불면증으로 제정신을 잃고 다만 생명을 유지하려는 동물의
본능으로 돌아가 생사의 변두리에서 헤매게 한다. 그들은 이
런 기회를 리용하여 변절시키려 하는데 대개는 일주일이면 변

절하거나 죽거나 량단간에 끝이 나는 것이다. 이 형벌방식은 그 당시에 류행되었다 한다.

김순: (김철에게 다가가 그를 동정하는 체하면서) 김철 선생! 당신은 왜 꽃다운 청춘을 버리려 합니까? 세상에는 믿을 놈이란 한 놈도 없지요. 나도 이전엔 선생과 같이 견결하였습니다. 그러나 나중에 알고 보니 겉으로 견결한 척하던 놈들이 나 먼저 모두 물어 먹었더구만요. 세상은 이렇게 허무한 것이지요. 김철 선생! 왜 아까운 청춘을 허무하게 버리려 하십니까? 선생의 그 재간을 가지고 지금이라도 늦지야 않지요. (눈물을 쥐여짜면서 유혹도 하여본다.)

아직도 김철은 몽롱한 혼미상태에서 깨여나지 못한다. 이렇게 극정은 아짜아짜한 지경에 이른다. 그러나 김철은 자기를 유혹하는 자가 변절분자 김순임을 깨닫자 혁명가의 고도의 자각성으로부터 리성을 회복한다. 은은히 변절자의 론리로 엮어진 '시'가 감방으로 흘러든다. 듣고 있던 김철은 쓴웃음을 짓는다.

김철: (더러운 변절자의 패배의 노래에서 시작되는 그의 독백은 변절자의 론리를 산산이 박살내버리고 변절자에 대한 불타오르는 증오심에서) 내 앞에서 썩 물러가지 못할가! 이 더러운 변절자야! 네 더러운 생명 뒤에는 우리 동지들의 피가 흐르고 있는 것을 보지 못하는가? (순사부장의 견장이 눈에 띄우자) 너의 견장을 보면 너의 손에 묻은 피가 보인다. 이 더러운 민족의 반역자들아 썩 물러가지 못할가? (극도로 흥분한 김철 다시 기절하여 쓰러진다.)

캄풀 주사(camphor injection)
심부전에 걸렸을 때 쓰이는 강
심제(強心劑) 주사.

김순과 순사부장은 어쩔 바를 모르고 어리둥절해있다. 다까하시는 못마땅하게 량자를 쏘아보다가 김철이 꼼짝하지 않고 기절해 쓰러진 것을 보고 '흠' 하고 눈질한다. 김순과 순사부장은 재빠르게 뛰여가 맥을 본다. 둘은 락심한다.

다까하시: 빨리 의사를 불러와! (김순, 순사부장 이어 퇴장) 어떻게 해서라도 저놈을 살려내야 할 텐데! (중얼거리며 퇴장)

−사이−

김철은 다시 부시시 깨여난다.

김철: (독백) 동지들! 난 조직의 비밀을 지켜냈습니다. 그러나 아직도 임무를 다하지 못하였습니다. (다시 기절.)

−사이−

김철: (다시 정신을 차리며) 사랑하는 영애 동무, 내 항상 동무에게 말하지 않았소. 사랑, 또한 투쟁이라고. 부디 이 말을 잊지 말아주오. (조용히 숨을 거둔다. 이때 다까하시, 김순, 순사와 의사가 등장한다. 의사는 까근히 진찰하더니 실망한다.)

의사: 방금 숨이 졌습니다.

다까하시: 캄풀 주사●를 놔. 그놈을 살려내야 해! (의사는 그의 명령대로 행동한다.)

-사이-

의사: 희망이 없습니다.

다까하시: 뭐? 희망이 없어? 또 실패로구나! (두 팔로 자기의 머리를
          쥐여뜯으며 실망한다.)

　김순과 순사부장은 더욱 어쩔 바를 몰라 한다. 은은한 추도
곡 속에서 서서히 막이 내린다.

　이렇게 심각한 혁명극을 처음 보는 나는 극정 속에 끌려들어
가 김순이에 대한 김철이의 신랄한 폭로와 예리한 비판이 마치 변
절자의 심장에 비수를 박는 것만 같았다. 학도지원병 동원 시에
소위 당시의 조선의 유지들이 보내온 지원 권유 편지를, 당시는
다만 감정상으로 부정하였다면, 이번에는 리론상으로도 철저히
깨끗이 송두리째 청산해 버릴 것 같은 시원한 감정과 함께 자기
의 지난날의 행동에 대한 더욱 큰 긍지를 느끼게 되었다.

첫 번째 임무

하루는 선전부장이 찾기에 그를 따라갔다. 사무실이자 객실이 며 침실로 사용하는 림시로 빌린 백성의 집 한 칸이였다. 책상 하 나에 나무 걸상 두 개, 침대 한 개뿐이였다. 그는 고뿌에 더운 물 을 부어주며 말을 꺼냈다.

오는 단오절에 화북조선인민 대표 및 일본군내의 조선학도병 대표들이 반일본파시스트대회를 열기로 했는데 각본을 하나 써 보지 않겠느냐는 것이였다. 나의 마음은 매우 격동되였으나 지금 까지 각본이란 써보지 못한 나는 신심이 없었다. 망설이고 있는 나의 눈치를 챈 그는 "동무가 이야기한 김재권 어머니의 성격과 남대문 정거장에서 벌어진 사건은 얼마나 생동한 자료요. 또 동 무는 일본군에서 탈출한 경험까지 있으니 얼마나 유리하오. 게 다가 작품을 많이 봤지. 대담하게 써보시오."라고 고무하였다. 이 밖에도 많은 힌트는 주었으나 정식임무로 맡을 만한 신심은 없어 "오늘 저녁에 생각해 보지요." 하고 그의 방을 나왔다.

그날 저녁 자리에 눕긴 하였으나 낮에 선전부장한테서 받은 자극으로 하여 잠을 이룰 수가 없어 엎치락뒤치락하면서 재권이네 집에서 일어날 그 무시무시한 일들을 생각해봤다. 자기의 일생의 포부와 20여 년간 쌓아올린 노력의 보람으로 그의 성공이 눈앞에 보이는 4개월을 앞둔 어느 날, 자기의 자식을 강제병으로 빼앗김으로써 불시에 파탄되고 말 참혹한 비극, 재권이와 그의 미혼처 등 어떻게 처리해야 할지, 막히고 막히고 하다가 남대문 정거장에서 벌어진 그 사건이 머리에 떠오르자 "그렇지 그런 경우에 사람은 미치고 말 거야. 그리고 재권 어머니의 성격을 봐서 미쳐도 곱게 미칠 거야!" 하는 생각이 나의 뇌리를 탁 쳤다. 그러자 헝클어졌던 문제가 풀리는 것만 같아 한시름 놓이였다.

이튿날 선전부장은 또 나를 찾았다. 나의 의사를 말하니 참 좋다는 것이다.

"작품이라 해서 너무 신비화해서 생각하면 안 되오. 이건 동무의 체험이니까 극적으로 사건을 잘 집중만 하면 될 것이요. 동무의 이야기를 몇 번 들어봤지만 재미도 있고 인물들의 성격도 살아있던데."

그는 나를 계속 고무하였다.

북경에서 있은 '춘향전' 연극에서 리도령 역을 했다던 전혁 동무한테서 무대 특수 조건은 방조 받기로 하고 다 된 후에 부장 동지의 소개를 받게 약속하고 임무를 맡았다. 기한은 일주일이였다. 조직과장은 우리를 위해 방 한 칸을 얻어주고 잉크, 유광지, 호도 기름 등 모든 것을 마련해 주었다. 울렁거리는 가슴을 가라앉히고 구상에 착수하였다.

제1막

제1장

장소: 재권네 집.

때: 아직 학도지원병령이 내리기 전, 1943년 늦봄. 재권이의 약혼도 이미 결정되고 재권이의 미혼 처도 재권네 집을 드나들어 젊은 그들 두 사이는 물론 재권이의 어머니까지도 서로 정이 통하여 셋이 다 결혼 후의 달콤한 새 가정생활을 꿈꾸며 결혼준비에 분주히 서둘던 어느 날.

나오는 사람: 재권 어머니(40여 세의 과부, 삯 바느질군. 방 한칸을 리용하여 학생도 한 사람 치고 있다.), 재권(22세, 서울 모 전문학교 3학년), 김복희(20세, 서울녀자사범학교 4학년, 재권이의 미혼 처), 남철뢰(23세, 재권이네 집 하숙생, 서울 의전학교 3학년, 재권이의 친우)

무대: 재권이네 집. 외면은 초라하나 집안은 깨끗이 청소되여있다. 방 중간 벽에는 재권 아버지의 사진이 걸려 있고 창문 가엔 석류나무 한 그루가 큰 화분 통에 심어져 있는데 꽃이 만발하였다.

막이 열리면: 재권 어머니 혼자서 부지런히 삯바느질을 하다가도 한참씩 멍하니 자기 남편의 사진을 쳐다보기도 하고 석류꽃을 어루만지기도 한다. 마침내 자기의 감격을 억제하지 못하고 독백.

재권 어머니: 아! 탐스럽기도 하구나! 재권 아버지 생전에 그렇

게도 사랑하시던 석류나무가 이렇게 커서 아름
다운 꽃이 만발하였습니다. 이 석류나무를 키우
듯이 난 나의 몸에 남기고 간 재권이를 키워 명년
봄이면 그 애도 전문학교를 졸업하게 되었습니
다. 또 며느리도 정하여 놓았으니 잔치만 하면 우
리 집도 꽃이 피지요. 재권이가 금년에 스물둘이
니 당신이 왜놈 감옥에서 나와 운명하신지도 이
젠 벌써 스물세 해가 되는구만요. 세상이 빠르기
도 하구만요. (자기 얼굴을 거울에 비추어보며) 이젠
나도 늙었구나! 그래도 산 사람이야……. 이제 넉
달만 지나면 우리 집엔 꽃이 핍니다. 석류꽃도 아
름답고 탐스럽게 피였습니다. 우리의 살림은 저
석류나무보다도 더 아름답게 꽃이 필거야요. 당
신이 살아계시여 이 기쁨을 같이한다면……. (사
진을 우러러보며 눈물 흘린다.) 난 이제 내 할 바를 다
했습니다. (감격에 잠겨 다시 바느질을 시작한다.)

    이어 재권, 그의 미혼 처, 재권의 친구 철뢰 등도 등장시켜 젊은
남녀의 사랑의 속삭임, 그를 엿듣는 어머니의 기쁨, 남편의 생명
을 빼앗아간 일제에 대한 분노, 20여 년간의 간고한 노력, 그의 결
과인 오늘의 기쁨, 앞날의 생활에 대한 달콤한 행복의 환상을 엮
어 나아가다가 제2장의 비극적 정서와 서로 련계시켜주기 위해
재권 어머니의 다정다감한 눈물, 헤푼 성격을 좀 과장시켜 너무

흥분하면 신경통이 발작하는 것으로 하였다.

　어머니가 지난날의 고생을 회상하고 현재의 행복에 취하며 앞날의 더욱 미만한 행복의 환상에 도취되였을 때 신경통의 발작으로 하여 쓰러진다. 모두가 놀랐지만 미혼처가 가장 놀란다. 그는 어찌할 바를 몰라 헤매고, 재권이는 어머니를 간호하여 그를 진정시키고 철뢰도 같이 돕는다.

－사이－

　밖에서 은은히 '사공의 안해'라는 노래가 들려온다.

물결조차 사나운 저 바다가에
헤쳐진 배쪼각 주어 모으는
저 아낙네 풍랑에 남편을 잃고
지난밤을 얼마나 울며 새였나.

타신 배는 마사져도 돌아오건만
한번 가신 그분은 올길 없고나
오늘도 바다가에 외로이 서서
지난날의 생각에 울다가 가네.

빠른 것은 세월이라 20여 년이 되니

어느 새에 유복자 키워 데리고
바닷가에 이르러 타이르는 말
어서 커서 아버지 원쑤 갚거라!

　노래가 끝날 무렵, 어머니도 정신이 들어 부시시 일어난다.

어머니: 일없다! 너무 기뻐서 그랬단다. 이 병도 왜놈이 갖다
　　　　준 병이다. 내 젊었을 때 한밤중에 왜놈들이 뛰여들어
　　　　너의 시아버지를 붙들어 가는 바람에 하두 놀라 생긴
　　　　병이다. 이 병은 내가 잘 아는 병이다. 고질병이다. (어
　　　　머니의 태연한 태도에 모두가 다시금 안심하고 일어나려 할
　　　　때 아직도 근심에 쌓인 미혼녀의 머리를 쓰다듬어주며)

어머니: 괜찮다. 다 산 나야 문제 있느냐? 이제부터 생활의 첫걸
　　　　음을 내디딜 너희들만 건전하고 행복하다면야? (미혼녀
　　　　도 감격에 잠기며 모두가 기쁨에 잠길 무렵)

　-막-

　제2장

　무대: 같은 무대.

　때: 1943년 겨울, 11월 하순의 어느 날. 재권이 학도병에 끌려
가는 날.

　막이 오르면: 밖에서는 함박눈이 쏟아져 내리며 가끔가끔
회오리바람이 일곤 하여 어수선한 분위기.

마사진다
부서지거나 깨져서 못쓰게 되다.

재권 어머니, 혼자서 삯바느질에 여념이 없다. 석류꽃도 잎도 다 떨어지고 앙상한 나무가지에 석류 한 개만이 선명하게 눈에 띄운다. 뒤 창문으로 밖에서 내리는 눈이 알린다.

세상과는 동떨어져 자기 살림에만 골똘해있는 그는 재권이가 강제학도병 문제를 비밀에 부치고 있기에 아직도 모르고 있다. 회오리바람에 창문이 열리며 문턱에 놓였던 빈 꽃병이 떨어져 마사진다.● 밖에서는 눈보라가 휘몰아치는데 확성기에서는 '성전가'의 소리가 요란히 들린다. 재권 어머니 깜짝 놀라 바느질감을 놓고 창문을 단단히 닫은 후 마사진 꽃병을 치우면서 방을 쓴다.

어머니: 아, 날씨도. 어쩌면 이렇게도 스산할가? 아깝게도 꽃병이 마사졌구나. (쓰레받기를 들고 밖으로 나간다. 문이 열리자 또다시 요란한 확성기소리가 들린다.)

-사이-

(어머니 다시 등장)

어머니: 빌어먹을 놈들, 이런 날씨에 무슨 신이 나서 저렇게 고아대며 아단이야. (방에시 길레질을 하면서)

어머니: 아마 무슨 일이 있는 모양이야. 아이들의 눈치가 왜 가끔 그렇게 락심하는 것 같은가? 모를 일이지. (도리질을 하면서 다시 바느질을 시작)

이렇게 생각되는 연극은 내가 마지막으로 재권네 집에 갔을 때 그 거북스럽던 방안의 분위기, 어머니의 기쁨을 다만 며칠이라도 연장시켜 주고 싶어 하던 재권이의 모습, 그의 미혼 처의 난처하고 외로운 고통어린 얼굴 등이 머리에 삼삼히 떠올랐으며 그후로 재권이의 강제병 문제가 폭로 되었을 적에 일어날 그 광경이 무서워 궁금하고도 미안하여 가보지 못하였지만 그 끔찍한 비극을 써내려갔다.

끝내 재권이는 고등계형사에게 끌려가고 절망에 빠진 어머니는 고함친다.

어머니: 재권이는 못 가져간다! 너희들은 나의 남편을 잡아 죽였고 우리 시아버지를 세상 뜨게 하였다. 무엇이 또 모자라 남편이 내 배속에 남겨놓은 씨마저 긁어가는 거냐. 차라리 날 잡아다 죽인 다음에 어떻게 해라! (폭력 밑에 재권이는 끌려 나간다.)

어머니: 재권아! (따라나가며 웨쳐대다 기절하여 쓰러진다. 미혼녀도 같이 쓰러져 통곡한다. 이웃사람이 의사를 데리고 등장한다. 구급치료가 긴장히 진행되는 가운데서 또다시 '사공의 안해'의 노래가 은은히 들린다. 재권 어머니 다시 일어났을 적에는 머리는 풀어지고 완전히 제정신이 나가 미치고 만다. 그는 바느질감을 창문 밖으로 팽개치고 남편의 사진 앞에 엎드려 엉엉 울다가 벌떡 일어나 다만 하나뿐인 석류를 따서 들고 깔깔 웃는다.)

어머니: 하……. 너도 마지막이다! 나도 마지막이다! 하……. (주위 사람들 어쩔 바를 몰라 한다. 미혼녀가 어머니에게로 다가

간다. 어머니 그를 보고)

어머니: 이 고운 색시, 자네가 누군가? (미혼녀 겁에 질려 어쩔 바를
　　　　모른다. 철뢰, 어머니에게로 다가가며)

철뢰: 어머니 진정하세요! 어머니! (그제야 미혼녀도 정신이 들어 어
　　　머니에게 매달린다.)

미혼녀: 어머니! (통곡한다.)

어머니: 아니, 내가 미쳤나? 아니 꿈이야, 꿈? 아유 하느님, 얼른
　　　　날 꿈에서 깨여나게 하여주십시오. 너무나도 괴로와
　　　　견딜 수가 없어요. 재권 아버지! (사진 앞에 가 엎디여 절을
　　　　하며) 재권 아버지! 날 꿈에서 얼른 깨여나게 해주십소
　　　　서! 가슴이 막 터질 것 같아요. (통곡한다. 미혼녀와 철뢰는
　　　　어머니를 붙잡고 진정시키려고 애를 쓴다. 이럴 때 동네사람들
　　　　도 모여들고 순사도 나타난다.)

어머니: 아! 마귀! 마귀!! 내 아들을 붙잡아 간 마귀야 재권이는
　　　　못 가져간다!! (비실비실 피하는 순사를 좇아가며)

어머니: 마귀! 요 마귀야! (석류를 물어뜯어 사방에 뿌리며 무당처럼
　　　　덩실덩실 춤을 추며 넋두리를 한다.)

어머니: 요 마귀야, 어서 먹고 물러가라. 너도 먹고 물러가고 너
　　　　도 먹고 물러가라! (석류를 막 씹어 사방에 뿌리며 넋두리를
　　　　하다가 기진하여 쓰러진다.)

동네사람 갑: 아유! 세상에 딱한 일두. 그렇게 얌전하던 저이가
　　　　　　　저렇게 되다니?!

동네사람 을: 글쎄 놈들도 너무 하지요. 누구나 저 지경이 되고

서야! (재권 어머니 벌떡 일어나 깔깔거리며 웃는다.)

어머니: 아하……. 아니다, 꿈이다! 꿈!! 재권아! (소리치며 밖으로
　　　뛰여나간다.)

'성전가소리 요란한 속에 막이 내린다.

제2막

무대: 일군병영.

때: 1944년 5월 어느 날.

무대와 시간을 설정해 놓으니 일본군 생활 자체가 모순과 갈등
의 소굴로 되었고, 희극과 비극이 엉키여져 있는 틈을 타서 쉽게
탈출할 때까지 2막으로 엮어나갔다. 물론 재권이가 주인공이 되
여 탈출한 것이며, "만약 우리의 탈출이 가정에까지 련루되여 식
구들이 고생하신다 하여도 우리의 행동을 그들이 아신다면 꼭
그간 고생한 것을 용서하실 거야. 어머니 그리고 미혼 처, 아니 전
체 친구들이여! 다시 만날 때까지 안녕하시라!"에서 끝을 맺는다.

나는 너무나 흥분하여 꼬박 사흘이나 잠을 이루지 못하고 극
본을 다 써놓고야 잠을 이루었다. 얼마나 잤는지 전혁 동무가 깨
우는 바람에 일어나 보니 조직과장 김영숙 동무가 와있었다. 그
는 닭알을 바가지에 수북이 담고, 백설탕을 서너 근이나 잘 됨직
하게 가지고 왔다.

"이건 무정 동지가 보내신 것이야요. 닭알은 산 게구 이 사탕가
루는 조직에서 무정 동지에게 공급한 것인데 동무들이 수고하신

다고 보내주신 것이죠."

난 너무나도 뜻밖이였고 그 당시는 낡은 관념이 그대로 남아있던 때인지라 황송하기 그지없었다. 무정 동지는 의용군의 총사령이며 팔로군에서도 유일한 포병사령이며 2만5천 리의 장정간부가 아닌가. 그런데 난 갓 입대한 한낱 보통 의용군전사가 아닌가.

아무리 사양하여도 안 되였다. 나는 사탕가루를 더운물에 타 마시며 이런 생각을 하였다. 닭알은 이곳에서 산 것이라 해도 사탕가루는 근거지에는 없는 것이다. 이는 우리 동무들의 등으로, 당나귀 등으로 첩첩한 봉쇄선을 뚫고 날라 온 물건이 아닌가! 눈앞에는 적구 성시에서 활동하는 동무들의 모습, 가도 가도 끝없던 평원, 가도 가도 첩첩한 산, 그 사이에 있는 우리가 며칠 전에 지나온 꼬불꼬불한 길이 선히 떠올랐다. 멀리 그러한 길들을 통해 이어진 동지와 동지간의 마음, 사령원과 전사들 사이에 서로 이어진 동지우애의 정신, 이러한 혁명적 사랑 속에 묻혀있는 나 자신을 발견하였을 적에 무한한 행복과 무궁무진한 용기 그리고 힘을 새삼스럽게 느끼였다.

조선의용군에서 전우와 함께

황당한
세상,
지옥의
최하층

그날도 조선의 정황을 회보하고 있었다. 당시 소위 지명인사들인 최광수, 윤치오, 최재서, 최남선 등이 학도병 동원 시에 학생들에게 보내온 편지 내용에서 일제가 부추기는 친일세력에 대한 이야기가 나왔을 때 제1기 지원병 리인석에 대한 말이 나오게 되었다.

"지금 조선 청년에 대한 징병제 실시를 앞두고 리인석 상등병은 소위 '명의의 전사'에 대한 선전이 한창이지요."라고 말하니 "리인석 상등병이라니? 서주전역에서 우리 신사군에게 포로된 사람이겠군." 하고 창만동무는 말하였다.

"일제는 지금 리인석이 서주전역에서 어떻게 용감하게 싸웠으며 어떻게 황국과 대동아공영권을 위해 전사했으며 이게 곧 '반도' 청년들이 나갈 방향이며 본보기라고 굉장히 떠들어 대고 있습니다."

"그는 우리 신사군에게 포로 되였소. 장차 동무들이 만날 기회가 있을지도 모르오."

"아니, 난《매일신보》에서 그의 유골을 야스구니靖國신사에 모

나니와부시(浪花節)
샤미센(三味線)의 반주로 곡조를 붙여서 부르는 일본 고유의 창(唱), 로쿄쿠(浪曲)라고도 함.

샤미센(三味線)
줄이 3개이며 목이 길고 줄받이가 없는 일본의 현악기.

신다고 유골함을 목에 건 그의 동생과 친인들 그리고 면장, 순사부장들이 같이 찍은 사진을 봤는데요."

나는 불시에 무슨 판인지 납득되지 않았다.

"하여간 리인석이 둘은 아니겠지. 산 리인석이 우리한테 와있으니까."

창만동무는 쓴 웃음을 지었다.

참으로 황당한 일이다. 당시 일제는 이 일을 큰일로 삼아 가족들의 감상 발표와 사론, 나중에는 '리인석 상등병'이란 나니와부시浪花節● 까지 만들어 부만관에서 공연을 한다, 지방 공연을 떠난다, 지어 레코드에까지 불어넣어 서울 큰 거리에 샤민센三味線● 소리에 맞춰 나오지 않는 눈물을 쥐여짜면서 그의 이름을 웨쳐 대는 귀를 째는 듯한 소리가 아직도 나의 귀에 쟁쟁하였다. 이런 분위기 속에서 어떤 이는 격분하고 어떤 이는 한숨을 쉬였으며 또 어떤 이는 속으로 통곡하고 있는 것이었다. 보아도 안에 뭣이 들어있는지도 모를 흰 나무궤짝을 목에 걸고 상복을 입고 둘러서있는 그들의 친인들, 참으로 황당한 세상이라 아니할 수 없다. 이런 생각에 잠겨 얼떨떨해있는 나를 보고 그는 말을 이었다.

"때문에 로동지들이 혁명에 참가한 후 이름을 고치는 원인이 여기에 있는 것이죠."

그럴듯한 일이다. 만약 자기 이름을 그대로 가지고 있으면 어떻게 자기도 일제에게 리용될지 또는 그와 상반대로 가정에 어떤 악과가 미칠지 누구도 단언할 수 없는 일이였다. 여기까지 생각이 미친 나는 아주 성명을 고쳐버릴 결심을 내렸다. 결사적 결심을 내리고 왜군의 병영을 탈출하여 처음 만난 분이 팔로군 ○○현 기관민병대대장 고용高勇이다. 당시의 재생의 기쁨을 기념하기 위하여 '고'자를 하나 가져오기로 하고, 나의 원래의 이름 철수哲洙에서 '준'자는 돌림행렬이고 '철'은 부모가 나에 대한 간곡한 부탁이었으리라 생각하고 그를 사용하기로 하여 지금의 이름으로 된 것이다.

그러던 어느 날 전체 분맹대회에서 반특무투쟁동원이 있게 되였다. 지금까지 특무라면 탐정소설에서나 봐온 검정안경을 쓰고 권총이나 칼을 속에 품고 다니는 것이란 인상만 있는 나는 다 같이 의용군의복을 입고 사람들이 다 좋아 보이는 우리 대오 내에 특무가 있다니 잘 리해 되지 않았다. 회의가 끝난 뒤 우연히 조직과장을 만났을 적에 "그래 우리 대오 내에 있나요?"라고 물으니 "보고를 잘 듣고 잘 토론해 보시오."라고 하면서 깔깔 웃어대였다. 자기의 유치함을 부끄러운 대로 참아가며 무정 동지 보고에 정신을 집중하여 들었다. 그는 국제 국내 형세로부터 시작하여 일제의 특무정책, 특히 조선의용군에 대한 특무정책, 그들의 목적, 수단 등을 상세히 보고하고 나서 어째서 같은 조선 사람으로서 조선독립을 위해 분투하고 있는 조선독립동맹, 조선의용군 조직을 파괴하는 특무로 되느냐 하는 문제를 조선의 사회적 각 계급 간의 모순, 일제의 허위적 선전의 기편술 등을 하나하나 례를 들어 설명하였다. 이에 대한 당의 반특무정책을 교대하면서 어째서 당은 관대정책을 실시하게 되는가 하는 문제를 심각하고도 생동하게 보고하면서 기편당한테는 죄가 없고 깨닫고 탄백하면 우리는 과거를 따지지 않는다는 도리를 심각히 보고 분석 하였다. 그는 보고에서 심각한 사회적 배경과 기편당하지 않을 수 없는 사회적 환경을 분석하고 나아가 그의 사회적 죄악을 폭로하였다. 나는 그의 보고에 담겨진 맑스-레닌주의의 심각한 도리에 깊은 감명을 받았다.

보고가 끝나자 상례대로 심득토론은 각 분대별로 진행하였다. 방금 들은 보고에서 흥분된 나는 되풀이하여 무정 동지의 보고에 대한 심득을 말하였다. 발언하는 동안 나의 머리에서는 모든 혁명적 여론과 환경에서 완전히 격리된 식민지 고향사람들이 기편당하고 있는 그 불쌍한 형상이 생생하게 머리에 떠올라 자기 발언에 도취된 채 한창 열변을 토하고 있는데 나의 옆에서 녀자의 울음소리가 들려왔다. 깜짝 놀라 돌아다보니 요사이 새로 들어온 강석분이라고 부르는 약 30이 되나마나한 동무였다. 영문을 알 수 없는 나는 제꺽 부분대장에게 계속 토론할 것을 인계하고 그를 데리고 조용한 곳으로 가서 왜 우느냐고 물었다. 그는 대답대신 고개를 떨구고 울고 있었다. 아무리 물어봐도 대답 한마디 없었다. 혹시 나의 발언이 그의 자존심을 상하게 한 무엇이 있는가 싶어 물어봤으나 고개를 가로저을 뿐 대답이 없었다. 아무리 생각해봐도 도무지 무슨 영문인지 알 수가 없었다. 토론이 끝나면 발언 정황을 경향성에 따라 분류하여 조직에 회보해야 하는데 언제나 그는 발언이 없었으므로 속으로 괘씸한 생각도 없지 않아 있었다. 이런 눈치를 알고 있지나 않는가 하는 데서 나는 속을 툭 털어놓고 평시에 그에게서 받은 인상, 표현으로부터 속으로는 괘씸한 생각까지 있었다는 나의 조포한 관점을 검토하니 그는 더욱더 흐느끼었다.

"대관절 어찌된 셈입니까? 나는 제 딴엔 하느라고 했는데 동무는 그저 울구만 있으니 내 뭐라고 조직에 회보하겠습니까?"

나는 답답하고 속으로는 화도 났으나 흐느끼는 모습을 보니 가련한 생각도 들어 "동무의 말은 절대 비밀에 부치겠으니 말을 해보시오. 우리는 장차 생사를 같이할 동지란 말입니다. 우리는 서로 마음이 통해야지 간격이 있어서는 안 됩니다. 사람이 이 세상에 태여났다가 개인으로 보면 자기의 생명보다 귀중한 것이 어데 있겠습니까? 그러나 우리는 다 같이 왜놈의 압박과 착취를 당하고 있는 우리 동포, 우리 조국을 위해 필요시에는 우리의 이 단하나밖에 없는 생명마저 바칠 각오를 한 우리들인데 우리끼리 말하지 못할 일이 무엇이겠습니까?"

말하는 동안 나도 차차 흥분에서 마음도 가라앉아 제법 나 자신도 이상하리만치 조용히 부드러운 말로 말하였다. 그의 눈치를 보니 그는 입술이 부들부들 떨더니 "제가 특무입니다." 하고는 엉엉 울었다. 자기가 특무였다는 것을 탄백하는 것이 부끄러워서가 아니라 기편당한 자기 자신의 신세가 원통하였던 모양이였다. 그는 목에 감았던 붕대를 풀어헤치더니 "나는 이제 살아도 얼마 살지 못합니다. 매독균이 온몸에 퍼져 이 모양입니다." 그리고는 더욱더 슬픔에 목이 메는 것이였다. 나는 정말 깜짝 놀랐다. 이렇게 어리무던하게 생긴 사람이 특무라니 하여간 나도 기쁜 나머지 "특무였다면 어떻습니까. 오늘 무정 동지도 말하지 않았어요. 기편당한 데는 죄가 없고 깨닫고 탄백하면 그만이며 잘 하면 공도 세울 수 있다지 않았어요."

그가 몹시 흥분되어 있었기에 더 말하지 않고 침실로 가서 마음을 가라앉히고 쉬라고 하고는 조직과장을 찾아갔다. 조직과장을 찾아가 회보를 하니 그는 깔깔 웃으며 "고철 동무, 강○○가 검은 안경을 쓰고 있지 않던가요?" 하고는 더욱 웃어댔다.

강○○는 경상남도 어느 농촌의 가난한 집에서 태어났다 한다. 그가 13살 되던 해에 아버지가 오랜 신병으로 앓다가 세상을 뜨니 집(집은 남의 집이였음)에 남은 것이란 아버지 약값으로 진 빚과 알몸뚱이인 동생 둘과 어머니까지 넷뿐이였다 한다. 그래 하는 수 없이 그 동네 선술집에 들어가 잔심부름을 하다가 나이 16살쯤 되여 처녀티가 나니까 주인집에서 고운 옷을 해 입혀 부엌일로부터 방으로 올라가 술심부름을 하게 하였고 그러는 동안에 낯모를 건달 놈에게 처녀의 몸도 더럽혔다고 한다. 하도 분한 김에 하루 종일 울다가 나중에 빚을 따져보니 줄기는커녕 더 늘어났던 것이다. 이렇게 된 바에 어서 돈을 많이 벌어 빨리 빚을 갚아버리고 나도 남과 같이 자유로이 살아보자는 데서 돈을 더 많이 벌 곳을 찾아 유곽으로 팔려갔었다는 것이다. 이런 속내는 모르고 어머니는 반대하였으나 이미 더럽힌 몸 한 번이면 어떻고 두 번이면 어떠냐 하는 데서 맘을 모질게 먹고 고향을 떠나 대구 유곽으로 팔려갔다가 매독을 얻게 되였다 한다. 유곽에서도 병이 심하여지니까 소독이 더욱 심한 군대 위안소로 팔려간 다음 매독이 점점 심하여져 피부에까지 퍼져 나오게 되니까 하루는 주인인 왜놈이 불러놓고 장부를 따지더니 약값, 옷값, 밥값을 다 제하고도 아직 빚이 30원이 남았는데 이 빚을 갚고 또 돈깨나 벌 수 있는 일이 있으니 가겠느냐는 것이었다 한다. 무슨 일이냐고 물으니 어느 남자의 안해라고 말하고 그 사람을 따라 들어가 시키는 대로 하면 된다는 것이었다 한다. 이제 위안소에도 있을 수 없게 된 바에야 하는 데서 동의하였더니 한 보름동안 잘 먹여주며 쉬게 하고는 이곳으로 들여보내면서 그냥 따라갔다가 오기만 하면 빚은 면제해 주고 현금 30원을 줄 것이요, 그곳의 정보, 주로 그곳에 있는 인원수, 조직 체계, 책임자의 이름, 무기 정황, 그들이 하는 일 등을 알아 가지고 오면 정황에 따라 상을 주는데 최저 30원으로부터 200원이고 그밖에 조선의용군을 꾀여 이곳으로 데리고 나오면 급에 따라 60원으로부터 300원이라는 것이었다 한다. 우선 그 금액에 자기는 놀랐고 자기 몸은 이젠 버린 몸이니까 아무것도 두려운 것이 없어 따라 들어왔다는 것이다.

그런데 이곳에 와 보니 자기가 들은 바와는 완전히 딴판이였으며 자기가 인간으로 태여나 사람다운 대우를 받아보기란 생전 처음이며 누가 업수이보는 것도 없고 먹는 것으로부터 입는 데까지 다 평등하며 사람마다 친절한 한집 식구 같이 지내니 그야말로 딴 세상이였다 한다. 여기에서부터 의혹이 생겨 하는 일을 살펴보니 공부를 하고 공부하는 내용인즉 우리 망국된 조선을 찾자는 것인데 무엇이 나쁘냐 하는 생각이 들었고 또 병원에서도 나의 병을 그렇게 친절하게 치료하여 주니 이것 역시 처음이라는 것이였다.

"지나간 나의 일생을 생각해 보니 놈들한테 속아 산 나 자신이 원통할 뿐이죠. 나와 같이 들어온 나의 남편이란 작자도 특무입니다."

　말을 마친 그는 어깨를 들먹이며 흐느끼였다. 생각해보니 사회의 길이란 한이 없는 것만 같았다. 그래 강○○의 지난 일생이 지옥이 아니였단 말인가! 13살 때부터 술집 부엌데기로 16세에 갈보, 건달에 의한 유린당한 몸, 늘어가는 빚, 그래도 그런 구렁텅이에서 한시바삐 빠져나와 남과 같은 생활을 해볼가 하는 천진란만한 꿈에서 스스로 자기를 한낱 녀성의 고기 덩이로 유곽에 몸을 던질 때의 그의 결심과 고통, 자기의 아름다운 꿈의 실현은 고사하고 자기의 유일한 밑천이던 육체—고기 덩이마저 매독균에 썩어 그 무시무시한 소독을 매일같이 하여도 쓸 수 없게 되니까 얼마 남지 않은 생명을 그저 내놓기가 아까와 특수임무를 맡고 항일 근거지로 기여들었으니 이보다 더 참혹한 일이 있을 수 있겠는가!

　그러나 강○○는 우리 혁명대가정과 접촉하자 그의 령혼 심처에 파묻혔던 인간으로서의 량심이 재생하였으며 우리의 동지적 사랑에 감동된 그는 지옥의 최하층에서 각성하여 일어나 구사회를 저주하고 우리와 함께 일떠나 특무를 적발하고 있지 않는가. 우리는 그의 재생을 환영하였으며 그의 지난날의 생활을 농정하여 그를 모두 '강 녀사'라고 불렀다.

동맹생활의
이모저모

"없던 데로부터 있게 되고 작은 데로부터 큰 데로 발전하는 이 것이 혁명사업 발전의 규률입니다. 이는 우리가 든 기치가 정확한 것이며 나가는 길이 정확하기 때문입니다."

책상 우에 켜 놓은 초불에 얼굴을 비춰가며 강의하는 무정 동지의 우렁우렁한 목소리가 울려 퍼지고 있었다. 기실 그러하 다. 그날도 적구에서 온 새 동지를 환영하는 대회가 열리고 있었 다. 우리가 갓 왔을 때만 해도 한 20여 명밖에 안 되던 우리 대오 는 약 한 달 동안에 6칸짜리 구락부대청에 꽉 차고도 넘어났으니 50~60명은 푼히 되여보였다. 적구의 지하조직을 통하여 또는 전 선에서 직접 탈출해오는 조선 청년, 농민, 로동자가 2, 3일을 사이 두고 3, 4명씩은 있게 되였으니 환영회도 10여 일씩 모아두었다가 하는 수밖에 없었다. 학도병 출신만 하여도, 박송파, 최지준, 평장 우, 허섭, 김용수, 김유, 리지주, 김영만, 류치진, 김동춘, 김성, 최 봉준, 김동구, 리윤영(동구와 윤영은 45년에 왔음.) 그리고 나. 이미 15 명이나 되였고 더욱 의외였던 것은 40이 넘은 리진규라는 나의 소학 시절의 선생님과 리윤영이란 충청도 출신인 중학교 동창생 을 만난 것이며 당시 서울에서도 청년 학생들의 존경을 받고 있던 성대 교수 김태준 부부, 비록 글은 일본글로 썼으나 내용은 진보적이었고 또 조선 사람으로서 일본 일류 문단에서 활약하여 조선인 청년 학생의 패기를 북돋아주던 김사량 씨가 《매일신보》에 글을 실은 것을 보고 우리는 실망하였었는데(이 두 분은 45년도에 왔음.) 그도 우리를 찾아왔던 것이다. 어떻게 이런 외국 타향 산간벽지에서 만날 수 있으리라고 꿈엔들 생각이나 할 수 있었으랴! 이는 우리가 든 기발이 정확하고 선명했고 또 우리가 나가는 길이 정확하다는 것을 실증하는 것이 아니고 무엇이겠는가! 장차 우리는 이 기치를 높이 들고 이 길을 따라 조선의 완전 독립과 해방을 쟁취하는 날까지 싸워나갈 것이다. 가슴 벅찬 앞날의 승리를 생각할 때 우리 앞에 극복 못할 무슨 곤난이 있으랴! 당시에는 주로 정치학습이였는데 무정 동지가 모주석의 철학 저작과 당의 기본 방침정책에 관한 문제, 김창만 동무가 사회발전사, 박무, 양계 등 동무가 시사학습을 책임지고 하였다. 대오가 날로 확대됨에 따라 나의 부담도 늘어나 제4분대 분대장 겸 구락부 벽보위원사업을 맡아보았다. 사업, 학습, 생활 모두가 분망하고 생활은 간고하였지만 정치사 상상에서 해방된 기쁨과 앞날의 승리에 대한 굳은 신념은 모든 것을 박차고 나아가게 하였던 것이다. '힘이 있는 사람은 힘을, 지식이 있는 사람은 지식을, 재간이 있는 사람은 재간을, 서로 돕고 서로 따라 배우며 공동히 진보하여 항일의 승리를 촉진시키자.' 밑천이라고는 알몸밖에 없는 우리의 당시 구호는 이러하였다.

　　나의 소학교 시절의 선생님이였던 리진규 선생은 로농반 학생들에게 국문을 배워주고 또 가감승제를 배워주었고 로농반 학생들은 우리에게 로동하는 것을 배워주었으며 학생 출신인 우리는 그들에게 혁명리론에 대한 보도를 해주었다. 빨래하러 갔던 녀성 동무들은 돌아오는 길에 나물을 캐여다 우리의 살림을 보탰다. 물론 담배는 구하기도 힘들었지만 어쩌다 생긴다 하여도 종이가 귀한 환경에서 피우기가 곤난하였다. 손재간이 있는 리섭 동무는 그곳에 흔한 대추나무 옹치를 얻어 곰방대를 깎았는데 코등에 대고 쨈만 있으면 문질러 사람 기름을 먹이여 제법 반들반들하고 사치스럽게 만들었다. 일하다가 쉬는 시간에 또는 토론시에 뭣을 생각할 때에도 곰방대 대가리를 코등에 대고 문지르는 그 자태는 당시로 말하면 아주 매력 있는 자태였다. 그가 깎은 몇 개 안되는 곰방대는 매일과 같이 이 사람 손에서 저 사람 손으로 돌곤 하였다. 나는 당시 정석하 동무의 문맹퇴치를 위해 개인보도를 책임지고 있었다. 석하 동무는 어려서부터 탄광, 석광 등 광산으로 돌던 로동자 출신으로서 나이 34~35세가 된 장년이었다. 몸이 오동통하고 가슴이 떡 벌어진 그는 힘장사로서 가장 무거운 일에는 그가 중심이 되였으며 우리는 그의 힘에 탄복하여 석하 장군이라고 롱을 하곤 하였다. 가난한 집에서 태여나 어려서부터 로동판으로 돌던 그는 언제 글 배울 기회가 있었겠는가. 문맹퇴치운동이 벌어지자 그는 큰 노력을 하였으나 국문을 허망으로 외우기는 하여도 글씨를 기억하지 못하였다. 마분지를 앞에 놓고 연필을 들고 ㄱ자라 쓰는 그의 굵은 팔뚝에 지렁이 같은 힘줄이 불끈불끈 솟아오르고 이마에는 땀방울이 송골송골 맺힌다. 다 쓰고는 '휴-' 하고 한숨을 쉬며 "하, 글씨 쓰기가 이렇게 힘이 드는구만요." 이렇게 말하는 사람은 바로 우리의 힘장사 석하 장군이다. 그러나 그가 둔하다고 하지 말라. 연극을 할 때 무대장치 하는 것을 보면 그의 골이 얼마나 빨리 돌며 얼마나 날랜가를 알 수 있는 것이다. 당시의 조건에서 무대장치에 세트를 만들어 쓴다는 것은 좀 상상하기도 어려운 일이라 대부분은 모두 실물이거나 또는 있는 책상, 걸상, 우리가 덮고 자는 이불 등을 리용하여 만들었던 것이다. 막이 바뀔 때 석하 장군이 올라가서 긴 나무 걸상을 세워놓고 눕혀놓고 가로놓고는 검실검실한 이불을 펴서 여기저기 덮어놓고 생나무만 몇 개 세워놓고 막을 올리면 3, 4분 어간에 태항산 골짜기가 나타나는 것이다.

"하 참! 글씨는 길고 짧고 꼬불꼬불한 게 그놈이 그놈 같아 도무지 골에 들어가지 않지유!."

그의 말에 힌트를 얻은 나는 그가 익숙히 아는 로동 도구 형태에 비교하여 글자의 모양을 설명했다.

"그렇게 어렵게 생각할 것이 아니라 이렇게 생각해보지요. ㄱ자는 낫을 세워 놓은 것이요. ㄴ자는 낫을 눕혀 놓은 것이며 ㄷ자는 낫 두 개를 아래우로 맞대 놓은 것이고 ㄹ자는 바를 서리여 놓은 것, ㅁ자는 우물 틀, ㅂ자는 지게 다리……. 어떻습니까?"

그는 신기한 듯 고개를 끄떡끄떡하였다. 이 방법은 과연 효력을 냈는데 그때로부터 10여 일 후 내가 벽보를 붙이고 있는데 내 뒤에 모여선 사람들 속에서 "ㅂ, 벼, 벼, ㄱ 하니 벽, ㅂ ㅗ 보, 아! 벽보!" 그도 너무 신기한 김에 마지막 벽보라는 말을 어떻거나 크게 소리쳤던지 모두들 웃는 바람에 돌아다보니 '석하 장군'이였다. 그는 더듬더듬 읽어 내려갔다. 마치 갓 일어선 어린아이가 걸음마를 타듯이 우리는 그의 성공에 기뻐하였고 나는 그날 벽보에 호외 한 장을 보태 넣었는데 제목은 '새 심청전'이였다. 심청의 효성은 혁명대가정의 따뜻한 동지애요. 심 봉사가 눈을 뜬 것은 '석하 장군'이 문맹을 깨친 것이니 더 설명할 필요도 없을 것이다. 벽보를 다 붙이고 돌아 나오는데 뒤로부터 내 어깨를 툭 치기에 돌아다보니 손에 빨래감을 든 평장우였다. 그가 나의 귀에 대고 '어랑타령'조로

> 심청의 효성에 심 봉사가 눈뜨더니
> 혁명동지 우애에 석하 장군 눈을 떴네
> 어랑어랑 어허랑……

하며 후렴을 부를 적에는 덩실덩실 춤까지 추니 이곳저곳에서 폭소가 터져 나왔다. 자기 침실에서 자습을 하던 동무들이였다. 그는 뒤를 힐끔 돌아보더니 개울로 향하여 나갔다.

평장우는 이미 30이 지난 장년이였는데 전에 조선 어느 절의 중이였다 한다. 그런데 그가 총명하고 학습 열정이 있어 절에서 돈을 내여 동경 불교학교인 고마사와 대학에 류학시켰던 것인데 역시 학도지원병에 걸려, 나와 같이 제남병영에 있다가 탈출한 동무였으며 자기는 불교를 믿는지라 공산주의는 믿지 못하겠다고 하는 데서 공개변론이 있었다. 그런데 왜 공산당이 령도하는 이

곳에 왔느냐 하니까 공산당이 항일하는 것만은 찬성이며 조선 독립을 위해선 내 목숨이라도 바치겠다고 그는 결심을 표시하였다. 무정 동지도 그의 결론에서 중국의 불교와 조선의 불교의 정치적 경향에 대해 말하면서 중국은 각 제국주의가 불교, 기독교, 천주교 등을 리용하여 중국을 식민지화하려고 하였기에 민족민주혁명에서 그의 혁명성이 약하나 조선은 일본제국주의의 군사적 독점적 식민지이기에 종교계의 혁명성도 강하며 역시 우리 통일전선의 대상이라고 하였다. 그 후 다소 주저하던 그의 사상도 해방되고 활발하여졌다. 그는 조선 민요도 많이 알고 있었으며 북도 잘 치고 춤도 잘 추었는데 특히 당시 경우에 따라 북을 두드리며 불어대는 자작 즉흥 '어랑타령'은 모두들 배를 끌어안고 웃게 하였으며 군중들도 이젠 습관이 되어 오락 시에 그가 북만 들고 나오면 웃음을 터뜨리곤 하였다. 참고로 몇 가지 생각나는 대로 적어보면

까치란 놈 깍깍깍 웬 손님인가 하였더니
우리 동포 태항산에 우리를 찾아오셨네
후렴: 어랑어랑 어허야 어허라 데여라
요것이 우리의 자랑이로다.

태항산이 우루루 의용군 대포소리에
① 오까무라● 놈. 게다짝이 열두 쪼각이 나는구나
(후렴)
② 이다가끼●란 놈이 올 적엔 륜선을 타고 왔건만

③ 미나미●란 놈이 갈 적엔 게다짝이나 타고 가려무나

(후렴)

미나미(南次郎)
조선 8대 총독.

등 유모아적이고 익살스러운 풍자에 몸 시늉까지 하는 그의
즉흥 표현과 즉흥시에는 가사까지 아는 우리는 더 말할 것도 없
고 언어가 통하지 않는 중국 백성들도 폭소를 터뜨리곤 하였던
것이다. 그가 몇 달 전만 하여도 목탁을 두드리던 중이였고, 일본
군내에서 일본말이 서툴러 일본군에게 하루에도 대여섯 번씩 맞
아대던 초년병이였다는 사실은 정말 믿기 힘들 지경이였다.

그러던 어느 날, 거의 취침시간이 될 무렵 류신 동지가 찾아와
산보하자고 청하였다. 나는 여간만 반갑지 않았다. 류신 동무는
자주 적구로 드나드는 로동지로서 또한 우리 대오 내의 작곡가라
는 것을 이미 알고 있었던 것이다. 거리에 나온 그는 회족음식점
까지 가더니 그곳에 들어가 이야기하자는 것이였다. 나는 고맙기
는 하였으나 망설이니까 이를 눈치 챈 그는 돈은 자기에게 있으니
근심 말라고 하며 나의 손목을 끌고 들어갔다. 그러면서 양고기
를 먹느냐고 묻는 것이였다. 난 음식은 아무거나 가리지 않는다고
하니 양탕 두 사발과 백주 4냥을 청하였다. 상 우에는 기름불이
가물거리는데 손님이라곤 우리 둘뿐이여서 아무 구속도 없이 이
야기하기 시작하였다. 그는 최근의 국내 소식을 물었고 나는 근거
지 내의 조선혁명 정황을 물었다.

41년 12월 호가장전투 전까지만 하여도 의용군은 무공대를 조
직하여 팔로군과 배합하여 대적 선전을 많이 하였는데 이 전투

후로는 당중앙의 지시에 의하여 의용군 단독 행동은 중지되었다는 것이다. 원인은 일제가 중국에 대한 침략을 다그치면서 징용, 지원병, 학도병, 징병제 실시를 앞두고 조선의용군 활동을 제일 꺼려했으며 따라서 눈에 쌍불을 켜가지고 경계하였기 때문에 불의의 손실을 방지하기 위해서라는 것이었다. 조선 동무들 가운데 한어도 능하고 전투 경험이 있는 동무들은 직접 팔로군이나 신사군에 파견되어 참모사업을 하면서 실지 전투 경험을 배우고, 동무들처럼 한어가 익숙하지 못한 동무들은 후방에서 학습시켜 조선혁명 간부를 양성하는 것이 주요한 사업이라는 것이었다. 호가장전투 시의 말이 나오자 나는 정신이 번쩍 들어 그 이야기를 해달라고 졸랐다. 41년 12월 일본군이 대병력을 집중하여 근거지를 진공하자 우리 군은 적군의 예봉을 피하여 텅 비여있는 적후방으로 뚫고 들어가 후방 운수부대를 공격하여 전방부대 공급선을 차단하고 교란하며 또 일본군 보루를 첩첩히 포위하고 정치 사업을 하여 적군와해사업을 했다는 것이다. 그런데 이 대전선전사업에는 의용군이 큰 목을 막았는데 그 주요 원인은 의용군은 대부분이 일어에 능하며 또 일본군의 특점을 잘 알고 있었기 때문이였다 한다. 그날도 조선의용군은 팔로군과 배합하여 선전사업을 하면서 호가장이란 마을에 주둔하고 있었는데 한간의 밀고로 말미암아 의용군이 적군을 발견했을 적에는 이미 온 마을이 일군의 완전포위에 빠졌을 때였다 한다. 이런 반포위돌격전에서는 일부 력량을 희생시킬 각오를 하고 주요 력량을 빼내면 승리인 것이다. 마침내 부대는 두 패로 갈라져 한 패는 자기의 목표를 드러내놓아 화력을 자기에게 집중시키고 한 패는 그 틈을 타서 포위망을 뚫고 후퇴하기로 하였다. 이러한 전투에서 희생을 하나도 내지 않는다는 것은 공상에 지나지 않는 것이다. 우리의 주력은 빠져나갔으나 손일봉, 박철동, 왕현순, 한청도 등 네 동무가 희생되고 또 한 동무가 행방불명이 된 것이다. 참으로 눈 깜짝할 사이였다. 우군인 팔로군이 이 소식을 알고 달려왔을 적에는 이미 전투가 결속되었다. 경기, 중기, 박격포로 무장한 일본군 결사대 200명, 위군 150명에 우리는 29명이었고 그것도 반포위작전이었으니 참으로 기적적인 대승리라고 아니할 수 없었다. 김흥 동무는 부상당한 대장을 업고 십여 리의 자갈밭과 돌길을 달리다보니 헝겊신 바닥이 다 떨어져 맨발로 우군에 도착하였을 적에는 발바닥은 가죽이 벗겨져 피못이 되었고 뼈까지 보이더란 것이다. 누구나 다 조선의용군의 혁명적 자각성과 깊은 동지우애에 울지 않는 사람이 없었다 한다.

"그 한 동무가 바로 김학철이란 동무지요?" 하고 나는 물었다. 김창만 동무의 '북경의 밤'을 본 후 김철의 모델이 누구냐고 물었더니 학철 동무가 호가장전투에서 행방불명이 되었는데 후에 듣자니 료령령사관에서 희생되었다는 말을 듣고 그를 기념하여 쓴 것이라고 알려 주었기 때문이었다. 옳다고 고개를 끄덕이는 류신 동무의 그 생기 있는 두 눈에서는 불시에 눈물이 굴려 떨어졌다.

"참 아까운 동무지요. 김학철이란 동무인데 그가 가사를 써주면 내가 작곡을 하고 하며 참 재미있게 지냈습니다. 혁명은 희생을 요구하니까 할 수 없는 일이지만 난 취미생활의 한 모퉁이가 텅 빈 것 같습니다. 기실은 동무와 이야기하자던 문제가 바로 이 문제였습니다. 가사를 좀 써주시오." 하고 부탁하는 것이였다. 술 4냥에서 내가 1냥이나 먹었을가 하였으니 그는 3냥은 먹은 셈이였다. 술로 인해 상기된 갸름하고도 턱이 뾰족한 그의 얼굴은 반조각상을 방불케 하였다. 기름불에 비치여 흑백이 분명히 갈라진 그의 얼굴로는 희생된 전우를 추모하는 정이 력력히 넘쳐 흐르고 있었다. 뭐라 위안하였으면 좋을지 몰라 당황한 나는 그 노래를 소개 해달라고 하였더니 그는 '고향길', '어둠을 뚫고', '추도가' 등을 눈물이 글썽하여 불러주었다. 그의 노래소리는 낮기는 하였으나 가사와 음률에 담긴 혁명 선배들의 고상한 정신, 현실적이면서도 랑만적인 은은한 정서는 나의 마음속 깊이 파고들어가 나의 혈액으로 변하는 것 같은 충격을 어찌할 수 없었다.

자리에 누운 후에도 호가장전투에서 희생된 네 동지, 행방불명이였다는 김학철 동지를 위해 속으로 몇 번이나 추도가를 되풀이하였는지 모른다.

우리의 혁명의 길은 필승의 길이기는 하지만 희생 역시 불가피한 것이다. 오늘의 혁명 력량의 성장발전 역시 이러한 투쟁 속에서 이루어진 것이다. 앞사람이 쓰러지면 뒤사람이 그의 뜻을 이어 전진하는 것이며 그들의 뜻은 우리 혁명대오 내에서 불멸의 령혼으로 타올라 마침내 원쑤 왜놈을 불태워 버리고 말 것이다. 오! 불멸의 령혼!

이미 실내의 동무들은 깊은 잠이 들었고 밖은 달빛만이 가득한데 창공에서는 가끔 류성이 어둠을 헤가르며 떨어지고 있었다.

화북
조선혁명군사
정치간부학교

화북 조선혁명군사정치간부학교

위문 참관

망루와 군사봉쇄선

일제의 투항 앞으로 할 일

잘 있거라 오지산아! 잘 있거라 태항산아!

화북
조선혁명군사정치간부학교

　　우리 대오는 날로 늘어났다. 하남섬 분맹의 집만으로는 다락방까지 치우고 상하 이층 생활을 하였지만 어찌할 수 없었다. 1944년 여름도 가고 서늘한 9월이 닥쳐왔다. 추워지기 전에 숙사준비도 하고 계속 찾아드는 새 동지들을 맞이할 경리부만 남기고 그곳에서 서남쪽 언덕 약 3리 되는 난쫭이란 마을로 이사하였다. 전에 절당으로 쓰던 집을 말끔히 소제하고 '화북 조선혁명군사정치간부학교'라는 간판까지 걸고 들게 되었다. 교장은 무정, 교도주임에 김창만, 조직사업에 김영숙, 정치교원에 양계, 박무이고, 군사교원으로는 서휘, 리익성, 한경 등 동지들이 전방부대로부터 전근되여와 책임지게 되었다. 근간에 또 기동冀東으로부터 약 80여 명의 새 부대가 와서 합쳤으니 인젠 200명은 착실히 되었다. 그들은 모두가 강제징병, 징용을 반대하여 우리를 찾아온 천진, 북경 등지에 있던 조선 청년들이였다. 새로운 정세하에서 부대도 새로 편성하였으니 간부중대 중대장은 리익성, 로농중대 중대장은 한경, 그 밑에 각각 3개 소대. 각 소대에 4개 분대씩, 한 분대에 3개 전투소조, 한 소조에 전투원 4명씩 두었다. 조직이 정돈되니 모든

조선혁명군사정치간부학교의 사람들

게 질서정연하고 대오가 확대되니 생활이 흥성흥성해졌다. 간부
중대는 정치와 군사리론학습이 위주가 되고 로농중대는 실지 훈
련과 문화학습이 위주가 되었다. 학습, 훈련, 사업, 생활은 매일과
같이 긴장한 하루였지만 매시 매시 부닥치는 새로운 혁명지식과
감수는 모든 피곤과 곤난을 잊게 하였다. 혁명리론학습은 오늘까
지 식민지 생활을 해왔고 또한 항일혁명근거지의 혁명 환경 속에
서 혁명의 도리를 배우면서 주인다운 생활을 하는 이 각이한 환
경 속에서 우리는 모두가 몸소 겪었거나 친히 보고 있는 사실인
지라 그리 생동하게 느껴지지는 않으나 감격적이였다. 일반적
으로 무미건조하다는 병기학이나 제식교련 또는 군사 기본 동작

의 훈련은 생전 처음 들어보는 우리말의 구령, 우리말의 명사 그 자체의 하나하나가 지금까지 일어상용을 강요받고 있던 처지에서 갓 해방된 우리로 하여금 이외의 흥미를 자아내게 하였으며 또한 조선의 완전 독립과 해방을 목적한 혁명군사란 자각성을 수시로 불러일으키게 하였다. 하여 사격할 때거나 돌격할 때는 왜놈 군대가 눈에 환히 보이는 듯 힘이 용솟음쳐 나왔다. 당시 구락부는 집체 생활의 유력한 조직자였는데 주임은 김강이라는 로동지가 책임지고 그 밑에 학습, 벽보, 문체, 생활 등 각 위원으로 조직되었고 '홍군 9차 대표대회 결정' 정신에 좇아 고도의 민주와 집중이 결합된 생활이 전개되었다. '누구나 조선혁명을 책임지는 각도에서 민주를 발휘하여 우리의 지혜를 모으고 결의된 이상 집중하여 집행하고 집행 후에 경험과 교훈을 검토하자'라는 것이 당시의 구호였다. 사상이 분발되고 조직이 째인 기초에서 학습, 로동, 오락, 운동, 군사기능 련마, 각 면에서 경쟁이 벌어져 모두가 앞다투어 이 운동에 뛰여들었다. 여기에서 학습위원과 벽보위원은 각 단위와 매개인들 속에서 매일과 같이 일어나는 새로운 일 새로운 경향을 제때에 틀어쥐고 고무 추동하는 것이였으니 일주일에 한 번씩 나가는 정기벽보 이외에 호외, 특간 등 련속 부절하였다.

구락부에선 악기도 불었다. 아코디온, 코르네트, 색스혼 그밖에 전에 있던 북제금, 하모니카, 피리, 기타 등을 합치면 이젠 죽판이나 양재기, 바가지 등을 사용하지 않아도 제법 간단한 합주는 할 수 있게 되었고 더욱 중요한 것은 무용이나 연극에 녀성 동무가 부족하여 곤난하였는데 기동에서 새로 온 동무들 중에 김

석산, 방초선이란 15, 16세 되는 녀성 청년들이 와서 그들이 머리에 수건을 쓰고 치마저고리를 입고 무대에 오르면 이런 정서에 고갈됐던 우리는 조선 녀성 복장의 아름다움에 황홀하였고 박수갈채가 터져 나왔으며 그들이 버드나무가 장치되여 있는 무대 위에서 하느작거리며 노들 강변춤을 출 때는 더 말해 무엇하랴! 어느새 우리의 몸은 훨훨 날아 고향땅 백사장으로 가 우리의 동포, 친인들과 같이 있는 것만 같았고 하루 종일의 간고한 훈련도 긴장하던 학습의 피곤도 다 도망쳐버리고 온 구락부 안은 춤판이 벌어져 로전사, 신전사, 간부 할 것 없이 한데 엉켜 너울너울 춤추며 돌아가는 판이였다.

어느덧 45년도 초봄이 다가왔다. 겨우내 가문 데다 봄철에 들어서면서 서풍이 불기 시작하니 봄 밭갈이를 앞두고 방한 투쟁이 벌어졌다. 이곳은 산간벽지이니만큼 말과 당나귀가 중요한 운수 도구인데 방한 투쟁과 밭갈이에 동원되니 운수 사업이 큰 문제로 되였다. 그중에서도 적구로부터 들여오는 생활필수품을 운반해 오는 것이 문제였다. 이런 생활에 어느 정도 적응이 된 백성들은 소금이 없으니 백양나무 잎을 삶아서 광주리에 담아 흐르는 도랑물에 담가두었다가 쓴맛이 빠져나가면 시큼털털한 것을 먹었는데 이들은 부증이 와서 모두들 얼굴이 부석부석하였다. 당중앙에서는 생산운동을 크게 벌여 풍의족식하라는 호소를 내렸다. 형제 부대인 팔로군도 황무지를 일구는 대생산운동을 전개하였는데 우리만이 유독 앉아 공부만 하겠는가 하는 무정 동지의 창의 하에 우리의 유리한 조건 즉 일본인으로 가장하여 특수사업을 하는외 우리의 지하조직을 리용하여 일제의 경제 봉쇄선을 마비시키고 소금을 근거지로 운반해오는 사업을 하기로 결정하였다. 한어와 일어가 익숙한 동무들은 때로는 한족으로 때로는 일본인으로 가장하여 소금을 양읍이란 안전지대까지 날라온다. 그러면 우리는 그 소금 짐을 등짐으로 허난댄 우리의 경리부인 31상점까지 나른다. 왕복 140리 이다. 이곳은 튼튼한 근거지였기 때문에 우리의 신분을 숨길 필요가 없을 뿐만 아니라 우리의 행동을 널리 선전하여 군중에게 우리를 인식시킬 필요가 있어 빈 몸으로 갈 적에는 대대적으로 선전하였다. 이 선전을 위해 간단한 노래와 춤 등의 종목이 준비되었으나 가장 중요한 것은 우리가 소금 짐을 지는 목적을 어떻게 알리겠는가 하는 문제였다. 한어를 좀 아는 동무가 주동이 되어 가사를 지어 오고가면서 불렀더니 과연 효과가 당장 나타나 며칠 지나지 않아 어린 아이들까지 우리를 따라다니며 노래를 불렀다.

我们是朝鲜人, 鬼子侵略我家鄉也
来到中國參加抗日
为什么背盐啊?
突破鬼子經濟封锁, 盐背到根据地也
支援給抗日大家
義勇軍和八路軍相好大大的
你的那我的那兄弟那一樣的
扛着槍站在一起共同打日本

鬼子害怕跑了跑了的有

野獸一樣的鬼子又要來歸蕩

義勇軍展開了政治功勢

八路軍打遊民兵埋地雷

鬼子地雷메시메시死了死了的有

老百姓是我們的親一樣的

沿有老百姓哪里有我們

老百姓擁軍軍隊愛民

你們生產們打仗消滅法西斯

今年是我們的勝利年頭兒

老百姓拿鋤頭軍隊拿槍杆

統統的打死小日鬼

中國人民朝鮮人民解放萬萬歲。

　　물론 이 소금 운수 사업도 경쟁이 벌어졌다. 누가 많이 져 오느냐, 누가 약한 사람을 잘 도와주느냐, 누가 선전을 잘했느냐 하는 것이다. 이런 생산 앞에서는 학생 출신들은 마음은 있었으나 로농 동무들에게 뒤지였다. 당시 힘장사 '석하 장군'은 100kg으로부터 180kg까지 매일 35리 길을 걸어가서 35리 길을 져 날라 왔다. 이 소식이 전해지자 재빨리 로동 모범 정석하를 따라 배우는 운동이 벌어졌고 그를 찬양하는 노래도 나오게 되었다. 운수대가 지나가는 곳에서는 노래소리 우렁찼고 쉴 시간에는 춤과 간단한 연출까지 있게 되였고 아동들이 우리한테서 배우는 노래소리까지 끼였으니 로동 휴식 시간인지 군민련환야회인지 분간할 수 없었다. 부근 마을에서는 끓인 물을 준비해 놓았다가 지나갈 때마다 마음대로 마시게 하였으니 '군민일가'의 구호는 빈 구호가 아니라 실지로 체현된 것이었다. 땀은 비 오듯 흘러내리고 짐바는 어깨를 파고들었으나 왜놈의 경제 봉쇄선에 비수를 박고 그곳에서 흘러내리는 피를 빨아다가 부증이 생겨 부석부석한 항일인민에게 빨리는 듯한 환상이 떠오르자 흐뭇하고 만족스러운 기쁨에 사로잡혀 새로운 기운이 솟구쳐 오르곤 하였다. 원래 계획은 두 주일이였는데 10여 일만에 7만kg의 임무를 앞당겨 완수하였다. 이 기간 내에 교원들은 강의를 준비하였는데 무정 동지는 우리에게 모주석의 '신민주주의론'을 번역하여 발급하였고 또 '2만5천리'장정기를 이야기해 주었다.

또다시 긴장한 학습생활이 시작되였다. 학습, 사업, 로동, 생활 등이 아무리 긴장하고 바쁠지라도 진정으로 자각된 기초에서 동원된 군중의 힘과 지혜는 참으로 무궁무진하였다. 처음에는 대추나무 옹지로 판 곰방대가 몇 개 안 되여 서로 돌려가면서 피웠지만 7, 8개월이 지나는 동안에 담배 피우는 사람들에게는 거의 한 사람에 하나씩 있게 되였다. 정치학습 시간에는 뻬쁘(이불 짐)를 깔고 앉아 학습하였는데 시간이 오래되니 솜이 잠이 자서 덜 덥고 또 밑에서 축축한 습기가 올라와 좋지 않았다. 항일대학의 학생들이 휴대용 개폐식 나무 걸상을 사용하는 것을 본 우리는 재료와 도구가 없어 곤난하였는데 솜씨 빠른 허섭 동무가 어데서 재료를 어떻게 구하고 어떻게 만들었는지 깔고 앉는 곳을 풍천

대신 삼노끈을 꼬아 얽어 그물을 만드니 재료를 구하기도 쉽고 간편하였다. 너나없이 필요한 것이었으나 재료와 도구의 제한으로 조직에서는 허섭 동무와 또 한 동무를 떼내여 이 일을 전문적으로 하게 하니 며칠 안 되여 다 해결되었다. 이불 짐을 아무 데나 끌고 다니며 깔고 앉아 학습하던 것이 이제는 개페식 나무쪽 걸상에 앉아 곰방대를 피워 물고 학습하게 되였다. 이렇게 되니 이불에 습기가 올라올 근심도 없고 하여 참으로 유쾌하였다. 긴장한 한차례의 학습이 거의 끝날 무렵 1945년도 봄이 돌아왔다. '일년지계 재어춘'●이라 또다시 온 항일 근거지에서는 새해의 대생산운동이 벌어졌다. 우리의 구호는 대생산운동을 벌여 인민의 부담을 경감시키고 풍의족식 하자는것이다. 분조 토론이 벌어지자 토론은 열렬하였다. 차조를 심어서 찰떡을 쳐먹자, 녹두를 심어서 지지미를 구워먹자, 하여간 그립던 조선 료리의 가지가지가 다 제기되였다. 입으로 상을 차려놓고 군침을 삼키였다. 그러나 이런 의견들은 모두 그곳 실정과는 맞지 않았음으로 하여 오지산에 황무지를 일구고 감자 농사를 하는 것으로 통일되였다.

"그렇지, 삼수갑산 감자가 제일이라니 이곳도 산골이니까 감자는 잘 될거야."

기나긴 겨울밤 화로가에 앉아 감자를 구워먹으며 툭툭 터지는 감자방구 소리를 들으면서 누님이 이야기하던 옛말들이 상기되리라고 생각하니 금방이라도 뜨끈뜨끈하고 구수한 감자가 입으로 들어가는 것만 같은 충격을 느꼈다.

전투 생산 전투 생산
태항산의 군민들 싸울수록 용감해지네
한 손엔 곡괭이 한 손엔 총가목
적이 오면 불벼락을 안기네
적이 오면 불벼락을 안기네.

　새벽 3시 아직 동이 트기도 전에 간단히 아침 요기를 마친 우
리 대오는 노래소리도 씩씩하게 곡괭이, 호미, 낫 등을 메고 들고
태항산맥의 지맥인 오지산으로 향한다. 꼬불꼬불한 올리막길을
따라 오르고 또 오른다. 이젠 백성들이 부치는 제전도 안보이고
깎아지른 듯한 비탈을 기어오르니 안계가 탁 트이며 펑퍼짐한 언
덕이 보였다. 우리가 일군 화전 터이다. 산에 불을 놓고 화전을 일
구고 감자씨를 박는다. 모두가 돌밭이었으나 돌과 돌 사이에는 푸
석푸석한 부식토가 있었다. 길이 험하고 너무나 멀기 때문에 백
성들은 감히 부칠 념도 못한다는 것이었다. 그도 그럴 것이 아침
3시에 떠났지만 밭에 이르면 벌써 아침 해가 솟아오르고 새벽에
요기한 배는 다 꺼져 다시 요기를 좀 하고서야 일에 달라붙곤 하
였다. 어두운 새벽 어둠 속의 풀밭을 헤가르며 오르고 또 오르면
깎아 세운 듯한 벼랑이 앞을 가로막는다. 언제나 아침이면 그 벼
랑 우는 아침 안개에 싸여 보이지 않아 먼 데서 보면 구름에 싸인
듯 하고 우뚝 솟은 다섯 봉우리만이 구름을 뚫고 올라와 마치 어
느 거인이 다섯 손가락을 펼쳐든 것만 같았다. 아마 오지산이란
이름도 여기에서 온 것이리라. 안개 낀 이 벼랑에 이르면 한 5~6

메터만 상거해도 앞사람이 보이지 않아 뒤에서 보면 마치 한 사람 한 사람 구름을 뚫고 하늘로 올라가는 것 같다. 이윽하여 남보다 먼저 오른 나팔수 최지준 동무의 승리의 나팔소리가 하늘가에 울려 퍼진다. 이미 도착하였다는 신호이다.

　　승리의 나팔소리 구름타고 울려오네
　　우리도 신선되여 하늘로 오르는가
　　천당에 감자 심어 풍의족식하고 지고

　아침 요기할 것은 자체로 지니고 점심은 날라다 먹었으나 시간을 래왕길에 빼앗기니 사실 일하는 시간은 6시간이 되나마나하다. 제초와 전원 관리로 몇 동무를 남기여 움막도 짓고 관리도 하게 하였다. 약 일주일간의 간고한 로동의 결과로 5, 6쌍은 푼히 될 화전에 감자를 파종하였다. 로동은 간고하였으나 백성의 부담을 경감시키고 우리도 풍의족식한다는 신심으로 충만된 우리 대오는 짬만 있으면 노래소리요 일하면서도 웃음이 터져나오곤 하였다. 몇몇 오락위원들의 노력으로 오지산 개황가를 작사하여 팔로군 행진곡 곡조에 맞춰 쉼 시간이면 불렀다. 이 노래소리가 오지산 다섯 봉우리 석벽에 울리여 하늘가 멀리 멀리에로 메아리치며 울려 퍼지곤 하였다.
　우리는 리론과 실천을 서로 결부시켜 항일인민들과 희로애락을 같이하였으니 말은 통하지 않으나 감정은 한데 엉킨 듯 곡괭이를 둘러메고 화전 행진곡도 씩씩하게 부르면서 어둡기 시작한 난

쫭마을에 들어서면 이미 저녁 식사를 마치고 소풍하는 로인들의
팔에 안긴 어린이들은 고사리 같은 손을 저어 우리를 환영했고
마을의 아낙네들도 웃는 얼굴로 우리를 맞이하곤 하였다.

위문 참관

봄이 가고 초여름이 닥쳐왔다. 만물은 풍만한 태양 빛에 활개 치며 자라나 성장기에 들어섰다. 밭은 어데나 할 것 없이 푸르싱 싱한 곡식으로 뒤덮였다. 우리의 학습도 정치면에서 혁명의 기본 리론은 한차례 끝났으며 군사 면에서도 보병, 포병 등에 관한 지식 및 전술상의 정규전과 유격전, 유격전과 국민 관계, 관병 관계 등 일련의 기초지식학습이 끝났다. 이 기초에서 무정 동지의 제의에 의하여 항일변구정부와 인민을 위문 참관하기로 하였다. 무더운 여름철에 휴식도 할 겸 지금까지 말로써 배운 것을 실지로 조사, 참관한다는 것이다. 우리는 환희 고무되었다. 명칭은 '재화북 조선인민 각계 대표 항일변구인민 및 항일변구정부 위문단'이라 하고 단장은 김창만이 직접 책임졌으며 학원이 중심이 되어 조직 되었다. 그런데 언어가 통하지 않으니 연출 종목을 어떻게 하겠느냐가 문제로 되었다. 토론 끝에 '벙어리 연극'을 하기로 결정하였다. 물론 기성 각본이 있는 것도 아니다. 악기라야 우에서 말한 몇 가지이며 배우도 우리가 다 해야 할 판이다. 주제는 '조선에 대한 일본제의 식민지정책의 진상을 폭로하고 중조인민이 한데 뭉쳐 싸워나가기만 한다면 우리의 혁명은 승리한다.'는 것으로 결정한 다음 무용과 노래는 벙어리 동작으로 그 내용을 살리기로 하였으며 한 장면씩 모두가 지혜를 합쳐 창작하기로 하였다. 모두 5개 장으로 시간은 1시간 반가량 걸리게 하였다. 제목은 '태양기 아래의 사람들'이다.

제1장
곳: 조선의 어느 농촌.
때: 일제가 침략하기 전후.
일: 일제의 침략 전에 평화로운 생활과 침략으로 인한 불안과 반항.

농부가소리와 함께 막이 오르면 평화스러운 농촌풍경이 나온다.
남녀로소 농민들이 풍년을 맞이하여 평화스럽게 사는 정서가 흘러넘치는 노래와 춤, 처녀들 도라지춤을 추며 모여들고 농부들 농부가를 흥겹게 부르며 모여 나오며 청년남녀 노들 강변춤을 추면서 모여든다. 무대에 모여든 마을 농민들 풍년경상에 만족하여 농악무가 한창일 때 총소리가 난다. 군중들 불안과 공포에 잠긴다. 일본군 총검을 들고 매국적에게 '일한합병' 기발과 일장기를 들려가지고 등장한다. 농민들 분개하여 매국적의 손에서 일장기와 '일한합병'이란 기를 빼앗아 짓밟는다. 왜놈 총검으로 위협공갈하고 반항하던 로인과 청년은 끌려가고 통곡 속에서 막이 내린다.

－막－

　제2장
　곳: 같은 장소.
　때: 의병운동시기, 늦가을.

　막이 열리면: (의병의 노래 속에) 촌민들은 하나 둘씩 모여 근심과 공포에 떨고 있다.
　총소리와 함께 1막에서 끌려갔던 청년이 등장한다. 사람들은 그 청년을 감춘다. 이어 왜놈이 등장하여 수색한다. 헛물을 켠 왜놈은 청년들을 붙잡아 가고 마을에 불을 놓는다. 숨었던 청년은 이를 알고 뛰어나와 왜놈과 격투하면서 산속으로 퇴장한다. 왜놈이 추격한다. 화광이 충천하는 가운데서 동네 사람들은 비장한 결심을 내린다.

－막－

　제3장
　곳: 국경지대 어느 강변
　일: 일제의 압박과 착취에 쫓겨 중국으로 살길을 찾아 들어오는 일.

　막이 열리면: 눈 내리는 속에 '아리랑'의 처량한 소리 은은히

들려온다. 쪽박 차고 떠나는 백성, 남녀노소 각양각색의 난민이 지나가고 또 지나간다.

-막-

　제4장
　곳: 제1장과 같은 무대.
　때: 1943년~1944년경.

　일본 경찰이 들어와 청년들을 강제병으로, 처녀들은 강제징용으로, 장년들도 강제징용으로 끌고 간다. 마을엔 로유병찬만 남는다. 일본 놈은 채찍을 휘둘러가며 일을 시킨다. 어떤 로인은 반항하다 족쇄에 채워 끌려가고 어떤 로인은 매에 못 이겨 쓰러져 숨진다. 캄캄한 밤중의 창공에 선녀가 내려 추도곡에 맞춰 춤으로써 이 땅에서 쓰러진 백성들을 추모한다.

-막-

　제5장
　같은 무대.

　백성을 총검으로 몰아낸 일본 놈들이 몰려와 조선 백성들을 일터로 내몰고 '내선일체', '일시동인'이란 패쪽들을 하나씩 들고 훈도시 바람에 만세를 부르며 남양토인의 무도곡에 맞추어 엉덩이 춤을 춘다. 춤이 한창일 때 조선의용군이 마을로 쳐들어오고 촌민들 환희에 싸여 돌아온다. 멀리에서는 조선 국기가 나붓기고 그 뒤에 또 중국 국기가 나붓기는 속에서 막이 내린다.

이상과 같은 내용으로서 그의 예술 가치 여부는 불문하고 이러한 생활을 체험해 온 우리였으니만큼 배우들은 슬픈 장면에서는 자기 설움에 목이 메었고 기쁜 장면에서는 그것이 현실인 듯 도취되곤 하였다. 실지 효과는 우리의 상상 밖이었다. 그것도 그럴 것이 우리는 이미 지나간 문제이지만 그들은 지금 당하고 있는 문제가 아닌가! 조선 백성이 일제에게 구타당하는 장면을 볼때 어떤 사람은 무대에서 일본인 역을 하는 배우에게 돌을 뿌리여 우리는 부득이 막을 내리고 이는 연극이니 일본인 역을 하는 사람도 우리 동지라고 설명하지 않으면 안 될 지경까지 이르렀던 것이다. 막이 다시 올라갔을 때는 관중의 정서에 환희 고무되여 더욱더 극정에 휩쓸려 들어가고 종막이 내리면 박수갈채와 구호 소리가 천지가 떠나갈듯 울려 퍼지곤 하였다.

그런데 문제는 장면이 자꾸 바뀌는지라 막간을 어떻게 처리하느냐 하는 문제였다. 간단한 노래와 춤 등을 넣어보기도 하였지만 그래도 시원치 않았다. 이 막간 시간 리용상에서 비교적 성공한 것은 벙어리극 〈엉터리 리발관〉, 한어로는 〈황군 리발관〉을 배치한 것이다.

막이 열리면 전형적 조선 로인—흰 두루마기에 흰 버선, 흰 고무신에 갓을 쓴 로인이 왜놈 헌병, 경찰에 끌려 등장한다. 벽에는 〈황군 리발관〉이란 간판이 걸려 있다. 무대 가운데는 걸상이 놓여있다. 왜놈은 갓과 옷을 이상히 여겨보다가 무릎을 탁 치며 조선이 락후한 것은 이런 낡은 습관에 있다는 것을 깨달은 듯 서로들 수군대다가 간간대소하며 갓을 빼앗아 짓밟아버리고 또 상투를 어루만지며 간간대소한다.

로인은 반항하다가 총검에 눌려 제지당하고 만다. 이런 동작이 계속되는 속에서 왜놈은 면도칼로 상투를 베여버리고는 기뻐 날뛴다. 옆에 있는 왜놈과 나란히 세워놓고 대조해본다. 이번에는 흰 두루마기가 눈에 거슬린다. 이를 벗겨 리발관 안을 끌고 다니다가 흙과 먼지투성이 되어 거무칙칙하게 된 것을 입혀주고 엄지손가락을 내흔들며 기뻐한다.

그 다음 흰 고무신에 눈이 미치자 고무신을 벗겨 팽개치고 사방을 살피다가 칼도마 있는 것을 보고 들어다 도끼로 찍어 게다를 만들게 하려는데 이번에는 버선이 문제이니까 그를 벗겨 동댕이치고 칼도마 쪼각을 신겨놓고 일본 놈의 게다와 대비해보고 좋다고 한다. 로인이 반항하니까 엉뎅이를 차 떠밀어 밖으로 내쫓고 '일시동인', '내선일체'란 기발을 휘두르며 춤을 추며 '황국문화대승리만세'란 구호를 내걸 때 막이 내리고 뒤막이 오르면 본극으로 들어가게 된다.

위문 공연 종목 련습이 끝나자 우리 대오는 진찰기 변구 정부 소재지를 향하여 출발하였다. 이제까지 신세지고 있던 정부와 군민을 직접 위문 참관한다하니 마음도 설레이고 기분도 상쾌하였다.

진찰기 변구 정부에 도착한 그 이튿날 저녁에는 진찰기 군구에서 우리를 환영하는 대회가 있었는데 섭영진聶荣臻 사령원 등 수장도 참가하였으며 친히 강화까지 하여 우리를 고무, 격려하여 주었다.

우리의 림시 숙소는 변구정부와 군구의 초대소였는데 모두가 자력갱생의 구호 밑에 간부와 전사들이 자기 손으로 파고 지은 집이었다. 이런 집을 처음 본 우리는 모든 것이 신기하였다. 산언덕을 파 옮기고 판 움집인데 모두가 남향이었다. 남쪽 정면에 문과 창문이 있고 굴의 깊이는 5메터가량이고 아치형 천장은 높아 방안도 환하고 산뜻하였다. 토질이 좋은 관계인지 습기라곤 없었으며 여름에는 신선하고 겨울에는 따뜻하다는 것이다. 전기는 없었으나 밤이면 집집마다 켜놓은 불빛이 창문에 비쳐 한층 한층 포개져 보이는 것이 흡사 도회지의 층집과 같았다. 5, 6일 묵는 사이에 2차 위문 공연을 하였고 변구정부, 유치원, 감옥, '베쭌'●병원 등 단위를 참관하였으며 매일같이 환영만회를 베풀어주어 참으로 감격스러운 나날이었다.

한 큰 대문 안에 들어서니 작은 아이는 3, 4살, 큰 아이랬자 6, 7살쯤 되어 보이는 아이들이 녀성 팔로군의 지휘하에 유희를 놀고 있었다. 이곳에서 자라나는 아이들은 대개가 항일투쟁에서 부모를 잃은 고아들이며 더러는 간부자녀라고 한다. 의복은 같으나 말이 딴 우리를 보고 처음에는 의아해 하였으나 녀성 팔로군(보육원)이 뭐라고 설명하자 그 작은 입을 벌리고 '국제우인', '국제우인' 하고 서로들 노래에 맞춰 환영하였다. 그들을 볼 때 우리는 감격

베쭌(Norman Bethune)
1890년 캐나다 출생. 1938년 일본군에 맞서 싸우는 중국 의료봉사단에 자원하여 일본군에게 포위된 해방구 진찰기 지역 팔로군의 의료책임자 및 진찰기 통일선전부 의료고문으로 임명되었음. 송암구 시범병원(후에 베쭌 국제평화병원으로 명명)을 비롯하여 20여 곳의 기지병원을 설립, 유격전 의료체계를 혁신함으로써 중국민족의 영웅으로 추앙받았음. 1939년 의약품도 없는 전장에서 수술하다 베인 손가락 감염에 의한 패혈증으로 11월 13일 황석구에서 사망하였음. 9년 후 섭영진 장군이 베쭌이 묻힌 골짜기로 가서 그의 유골을 수습하였음.

으로 해서 가슴이 뜨거워나며 목이 메는 상싶었다. 그렇다, 너희들의 가정은 일제의 침략으로 인하여 파괴되었다. 그러나 너희들은 항일의 대가정속에 들어와 자라나는구나. 이때 할머니가 눈물을 흘리시며 이야기하던 일이 피끗 상기되었다. 나의 먼 친척이 의병운동에 참가하였는데 부모를 잃은 아이들은 산지사방으로 헤여졌다는 것이다. 당시의 정경이 눈앞에 아물거리자 다시 한 번 구사회를 저주했고 당의 령도하에 건실히 자라나도록 고아들을 보살펴주는 항일정부제도의 우월성을 가슴 뜨겁게 느끼였다. 나오면서 벽을 보니 그곳에는 '돈이 있는 사람은 돈을, 힘이 있는 사람은 힘을, 일체는 항일전쟁의 승리를 위하여!'란 큰 구호가 단정하게 씌여져 있었다.

감옥을 참관시킨다기에 호기심에 끌려 안내자의 뒤를 따랐다. 마을과 좀 떨어진 곳에 역시 전에 무슨 묘로 사용하던 것 같은 비교적 큰집에 도착하였다. 이곳이 즉 로동교양소 감옥이라 한다. 내가 중학교 2학년 때 공일날 인왕산 서대문 쪽 산기슭으로 놀러 갔다가 우연히 서대문 감옥과 간수, 족쇄를 찬 붉은색, 푸른색의 수인복을 입은 죄인들을 본 인상이 있는 나의 눈에는 아무리 봐도 무슨 판인지 리해되지 않았다. 높디높은 감옥담도 없고 간수도 보이지 않으며 족쇄를 찬 죄수는 더군다나 보이지 않았다. 사람들은 몇 명밖에 없었는데 집 안을 돌아다보니 집 안은 깨끗하게 정돈되여 있는 것이 보통 병영이나 다름이 없었다. 구태여 찾아본다면 무기 대신 생산도구들이 걸려 있을 뿐이였다. 죄수들은 어데로 갔느냐고 물으니 일하러 밭으로 나갔다고 한다. 특무나 한간이 아닌 이상 가두지 않고 일을 시켜 개조시키며 개조 정도에 따라 일주일에 하루씩 집에도 갔다 오게 하며 그밖에 가정에 사유가 있을 적에는 청가●도 준다 한다. 대개는 탐오, 사기, 남녀 문제에서 계선을 넘어 개조하고 있는 사람들인데 자기 죄악을 인식하였기 때문에 도망도 안하고 서로 감독 개조하여 개조를 촉진시키고 있다는 것이다. 감옥이라기보다 무슨 특별한 학교라는 인상을 받았다.

청가(請暇)
휴가를 청하는 것.

베쮼 의사에 대한 이야기는 모주석의 '베쮼을 기념하여'란 문장을 통해 알고 있었고 특히 무정동지의 이야기를 통해 비교적 상세히 알고 있었던지라 베쮼 병원을 참관한다 하니까 마음도 조급하여졌다. 안내자의 말에 의하면 원래 진찰기 군구 병원이던 것을 그가 서거한 후 그의 국제주의 전사의 혁명사상을 영원히 추모하기 위하여 그의 이름으로 명명하였다는 것이다. 집도 전에 무슨 절간이였던 모양 크고 웅장하였다. 우리가 정문에 들어서니 베쮼의 반신상이 마당 정면 화단 복판에 모셔져있었으며 주위에는 화환이 놓여있고 향불이 타고 있었다. 안내자의 말에 의하면 지금도 이 병원에 입원했던 사람들이 찾아오면 이 동상에 참배하여 향불을 피우며 때로는 몇백 리 먼 곳에서도 이곳까지 찾아와 참배하기 때문에 향불이 끊어질 줄 모른다는 것이다. 그날도 행장으로 보아 먼 곳에서 온 듯한 어떤 전족 할머니가 향불을 피우고 있었다. 그는 부처님 앞에 분향하고 불공을 올리며 입으로 무언가 중얼거리고 있었고 두 눈이 우묵하고 코마루가 우뚝 솟은 베쮼의 반신상은 먼 곳을 바라보며 그를 곁눈질하고 있는 것만 같았다. 몇만 리 밖 카나다의 공산당원 베쮼 의사는 반파쇼최전선에 서서 한때는 에스빠냐의 반독, 이어 파쇼 침략을 반대하는 인민전선의 최전렬에 서서 인민전사들의 상병원을 구원하였고 1937년 중국에서 항일전쟁이 폭발되자 이곳에 와서 역시 항일투쟁 최전선에서 투쟁하다가 39년 11월 불행히도 서거하였다. 모주석은 이 국제공산주의 전사의 고상한 혁명정신을 전당 동무들에게 따라배울 것을 호소하여 '베쮼을 기념하여'라는 문장을 썼고 이 문건은 전당, 전민의 필독문건으로 되여 있는 것이다. 지금 그 할머니가 중얼거리고 있는 것이 념불이 아닌 것은 틀림없다. 바로 이 문건을 암송하고 있을 것이다. 이런 명상에 잠겨있노라니……. 석가모니나 기리스도 화상에 후광이 그려있듯이 베쮼 의사 반신상 후면에도 후광이 찬연히 빛나고 있는 것만 같았다. 물론 그 후광은 할머니의 가슴속에, 참관 온 사람들의 마음속에, '베쮼을 기념하여'라는 문장을 읽은 모든 사람들의 마음속에 빛날 것이며 씨를 박아 자라나고 열매 맺을 것이다.

어느덧 예정일도 다가와 래일이면 귀로에 오를 판이다. 그날 저녁에 또 위문단 일동은 변구정부와 군구의 초청에 의해 초대되였고 매개인에게 보총 한 자루와 그밖에 많은 수류탄 등을 증송받아 우리 대오는 더욱 튼튼히 무장되였다. 동복도 발급받아 파동준비도 되였으며 '中朝人民永远团结在一起(중조인민은 영원히 단결하자!)라는 구호를 새긴 무대전막과 악기를 사서 보충하라는 금액도 받았다 한다. 승리적으로 위문참관사업을 끝마친 우리는 문자 그대로 물심량면의 풍만한 수확을 지니고 귀로에 올랐다.

망루와
군사봉쇄선

또치까(卜ー于力)
러시아어로 tochka. 콘크리로
구축한 견고한 방어 진지(陣地).

진찰기 변구에서부터 태항군분구 진기로예 변구에 가려면 북경으로부터 태원으로 가는 철로를 건너야하므로 좌우 두 개 봉쇄선과 경태로 보위선을 횡단해야만 한다. 좌우 량쪽 봉쇄선은 산마루마다 또치까● 또는 망루가 있고 철로 보위선은 다리, 산굴, 정거장 등은 더 말할 나위도 없거니와 그 사이에 철로도 30분에 한 번씩 왜놈이 순찰하는 것이다. 때문에 망루나 또치까에서 발견되지 않도록 부대의 행동은 밤 시간을 취해야 하고 철로 보위선은 30분에 한 번씩 순찰하는 그 중간 시간을 리용해야만 되는 것이다. 그도 7, 8명이면 문제없겠지만 약 100명에 가까운 부대가 30분의 중간 시간을 리용해서 철로 봉쇄선을 돌파하기란 그리 쉬운 일이 아니다. 그러나 이곳의 한 가지 유리한 조건이라면 산간을 통하는 기차 길인만큼 차길이 꼬불꼬불하여 산언덕과 수림에 가리워 철로가 곧추 300메터 되는 곳도 그리 많지 않은 점이다. 즉 순회하는 왜놈이 300메터 밖에만 있어도 가리워지며 특히 야간은 더욱 유리한 은폐 조건을 지어주는 것이다. 이러한 류동 보초의 소식은 모두가 발견되여도 의심을 덜 받을 수 있는 아동단들이 책임졌다. 우리는 무사히 봉쇄선을 돌파하고 철로에 박근하였고, 신속한 레루 횡단을 완성하기 위해서는 평시에는 일렬 횡대로 행군하지만 이때만은 은폐하여 모여 있다가 가장 적절한 시간이 닥쳐 오기만하면 일시에 횡단해야 한다. 모두들 숨을 죽이고 대장의 명령신호만을 기다린다. 바로 이때 명령 신호가 왔다. 너나없이 신속히 레루를 횡단할 바로 그때 레루가 울리기 시작하더니 기차가 보이였다. 우리가 레루에서 불과 7, 8메터 상거하였을 때였다. 넓은 평원에선 몇백 리가 빤히 내다보이여 기차의 연기가 폴싹폴싹 나는 것이 보이기 시작하여서도 몇 시간씩이나 기다려야 차를 탈 수 있어 그 넓은 평원에서 할딱거리고 달리는 기차를 보면 가련하기 짝이 없으나 이런 산간벽지에서는 달려오는 렬차가 위풍이 굉장하다. 기적을 울리며 높은 레루뚝 우로 앞이마에 환한 불을 켜들고 산골짝을 잡아 흔들듯이 아우성치며 기차가 내달려온다. 우리는 대장의 명령대로 그 자리에 은폐하였다. 그런데 왕가라는 화식원이 불시에 일어서더니 달리려 한다. 급한 나머지 그의 다리를 걸어 넘어뜨리고 모자를 벗겨 얼굴을 가리워 주고 꼼짝 못하게 내리눌렀다. 육중한 차륜은 지축을 뒤흔들듯 땅에 매복해 있는 우리의 가슴까지 '쿠구쿵 쿠구쿵' 하고 뒤흔들어 놓는 것만 같았다. 눈만 내놓고 차를 올려다보니 객차인데 출입구마다, 전신무장한 왜군이 지켜 서서 먼 곳을 바라보고 있었으며 차안에서는 잠자는 사람, 서로 이야기하는 사람들이 환히 보이였다. 피뜩 보니 조선옷을 입은 사람도 있었다. 얼마나 그리운 동포들의 모습인가? 한 녀인은 잠이 와서 그런지 아니면 무슨 명상에 잠겨서인지 캄캄한 창 밖 어둠을 바라보고 있었다. 그들의 모습은 마치 수인차에 실려 이 감옥에서 저 감옥으로 압송되는 듯하였다. 하루바삐 그 기차를 폭파하고 동포들을 구해내지 못하는 것이 안타깝기만 하였다. 렬차의 마지막 바구니가 지나간다. 맨 뒤에는 경기를 걸고 경비하고 서있는 놈들의 꼬락서니가 보이었다. 네놈들이 우리를 감시하느냐 아니면 백성들이 너희들을 감시하느냐? 우리는 너희들 턱밑에 있다. 그렇다. 말로는 '토비',● '공비'의 략탈과 학살 속에 있는 백성을 보위한다 하지만 기실은 백성을 차안에 가두어넣고, 도시에 가두어 넣고, 너희들의 영원한 조롱 안의 새로 만들려 하고 있지 않는가? 적구에 있는 불쌍한 조선과 중국의 어진 백성들이여! 나의 머리속에는 왜놈만 보면 겁에 질려 굽신굽신 절을 하던 우리가 맨 처음에 만난 중국 백성, 남대문 정거장에서 일제의 헌병과 고등계 형사, 순사들의 감시 속에 자기가 하고 싶은 말도 못하고 군용렬차가 떠나자 터져 나오던 통곡의 웨침. 달리는 렬차를 미친 듯이 아우성치며 따라오던 그 어머니의 모습. 머리를 풀어헤친 녀인의 유령. 순간 이런 환상은 전진하라는 대장의 명령에 의해 중단되고 말았다. 맞은켠은 깎아지른 듯한 절벽인데 그 절벽만 넘어서면 우리의 근거지이다. 우리는 일제의 망루와 망루 사이의 골짜기를 리용하여 일렬종대로 줄달음친다. 이마에서 흘러내리는 땀은 눈으로 들어가 눈알은 아려나고 목이 말라 가슴이 터지는 것만 같다. 급기야 일제의 봉쇄선을 넘었다. 위험에서 벗어나자 로왕老王에게 기차를 보고 어째서 일어나 달리려 하였는가고 물으니 기차가 자기에게로 달려오는 것만 같아서 그랬다고 대답하는 바람에 모두들 배를 끌어안고 웃었

토비
떼지어 다니면서 살인과 약탈을 일삼는 도적들을 일컫는 연변말.

다. 그는 기차를 생전 처음 보았으니 가히 리해할 수 있는 일이었다. 한 마을에 들어서니 민병대장이 우리를 맞아주면서 백성들의 집에 대여섯 명씩 분배하여 쉬도록 하였다. 몇 번이나 보초는 우리가 서겠다고 하였으나 이곳 정황도 잘 모르고 또 주요하게는 래일의 행군임무가 있으니 보초를 서려면 동네 안의 보초만 서라는 것이다. 전선의 보초는 민병이 서고 동네 보초는 우리가 서게 되였다. 보초 암호가 교대되니 우리는 자리에 누웠다. 가끔가끔 교대하는 보초병의 목소리⋯⋯.

창문 밖에서 홰치며 울어대는 수탉의 울음소리에 소스라쳐 깨여나 보니, 날이 이미 환히 밝았다. 여기저기 산턱에 의지하여 흙을 파내고 지은 움집들 앞마당에는 일년생 화초도 심어져있었고, 창문턱엔 깨진 양재기, 사발, 뚝배기 등에 심은 화초도 놓여있었다. 화초 잎에 매달린 이슬이 진주마냥 아침 해살을 받아 반짝거리고 있었다. 상쾌한 아침이다. 어제 저녁의 긴장과 고달픔은 어데로 사라졌는지 몸은 가뜬하여 날 것만 같았다. 벌써 어떤 동무들은 백성의 집에 물을 길어온다, 마당을 쓴다 분주하고 주인집 아주머니는 더운 세수물을 떠온다. 차잔에 끓인 물을 부어준다 하며 분주히 서둘러 대고 있다. 동네 아이들도 낯모를 외국 사람을 보고 신기한 듯 바라보고 있고, 중국말을 잘 하는 로동지들은 어린아이를 안고 아이들과 이야기판을 벌리고 있다. 부엌에서는 구수한 반찬 냄새가 풍겨온다.

"아버지!" 하고 한 아이가 총을 메고 보초를 서고 돌아오는 아버지에게 매달리고 그의 안해인 듯한 녀인이 나와 그를 반긴다.

멀리 멀리에는 어렴풋이 일제의 망루가 보이고 있건만 자기의 무장으로 마을을 지켜오는 백성들의 생활은 자유로우며 생기발랄하다. 백성과 군대가 한마음 한뜻으로 뭉쳐 무장하여 싸우는 인민 앞에서 침략자는 두 눈을 뜨고서도 보지 못하며 귀는 메지 않았어도 듣지 못하는 것이다. 너희들의 두 눈, 두 귀는 영원히 이 비밀과 수수께끼를 풀 수 없는 것이다. 먼 창공에서는 우르릉거리는 눈 먼 일제의 비행기 소리가 은은히 들려온다. 이런 해방구의 정경과 조국 고향의 백성들을 생각하니 그들의 생활이 부럽기 짝이 없어 이런 구절이 머리에 떠오르기 시작했다.

깨여진 뚝배기에 심은 봉선화도
그 맹세를 자랑하는 아침.
한밤을 보초선에서 지새운 주인을 반기는가
붉디붉은 꽃송이 이슬에 취해 고개 숙였네.

아침 식사를 알리는 호각 소리에 나의 사색은 중단되고 말았다. 이렇게 또 새날에 새로운 투쟁이 우리를 기다리고 있는 것이다.

일제의
투항
앞으로 할 일

　봉쇄선을 넘은지도 4, 5일 되는 어느 날 고개마루에 오르니 흡사 비행기 소리같은 '우르릉- 우르릉-' 하는 소리가 은은히 들리더니 점점 가까와지고 있었다. 난 이상스러워 "저게 비행기소리가 아니요?" 하고 물으니 "글쎄……" 하고 조관 동무는 나의 말을 듣고 두리번거린다. "아니요, 저걸 보오 황충 떼요" 하고 대답하였다. 그가 가리키는 방향을 따라 바라보니 마치 한여름철에 소나기가 몰려올 때처럼 새까만 구름 덩이가 우리를 향하여 몰려오고 있었다.

　이제까지 잠잠하던 마을에서는 종이 울린다. 사람들이 뭐라고 고함치는 소리, 나무단을 둘러메고 달려가는 청년, 지신地神에게 향불을 피워 올리는 늙은이, 사처에 불을 놓기 시작하는 민병들, 흰 이불을 가지고나와 휘두르는 사람들, 온 마을은 삽시에 발칵 뒤집히였다. 어찌된 영문일가? 그러는 동안에 하늘이 새까맣게 가리워져 태양도 보이지 않더니 '후둑 후두둑' 우박이 떨어지듯 무엇인가 하나둘씩 땅에 떨어지기 시작하였다. 그게 '큰 메뚜기로구나' 하고 짐작할 때에는 행군하는 우리 대오도 얼굴과 몸에 황충이 날아와 맞히는 통에 아파서 걸을 수가 없게 되었다. 행군을 다그치던 우리는 큰 나무그루나 큰 바위를 의지하여 몸을 피하지 않을 수 없었다. 누군가 조급해서 "무장 부대가 벌레 떼를 피하다니?"라고 하니까 조관 동무는 "무장 행군대가 다 뭐요. 작년엔 기차가 다 황충 떼를 만나 전복됐다오."라고 설명하였다. 온 하늘은 새까만데 눈 가까이 다가오는 것을 보면 황충이다. 밭이랑 나무가지랑 할 것 없이 푸른빛이 있는 곳에는 황충이 매달리고 매달리면 나무가지가 부러진다, 옥수수대가 넘어간다. 다만 '솨! 솨!' 하는 황충 떼가 푸른 잎을 뜯어먹는, 소나기가 퍼붓는 것 같은 소리가 들릴 뿐이다. 사람들도 이젠 황충 떼를 피하여 멍하니 서 있을 수밖에 없다. 불을 놓았던 자리에서 나던 연기도 황충 떼에 파묻혀 쥐 죽은 듯 잠잠한데 날치고 덤벼치는 것은 황충뿐이다. 참으로 황충세상이다. 황충 떼가 한데 뭉쳐 대지와 씨름을 하는 듯 황충 떼는 층층이 내리깔려 한데 뭉쳐 거물인 양 대지를 깔아뭉개고 기복을 이루며 거세찬 파도 모양 대지를 핥고 있었다. 수수대, 옥수수대, 나무가지는 비명을 지르며 꺾어지고 쓰러진다. 한 5분이 되나마나한 사이에 또다시 '푸룩푸루룩' 하는 황충이 날아오르는 소리가 나더니 삽시간에 그 많던 황충은 다 날아오르고 이제까지 시퍼렇게 곡식과 풀, 나무잎들로 뒤덮였던 대지는 푸른빛이란 하나도 없이 사라지고 반반한 알몸뚱이만이 내놓이고 말았다. 그제야 정신이 든 듯 사람들은 웅성거렸고 어떤 로인은 반반한 땅을 치며 통곡하였다.

"하느님도 무정하지. 이 일을 어찌라오!"

팔-파크
펄 S. 벅(Pearl Sydenstricker Buck,
1892~1973). 소설가. 1938년 노
벨 문학상 수상. 『동풍 서풍』
(1930), 『갈대는 바람에 시달려
도』(1963), 『새해』(1968), 『어머
니』(1934) 등의 작품이 있음.

그 로인은 넉두리를 하고 있었다. 로인의 아들인 듯한 젊은이가 나와 로인을 부축하여 골목으로 들어간다. 좀 지나니 집집마다 비자루, 가래, 삽 등을 가지고 나와 서로 부닥쳐죽고 깔려죽고 너무 빨리 날아오르다가 나무나 벽, 큰 바위 등에 맞혀 죽어 땅에 한 벌 깔린 황충들을 끌어 모아 자루에 담는 것이었다. 저걸로 뭘 하느냐고 물으니 이렇게 황충의 피해를 받아 일 년 농사를 망쳐버린 그곳 주인은 죽은 황충을 모아 기름을 짜고 또 그 황충 깨묵으로 연명한다는 것이다. 이런 말을 듣고 나니 아까 땅을 치며 통곡하던 로인의 심정도 리해되었다. 푸르싱싱하던 일 년 농사가 불과 몇 분 동안에 남은 것이란 새빨간 알몸뚱이 밭뿐이니 말이다. 난 미국의 녀류작가 팔-파크●가 쓴 〈대지〉라는 소설을 본적이 있었고 영화로도 본 적이 있는데 직접 목격하니 아직도 그 소설에 묘사된 것이 부족하였다는 감과 대자연의 위력에 눌려있는 백성의 처지에 무한한 동정심이 가면서 묵묵히 행군을 다그치었다. 조관 동무는 나의 눈치를 챘는지 "그러나 명년에는 꼭 풍년이 들게요." 하고 나를 위안하듯 말하였다. 그건 어떻게 아느냐고 물으니 "이상하지, 내가 사오 차나 봐온 데 의하면 황충의 피해를 받은 곳은 그 다음 해는 꼭 풍년이 들더라니."라고 하였다. 황폐해진 쓸쓸한 마을을 지나 바로 그 이웃 마을에 이르니 아무 일도 없었다는 듯 온 산야는 곡식과 풀, 수림으로 푸르싱싱하였다. 황충 떼가 어떻게 내리고 어떻게 안 내리는지 참으로 모를 일이다. 이런 것을 대조해보니 지신에 향불을 피우고 빌어대던 늙은이의 전통적 미신 관념도 리해될 만하였다. 어떤 동무가 "장개석은 이런 때 비행기나 동원하여 상공에서 농약이나 뿌리지.”라고 하니까 “그는 말 그대로 해방구나 폭격하지 말라지.”라고 누군가 빈정대니 조관 동무는 “장개석에게 환상을 두어서는 안 되오. 이런 것을 다 안다면 황하를 불시에 터쳐 놓아 땅이 물에 잠기고 수천수만의 백성을 물에 밀어 넣었겠소. 그는 우리와 인민을 적으로 대하고 있으니까 일제가 투항하면 전면적으로 내전을 발동할지도 모르지.”라고 하였다.

그렇다. 력대의 통치 계급이 그 어느 때 진정으로 백성을 관심해온 적이 있는가. 만리장성을 쌓은 진시황도, 남북대운하를 건설한 수양제도 누가 진심으로 백성을 위함이였던가? 10년 내전은 그만두고라도 3차에 걸친 반공고조, 최근 7월에도 장개석 직계군 호종남이 섬강녕을 진공하지 않았던가!

한 달 만에 다시 보는 난쫭마을은 온 대지가 푸르다 못해 검은 색에 뒤덮였고 우리의 남새밭도 몰라보게 변모하였다. 곡식이 소리쳐 자라는 7월달도 막 가고 있었다. 대낮이면 온 땅덩어리가 해빛에 달아올라 맨발로는 디딜 수가 없이 되였다가도 해만 떨어지면 선선해지는 대륙기후의 특징이 똑똑히 알려졌다. 이른 봄에 심은 남새들도 이젠 먹게 되여 매일 식탁에 오르는 남새의 량도 많아지고 질도 높아졌다. 더욱이 배추김치생각이 난 우리는 배추가 없는지라 시금치와 풋도마도를 따다가 풋김치를 절구었다. 밥상에 풋김치가 오르니 우선 보기만 해도 시원한 게 정신이 나는 것만 같았다. 눈 깜짝할 사이에 양재기가 굽이 났다. 처음에는 양재기로 타다 먹던 것이 어떻게나 게걸스럽게 먹는지 양푼에다 타다 먹곤 하였다. 이 광경을 목격한 31병원 백 원장은 너무 많이 먹으면 설사를 할 위험성이 있다고 경고까지 하였건만 누구의 귀에도 들어가는 것 같지 않고 한독 풋김치를 바닥내고서야 술들을 놓았다. 아니나 다를가 그 이튿날은 근 절반에 달하는 동무들이 설사를 만났다. 약이란 적구로부터 구해 들여오는 것이기 때문에 아주 귀중한 것이란 것을 잘 알고 있는 우리는 누구 하나 백 원장에게 가서 약을 타 올 용기가 없어 제각기 속을 앓고 있는 판인데 백 원장 동무가 녀성 동무들과 같이 큰 양푼에 약을 가지고 다니며 한 공기씩 나누어주었다. 보니까 누룽지를 다시 솥에 넣어서 태운 누룽지가루였다. 백 원장은 "이건 우리가 자작한 것인데 효과가 좋으니 어서 먹으라."는 것이다. 과연 효과가 있어 그 이튿날은 모두 툭툭 털고 일어났다.

8월에 들어서니 찌는 듯한 더위는 더욱 여물어져 불어오는 바람마저 열풍이 되여 숨이 꽉꽉 막힐 지경이였다. 이런 기후에 단련되지 않은 우리는 참으로 견디기 어려웠다. 게다가 모기가 어떻게 많은지 마당에는 해만 지면 모기불을 피워 다소 나았으나 방 안에 앵앵거리는 모기는 어찌할 수 없었다. 문에 친 모기장이 한 몫 막기는 하였지만 펄럭거리는 문틈으로 새어드는 모양이였다. 그러던 어느 날 열병 환자가 나타났다. 처음에는 이틀건너 나던 열이 하루 건너 나고 그 다음부터는 매일 밤낮 열이 계속되는데 섭씨 39도로부터 40도로 올라가는 것이였다. 매일 계속되기만 하면 환자는 헛소리를 치며 정신을 잃고 마는데 이게 중국의 남방 학질이라 한다. 전염력도 강하여 매일과 같이 환자가 늘어났다.

고열에 부닥쳐 우묵 패인 두 눈, 갈라 터진 입술, 참으로 보기도 딱하였다. 교부에서 환자들을 격리시키고 소독을 강화한 후에 전염은 방지되었으나 현재 앓고 있는 환자들이 문제였으니 50~60명은 족히 되었다. 특별환자식당을 내오고 백 원장은 환자들의 화식으로부터 치료에 이르기까지 남방학질과의 투쟁에 분망했고 약도 적구로부터 좀 들여와 끝내 병마도 머리를 숙이기 시작하였다.

8월 15일 저녁 남보다 일찍 식사를 끝마친 나는 벽보 편집 내용을 머리속에 그려가면서 운동장을 서성거리고 있는데 조직과장 김영숙 동무가 무슨 종이장을 손에 들고 헐레벌떡거리며 교문 안으로 달려 들어가면서 나를 오라고 손짓하였다. 방금 식사를 끝내고 아직 자리에서 일어나지 않고 담배를 피워가며 잡담들을 하고 있던 대부분 사람들은 모두가 흥분한 영숙 동무에게로 시선이 집중되었다. 영숙 동무는 자기의 흥분을 억제하면서 "지금 신화사에서 전문이 왔는데 일제가 동맹국에 무조건 투항했대요!" 하고 웨치자 만세 소리가 우렁차게 울려나왔으며 서로들 부둥켜안고 껑충껑충 뛰며 돌아갔다.

"그게 정말이요?"

"그럼 정말이 아니고. 동무만 혼자 태항산에 남겠어요?"

조직과장은 나를 가리키며 깔깔 웃어댔다.

일제가 꼭 망하리라고 짐작은 언녕부터 하고 있었으나 그렇게까지 속하리라고는 생각 못하였던 나는 꿈인지 생시인지 어리둥절해졌다.

"콰쾅, 쿵덕쿵! 콰쾅, 쿵덕쿵!"

마을에서도 승리를 경축하는 북소리, 제금소리가 요란히 울려오고 있었다.

잘 있거라
오지산아!
잘 있거라
태항산아!

　매일같이 간부들은 회의에 분주했고 통신원들은 통신 련락으로 동분서주하였으며 우리들은 짐 꾸리기에 분망했다. 쌌다가는 풀어보고 풀었다가는 되싸며 초조히 명령을 기다리는 사이에 어느덧 사흘이 지나갔다.

　신사군에서 오래동안 참모장사업을 하였다는 왕신호 동무가 태항분맹으로 오게 되고 마침내 주덕총사령의 제6호 명령이 전달되었다. 그의 주요 내용인즉 조선의용군은 속히 동북으로 진군하여 조선 주민이 집거하고 있는 곳으로 가 확군하고 다음 명령을 기다리라는 것이었다. 왕신호 동무가 총지휘 겸 총대장이 되고 동북진군을 위해 다시 한차례 부대가 재정돈되었다. 간부중대는 김흥 동무가 책임지고 로농중대는 고생후 동무가 중대장을 담임하였으며 3. 4. 4. 4제로 한 개 소조는 4명, 한 개 분대는 4개 소조, 한 개 소대는 4개 분대, 한 개 중대는 3개 소대였으니 한 개 중대는 약 160명이고 이밖에 후근중대가 있었다. 후근에는 공급을 책임진 부문과 의료를 책임진 부문, 이밖에 회복 중에 있는 병자들까지 합치면 우리 부대는 근 300명에 가까운 대부대로 되여 있었다.

8월 29일 바로 조선이 망국된 그날, 우리는 동북을 향하여 난 쫭과 허난댄을 리별하고 출발하게 되였다. 이미 장마철에 들어섰 는지라 매일같이 비는 구질구질 내리다가는 개이고 개였다가는 또 내리곤 하였다. 그곳의 흙은 진흙이여서 이런 날씨에 행군한다 는 것은 쉬운 일이 아니였다. 그러나 한시바삐 동북으로 진군하 자는 우리의 의지를 꺾을 수는 없었다. 청장하에 이르러보니 물 은 불어 허리까지 칠 정도였으나 모두들 바지를 벗어들고 무기와 짐들은 머리에 이고 개울을 건넜다. 36년간의 망국노 생활, 이제 조선은 해방되였다. 그립던 조국 조선으로! 우선 먼저 동북으로, 그립던 조선 동포, 부모, 형제자매. 아! 우리는 얼마나 이날 이 시 각을 그리였던가! 지금부터 한 발자국 한 발자국은 조국을 향해 가는 것이다. 생각하니 꿈만 같고 그 기쁜 심정이야 더 말해 무엇 하랴! 그러나 다시 고개를 돌려 허난댄과 난쫭마을쪽을 바라보 니 궂은비 속에 어렴풋이 바라보이는 우리 학교 교사, 우리 분맹 이 있던 집, 한 해 겨울 두 여름을 지내 온 우리의 두 번째 고향, 마 을 사람들, 그들과의 석별의 정을 금할 수 없었다. 날이 채 밝기도 전 이른 새벽에 어마어마한 벼랑길을 기여올랐다. 일구어 놓은 오지산의 감자밭, 나무 하나, 바위 하나도 다 눈에 익은 것들이였 다. 그곳에다 뿌린 우리의 땀은 그 얼마였던가! 그보다도 우리가 있은 곳에서 약 10메터 되는 곳 석문촌 뒤산에 진광화, 석정 동지 가 잠들고 있으며 42년 대소탕 때 희생된 우리의 선배들이 있는 곳, 그들의 유체를 남겨둔 채 이곳을 떠난다는 것이다. 그들과도 이젠 영원한 석별인가 하고 생각하니 가슴속으로부터 뜨거운 그 무엇이 올리미는 것만 같았다.

하, 그곳 바라보니 흰 구름 가리였네
오지산도 맘에 있어 우리를 환송하나
아마도 감자 동무의 눈물 가린 수건이리!

리군영 동무가 행군 중에 돌림 신문 《곰방대》 제2호에 투고한 노래였다. 여전히 흐린 날씨에 이따금 보슬비가 내려 신에 온통 진흙이 매달려 천 근 무게는 되는 것 같았으나 우리 대오는 의용군 행진곡도 씩씩하게 부르며 동북을 향해 앞으로 앞으로 진군하였다. 처음 하루 로정은 35리였다. 차츰차츰 행군에 단련됨에 따라 하루 행군 로정을 늘구었다. 그날 저녁 구락부위원들의 간단한 회의가 있었는데 회의에서는 간고한 행군을 위해 선전고동사업을 가강하고 생활, 위생 사업을 잘 틀어쥐기 위해 위원들은 구체 계획을 세워 실시하기로 하였다. 벽보위원으로는 행군 도중 돌림 신문 《곰방대》를 견지할 것과 촌극 〈개똥이와 이뿐이〉를 일주일에 한 번씩은 보장할 것 등이였다. 매개 분대에는 벽보 통신원이 한 명씩 있는데 부대가 휴식할 때에 구락부 벽보위원은 부대의 맨 앞에 나가 있다가 부대가 행군하게 되면 매개 분대에 있는 통신원을 찾아 한 사람 한 사람 그 분대에서 생긴 좋은 일, 나쁜 일들을 회보 받으면서 부대의 마지막 분대까지 이르게 되면 그간에 발생한 모든 일을 장악하게 된다. 그러면 쉬는 시간을 리용하여 32절짜리 유광지 한 장에 그중에서 교육적 가치가 있는 자료를 적어 부대의 맨 앞사람에게 갖다 주면 행군하면서 보고 뒤사람에게 넘겨주고 또 그가 보고난 후 뒤로 넘겨주고 하여 마지막에 부대 맨 뒤 동무에게까지 가면 그 호의 벽보는 임무를 다하는 것이었다. 이렇게 해서 부대의 매개 동무들은 그날 동무들 간에 일어난 소식을 서로 알게 되며 서로 따라 배우며 고무를 받게 되는 것이다.

촌극 〈개똥이와 이뿐이〉는 기성 성격의 인물이다. 《곰방대》에 실린 문제 중에서 가장 흥미 있는 사건을 이 기성 성격의 인물 형상을 통해 재현하는 것인데 대개는 점심 후 휴식이 끝나고 행군 출발 직전에 공연하게 된다. 인물 성격이 고정되였기에 그들이 출연하려고 일어서기만 하면 군중들은 박수갈채로 환영했고 웃음보를 터뜨리곤 하였다.

처음에는 하루 로정이 35리였던 것이 이제는 제 궤도에 올라 70리, 80리로 되였으며, 45분간 걷고 15분간 휴식, 또 45분간 행군, 15분간 휴식 이런 규정에 따라 매일같이 전신 무장을 하고 행군하다나니 갓 학질을 하여 채 회복되지 못하고 대오에 들어선 동무들은 참으로 간고하였다. 때문에 몸이 건강한 동무들은 그들의 무기와 이불짐까지 메여다 주어야 하였으니 그리 쉬운 일은 아니였다. 드디어 행군을 시작한 지도 20여 일이 지난 어느 날 오라지 않아 북경에서 장가구로 통하는 철로선을 넘게 되였다. 이때 두 가지 문제가 생겼다. 하나는 왜군의 패잔병의 반항을 받을 위험이고 또 하나는 장개석 국민당 부대의 교란을 받을 가능성이였다. 이에 대처하기 위한 강행군이 필요하였다. 하루에 100리, 120리, 140리, 하루의 로정이 점점 증가되어 행군 속도와 행군 시간은 늘어만 갔다. 발바닥으로부터 머리끝까지 온몸은 확확 달아올라 불덩어리가 된 것 같고 그때 따라 이글이글 불타오르는 태양은 불벼락을 퍼붓듯 온대지의 초목도 초들초들 시들어지고 이따금 불어오는 바람마저 화끈화끈한 열풍이라 숨이 막힐듯하여 물만 보면 들이마시고 짬만 있으면 옷을 빨아 입었으니 한 시간만 지나면 옷에는 부옇게 소금이 배여나오곤 하였다. 몸이 약한 동무들은 서로 도와주기는 하였으나 빈 몸마저 지탱할 수 없어 대오에서 떨어지는 대원도 한두 사람씩 나오곤 하였다. 이럴수록 선전고동사업은 더욱 필요하였으니 분대장이며 문오위원이며 나팔수인 최지준 동무는 고개를 만나면 남보다 먼저 산마루에 올라가 나팔을 불어 사기를 돋우었다. 우리의 구호도 아주 구체적이고 실제적이어서 효력을 발생하였다. 물이 없는 고개탈에서는 '김치, 김치가 먹고 싶지 않은가.', '어서 오르자.', '고개마루에는 시원한 바람이 너를 기다리고 있다!' 이런 식의 구호를 부르면 피곤과 수면부족으로 몽롱해진 정신도 김치가 눈에 보이는 것 같아 입에는 군침이 생기었고 시원한 바람이 불어와 옷자락을 날려주는 듯 정신이 번쩍 들곤 하였다. 누구나 입술은 말라 갈라졌다. 귀에 어렴풋이 들려오는 것은 휴식과 출발을 알리는 단조로운 호각소리뿐이지만 대오는 앞날의 희망을 한가슴에 지니고 동북 쪽으로 씩씩하게 이동하며 걸어갔다.

2부

나의 청춘 02

호가장전투

호가장전투

　일제는 1937년, 7.7사변을 이르킨 후 장개석의 초공剿共 제일, 항일 제이의 전략방침에 호응하여 일사천리 승승장구로 남하하였으니 38년 10월에는 남은 광주, 서는 무한까지 점령하였다. 그러니 중국의 중심부인 화북, 화중, 화남평원을 거이 다 점령한 셈이다. 1년 3개월 만의 일이다. 실로 '황군의 전격전'이야말로 사람을 놀래우지 않을 수 없게 하였다.

　일면 중국공산당이 령도하는 팔로군은 적후(일군 점령구)로 깊이 쳐들어가 유격전을 벌려 한간을 처단하고 인민을 묶어 세워 항일유격구를 개척하면서 일군의 점령도시와 철도연선주위를 조여들어갔다. 그리하여 밤만 되면 군용렬차가 폭파된다. 일군의 거점이 점령된다하여 일군 전후방의 공급섬이 마비 상태에 빠지곤 하였다. 늘어가는 전선과 분산되는 병력을 수습할 길이 없게 된 일제는 더욱 더 장개석의 '초공 방침'에 배합하여 병력을 집중하여 일거에 중국공산당을 섬멸할 예산으로 일본 국내에서까지 '태항 작전'을 불어대면서 팔로군 '토벌'에 광분하였으니 실로 일제 침화병력(위군도 포함됨)의 6분의 5를 기우린 때도 있었으며 1941년과 42년이 최고봉에 이르른 해였다.

일군이 해방구를 대거 진공하면 팔로군은 그의 예봉을 피해 적후로 더욱 깊이 뚫고 들어가 류수 부대만 남은 거점을 탈환하고 후방 운수대를 무찔러 전후방의 련락선을 끊어 놓곤 하였다. 하여 적으로 하여금 항일의 불바다 속에 빠져들게 하였으니 이 또한 참으로 인심을 흥분시키는 일이 아닐 수 없었다.

소탕 나왔던 일군은 팔로군의 주력을 찾다가 헛물만 키고 기지가 위험하다는 급보를 받고 불야불야 기진맥진 퇴각할 때에는 팔로군의 포위망에 걸려 섬멸되였고 요행 포위망에서 빠져나온 패잔병들도 지방 민병들에게 걸려 이제까지 평범한 한 농민에 지나지 않았던 보통 민병까지도 예상밖에 원쑤를 갚고 나라를 위해 공로를 세우는 일도 무수하였으니 어찌 흥분하지 않으랴! 이전 승리의 소식은 매일같이 들여와 인민들의 항일신심을 북돋아주었다.

팔로군의 군사작전과 배합하여 조선의용군도 무장선전공작을 벌리기로 결정하였다. 로약자와 녀성들을 제외하고는 모두가 공작대에 편입되어 매일같이 명령을 기다리면서 사업 준비를 서둘고 있었다. 석가장과 태원을 저변底邊으로 하고 남쪽을 향해 정삼각형을 그린다면 그 정점頂點에 동욕桐峪이라는 곳, 이곳에 팔로군 전선 사령부가 있었고 그곳에서 멀지않은 한 산간마을 동구 밖, 옛 절간에 조선의용군이 주둔하고 있었다. 이곳 기후는 전형적인 대륙성기후인지라 10월 하순인데도 밤이면 령하 10여 도로 내려가지만 낮만 되면 령상으로 올라가 따뜻하였다. 그날도 해가 퍼지자 양지 밝은 뜰 앞에 모여 각자의 쟁끼에 따라 분공된 대로

메까홍(megaphone)
메가폰.

출전준비사업에 열중하고 있었다.

"당신들은 완전히 포위되었다! 전화선도 끊어 놓았다. 당신들의 상관도 올 수 없다. 안심하고 우리의 연설을 들으라!"

메까홍●을 입에 대고 한창 환화喚話 련습을 하고 있던 최계원의 말이다.

"항상 쓰던 일어도 몇 년 쓰지 않았더니 잘 나오지 않는데?"

어색해서 덧붓친다.

"날 또찌카에 있는 왜병이라구 알라구."

옆에서 총을 닦고 있던 고상철이 그의 맞은편으로 달려가 앉으며 하는 말이다.

"덤비지 말고 천천히 아주 점잖게." 하며 익살을 떠니 최계원도 이에 마쳐 점잔을 빼며 "일군의 형제들이여!" 하고 시작하자 "왜 사병이란 말은 빼놓아?" 하고 시정해준다.

사실상, 환화의 말 한마디, 구호의 한 글자까지 모두 달성할 목적과 대방의 접수 능력 등을 고려해가며 재검토하곤 하였다. 표어에는 조선말로 된 것도 있었으니 성시 부근에 가면 화북으로 강제이민, 강제증용 등으로 끌려나온 동포들도 있을 터이니 조선 청년들을 항일의 길로 인도하자는 데서였다. 적구에서 갈 바를 몰라 헤메이다가 항일의 길을 찾았을 적의 그 감격과 기쁨을 체험해 본 그들은 그 글자, 그 한마디가 얼마나 보귀하였던가를 잘 알고 있었던지라 깡판을 쓰고 있는 장례신의 두 눈에는 이슬이 맺곤 하였다.

그러던 어느 날 대장인 김세광은 엄숙하면서도 기쁨을 속이지 못하고 불이낳케● 숙사로 달려오더니 대원들을 모아놓고 명령을 전달하였다.

"오늘 밤, 조선의용군 무공대는 전선으로 출발하여 맡은 바 임무를 수행할 것!"

이 말이 떨어지기 바쁘게 환호 소리가 온 장내를 휩쓸고 일어났다.

"동무들이 평시에 련마해 온 기능을 적의 앞에서 겨루어 볼 기회는 왔습니다."

"우리 형제부대인 팔로군이 일제가 마련해 놓은 렬락선과 지원선은 꼼짝도 못하게 봉쇄해 버릴 거요. 동무들은 우리의 백이동포들에게 또 일본의 계급형제들에게 하고 싶던 말들을 몽땅 털어놓아 보십시요!"

만세 소리가 온 장내를 뒤흔들어 놓는다.

"우선 먼저, 자기의 분공대로 준비한 물건들을 잘 꾸려놓고 시간이 있는 동무들은 나한테 와서 보명하시오. 그러면 오늘 저녁 만회 준비가 바쁠 테니 그들을 지원하도록 하겟소. 해산!"

또다시 만세소리가 울려 퍼졌다.

*

아아한 기암절벽이 아드막히 솟아있는 험준한 풍경과는 상반되는 조선 민요의 우아한 선률이 터져 나오는 박수갈채와 구호소리에 섞여 드문드문 쌀쌀한 초겨울 상공으로 울려 퍼지는데 미인의 눈섭같은 하현달이 이곳에서는 들어본 적 없는 신비한 선율에 매혹된 듯, 우중충 어둠 속에서 반짝이는 불빛 쪽을 내려다보

불이낳케
부리나케.

않이라
아니라.

바눌
바늘.

고 있었다. 밤이 되자 절간 마당에서는 전방으로 떠나는 대오를 바래는 환송 오락회가 한창이었다. 우렁찬 대별합창의 노래 경쟁이 있는가 하면 조선 민요의 독창도 있고 동서고금의 망명가들이 자기 조국의 혁명을 그리워 노래 부른 명곡들도 있었다.

얼어 죽을 각오, 굶어 죽을 각오, 적의 총탄에 맞아 죽을 각오, 혁명전사로서 가추어야 할 이 3대 각오는 단지 어느 책에서나 또 그 누가 배워줘서가 않이라● 이제까지의 혁명실천 중에서 자기의 눈으로 보고, 귀로 듣고, 피부로 느껴본 체험의 총화이였던 것이다. 2만 5천리 장정 중에서, 금사강, 설산초지를 지날 때, 그 얼마나 많은 전우들이 굶어 죽고 얼어 죽고 하면서도 백성의 실 한 오리, 바눌● 한 개도 다치지 않았던가! 그렇기에 '공산 공처하는 공비요', '사람을 보면 죽이고 물건을 보기만 하면 략탈해 가는 공비요.' 하는 따위의 거짓 선전에 속아 넘어가 얼어붙었던 인민들의 마음을 그들의 생명으로, 그들의 피로써 녹여오지 않았던가! 또 상해, 남경, 계림, 무한……. 또 지나온 이름도 모를 허허벌판 외딴 마을, 외딴 산모퉁이에서 불시에 적과 맞닥들여 서로 총질하고 도망친 아슬아슬한 생사의 고비인들 얼마나 많이 넘었던가! 이 대오는 이런 투쟁 속에서 생겨났고 자라났으며 또 자라고 있는 것이 않인가? 그들은 모두가 이렇 일을, 혹은 많이 혹은 좀 적게 다 체험해 온 로전사들이었다.

모닥불 주위에 둘러앉아 계속되는 오락회는 우렁찬 노래소리와 웃음소리, 그리고 무시로 터져 나오는 박수갈채 속에서 밤이 깊어가는 줄도 모르고 계속되고 있었다. 밤 10시가 가까와 올 무

렵, 불현듯 마을에서 7~8리 떨어진 일군 점령구 쪽에서 총포 소
리가 밤하눌●의 찬 공기를 헤가르며 울려왔다. 잠들었던 마을도
치를 떨며 깨여나고 하늘의 별들도 닥쳐올 불벼락에 떨고 있는
상만 싶었다.

"여우가 제 방구에 놀랜다구, 보초선에 있는 겁에 질린 왜놈의
눈먼 총알을 퍼붓는 불장란이다."

태연자약한 것은 적정을 손금 보듯 장악하고 있는 그들이였기
때문이였다.

"에루아 좋다! 왜놈들이 반주까지 해주니 어서 춤들이나 추어
보세!"

작달막한 키에 가루퍼진 몸둥이를 둥실거리며 입가에는 웃음
빛을 거두지 못하는 락천가 한청도였다. 아무런 기한饑寒과 고통
속에서도 벙글거리며 콧노래를 불러 늘상 은연한 힘을 동지들에
게 불러이르키던 그인지라 평시에도 그가 벙글거리고 이러서기만
해도 웃음이 터져 나오는 판인데 이때에면 바로 이런 말을 해놓
니 약속이나 한듯이 일시에 '아그르르······.' 하고 웃음보가 터져
나왔고 장단 소리도 높아지자 서로들 어깨에 어깨를 걸고 이러나
모닥불을 둘러싸고 빙빙 돌면서 '쾌지나 칭칭' 노래에 마추어 춤
판이 벌어졌다.

평상시에 닦은 기능
쾌지나 칭칭노세
두엇다가 뭣에 쓸고?

쾌지나 칭칭노세
전방나가 동포만나
(후렴)
속시원히 써보세나
(후렴)

밤은 깊어가건만 오락회는 더욱 더 고조에로 올라가고 있었다.

＊

그날 밤 령시에 출발한 무장선전공작대는 동곡에서 동북 방
향으로 주야로 강행군하여 이틀 후에는 300여 리를 걸어 원씨元
氏현 경내에 도착하였다. 원씨현은 석가장石家莊에서 경광京広선으
로 약 40리 남하하면 그 현성에 도착된다. 이 일대는 평원지구인
데 중공에서 개척해놓은 항일평원유격구로서 일군은 점령한 성
시와 철로의 안전을 보위하기 위하여 4~5리식 간격을 두고 거점
과 망루 및 또치카를 설치해놓아 동서남북 아득한 먼 곳에서부
터 시작하여 아득한 먼 곳으로 살어져 가며 줄지여 늘어선 그 꼴
은 마치 진시황이 만들었다는 만리장성에 즐비하게 늘어선 장수
대를 련상케 한다. 낮만은 일제가 병기 우세를 리용하여 우쭐대
지만 밤만 되면 항일인민의 세상이라 왜놈들은 망루나 또치카에
들여박혀 꼼작도 못한다. 더구나 당시는 일군 주력부대는 총동원
하여 소탕나간 뒤라 류수 부대만 남아 있었으므로 더구나 그리
하였다. 그들의 공작지대는 바로 원씨현 일대이며 현성에서 서북

방 40여 리 되는 곳에 있는 남좌南佐에는 적의 전초기지가 있었으므로 그 주위는 그들의 좋은 활동 무대였다. 낮에는 주로 팔로군 한 개 대대 약 300명과 배합하여 전투를 하거나 선전준비사업을 하고 밤이 되면 적구로 닦아가 선전사업을 벌리였다. 표어조는 벵끼●는 고사하고 물감도 귀한 때인지라 가마그을음이나 백토白土를 모아다 물에 풀어 자그마한 빗자루에 뭇쳐서 적당한 바람벽에 준비해 간 항일구호를 쓰는 것이고, 군중선전조는 큼직한 장소를 얻어 준비해 간 간단한 연출 재료를 공연하여 군중을 모이게 한 다음, 항일선전고동연설을 하고 삐라도 노나주며● 어린이들에게는 항일 노래도 배워주고 하는 것이다. 사실 이렇 연출 재료는 매우 간단한 것이였지만 이런 문화생활에 굼줄였던● 군중이고 또 내용이 일제에게 압박받고 착취당하는 그들의 생활을 반영하는 것이기 때문에 아주 쉽게 리해되였고 환영도 받곤 하였다. 환화조는 발로군●과 배합하여 우선 먼저 그들의 거점으로 통하는 전화선을 끊어 놓고 완전히 포위한 다음, 거점에서 약 50메터되는 곳까지 기여들어가 먼저 징과 북을 울려 왜놈들을 경황케한 다음에 류창한 일본말로 목청을 가다듬고 환화한다.

"일본군내의 사병형제들이여! 자본가를 위해 목숨을 바치지 말라!"

"당신들의 부모처자는 당신들이 살아서 돌아올 것을 고대하고 있다!"

"침략전쟁에 목숨을 바치는 것은 수치다!"

"우리는 당신들의 투항을 환영하며 보호한다!"

벵끼
페인트(paint).

노나주며
나누어 주며.

굼줄였던
굶주렸던.

발로군
'팔로군'의 오기로 보임.

"장관의 훈장엔 사병들의 무수한 백골이 달려있다는 진리를
깨달으라!"

캄캄한 야밤. 고요한 전야에 울려 퍼지는 류창한 일어의 환화
는 유난히도 멀리 메아리쳐 나갔다. 때로는 위문 오락회라고 이름
지여 그들이 즐기는 '황성의 달', '고향'등 향수의 정이 끓어 넘치
는 처량한 일본 노래도 빠이오린 독주나 독창으로 들여주곤 하
였다. 이런 때 적들은 꼼짝도 않고 듣고만 있다. 선전이 끝나면
삐라를 넘겨주고 돌아오는 것이다.

적들은 조선의용군의 환화선전을 밤의 안식을 교란한다고 하
여 '빈대'라고 하며 겉으로는● 비웃는 듯하였으나 적의 시체에서
감추었던 삐라가 발견돼 나오는 것으로 봐서 그들의 령혼을 뒤흔
들어 놓은 것만은 사실이였다.

그날의 선전활동이 끝나면 다시 7~8리 길을 걸어 근거지 마을
로 돌아온다. 마을에 들어서면 먼저 취침나팔을 불어 그곳에서
자는 것으로 가장해놓고 다시 10여 리 길을 걸어 다른 근거지 마
을로 가서 자고, 아침에는 또 일찍 이러나 다시 다른 마을로 가서
기상나팔을 불곤 하였는데 이는 적들이 부대의 행동과 수효를
알 수 없게 하기 위해서였다. 그러니 하루에 잠을 많이 잔다고 해
야 겨우 네댓 시간 밖에 안 되였다. 그나마 총을 안고 등걸잠을 자
기가 일수였다.

*

그들은 이렇게 약 1개월간 활동하고 10일에 남좌에서 서북쪽

십오 리가량 되는 곳, 선옹채仙翁寨에 이르렀다. 이튿날 아침, 방금 식사를 시작하였는데 산마루 보초선에서 총소리의 신호가 울렸다. 적정이다! 뒤이어 적의 박격포탄이 마을에 떨어져 작렬하는 요란한 소리가 울려왔다. 그들은 먹던 아침 식사를 걷어치우고 순식간에 산마루로 뛰여올라가 봉오리를 점령하였다. 다가오는 적을 맞받아 반격하자는 데서였다. 적들은 산 아래 모퉁이에서 기세 사납게 달려들었다.

"적을 한 놈도 마을에 들여놓지 말자!" 하는 생각은 매개 전사들의 가슴에 사겨져 있었다. 촌민들은 민병들의 엄호하에 남녀로소 할 것 없이 뿔뿔이 헤져 미리 마련된 장소로 피란하였다. 격전은 한 시간 남짓이 지속되다가 불리한 지형에서 발악하던 적들은 상망자●가 생기자 진공의 생각을 버리고 퇴각하고 말았다. 선옹채는 적의 진공에서 구원되었다. 전사들은 의용군이나 팔로군이나 할 것 없이 기뻐 날뛰였으며 촌민들도 환희 고무되어 서로 만나 부둥켜안고 어쩔 바를 몰라 하였다.

그 이튿날은 12월 12일이다. 장학량張學良과 양호성 장군이 발동한 서안사변 기념일로서 장개석이 내전을 중지하고 항일구국의 항일민족통일전선의 요구를 접수하여 제2차 국공합작을 실현한 기념할 만한 날이다. 이날을 리용하여 원씨현에서는 호가장에서 군중대회를 열기로 결정되어 있었다. 간부와 군중의 항일신심을 북돋아주며 민병조직건설을 강화하고 조선의용군의 배합작전을 환영하는 등의 목적에서였다. 팔로군은 선옹채에 남아서 승리한 전쟁터의 뒤수습을 하고 조선의용군은 호가장에서 열리는

상망자
사망자.

군중대회에도 참가하고 경비임무도 담당하게 되여 있어 12일 아침 서로 호가장에서 만나기로 하고 의용군은 호가장으로 향하였다.

*

원씨현 성에서 서북방 50~60리 되는 곳, 화북평원이 끝나고 태항산맥으로 들어서는 첫 동네, 이곳이 호가장이며 항일유격근 거지이다. 마을의 북쪽과 동서쪽으로는 산이 둘러앉았고 남쪽으로는 지세가 평퍼져 넓은 화북평원과 잇대여 있다. 인가는 200호가 되나마나한 그닥 크지 않은 마을인데 집들은 모두 토담집이며 지붕은 평평하게 하고 찰흙을 바른 전형적인 평원지구의 한족식 농가들이다. 어느 집이나 할 것 없이 사다리를 마련해 놓고 지붕으로 오르내리는데 여름이면 선선해서 날씨가 좋은 날에는 침실로 리용되고 가을이면 그 우에 곡식, 고구마, 감, 대추 같은 것들을 올려다 말리기도 하고 강냉이, 수수 같은 것은 이삭채로 그냥 차곡차곡 장여놓기도 하는 창고로도 리용되는 것이다. 호가장은 적구와 접경하고 있는 태항산 항일 근거지의 최전선이므로 마을 남쪽 2~3키로메터를 사이에 두고 일군의 거점이 있어 마을 어구에 나서면 왜놈들의 또치카가 바라보인다.

이날 그들은 한 백성의 큼직한 집을 얻어 모두 한데 모여 휴식하게 되였다. 한 달 만에 처음으로 편안한 잠을 잘 수 있게 된 것이다. 직일분대장인 조렬광은 그날 저녁 보초를 고르느라고 전사들의 얼굴을 살펴보고 있었다.

한 달 동안의 긴장한 투쟁 속에서 모두들 두 눈확이 푹 꺼지고 수척해졌으며 환화수였던 최계원의 입술은 진물러 터져 딱지가 말라붙어 있었다. 전사들도 근거지에 도착하였다는 안도감에서 긴장감이 풀렸던 것이다, 사실 그동안 대원들의 얼굴마저 찬찬히 살펴보지 못한 자신을 생각할 때 어떻지 임무를 다하지 못한 것 같은 자아가책에 빠져 그는 결심을 내리고 입을 열었다.

"오늘 저녁 보초는 내가 서겠으니 어서들 쉬시오!"

말이 떨어지기 바쁘게 피곤에 잠겼던 대원들의 얼굴은 일시에 환해지며 꺼졌던 불을 다시 지펴 놓은 듯, 두 눈들에서는 환한 불꽃을 풍기며 "안 됩니다. 제가 서지요.", "제가 서지요." 하고들 나서는 바람에 장래는 떠들석해졌다. 이것을 옆에서 보고 있던 김세광 대장은 엄숙한 어조로 말을 띠었다.

"대원들의 의견이 옳소. 분대장은 저녁에 사업 토의도 있고 하니 대원을 세우시오."

"대장 동무 보십시오! 내 몸이 얼마나 튼튼한가. 키가 좀 작은 게 험이지만 오동통한 게 몇일식 안 자는 것쯤은 식은 죽 먹기죠. 보십시요. 준비도 다 되었습니다."

평시에 약삭빠르고 민첩한 데서 다람쥐라고 사랑스럽게 불리우던 고상철이였다. 그는 어느 사이에 준비까지 다 해가지고 김세광 대장과 조렬광 분대장 두 사이에 서서 두 사람의 눈치를 번갈어보며 하는 말이다.

"고추는 작아도 맵다구, 임무를 감당할 만합니다."

김 대장이 고개를 끄덕이자 조분대장도 허락했다.

"임무를 꼭 잘 완수하겠습니다."

"다람쥐가 약삭빠르기는! 나 같은 느렁뱅이는 어쩔 사이도 없네, 흥! 흥!……" 하며 코노래를 부르는 것은 천하태평 락천가인 한청도였다. 고상철은 그에게 혀를 빼물며 아웅을 해보이고 나가는 바람에 모두들 웃음보를 터틀었다.

"두고 보지! 게름뱅이도 공을 세울 때가 있어!"

모두들 옷을 벗어 정리해놓고 잠자리에 눕는다. 한 달 동안이나 옷은 고사하고 신과 각반도 풀어보지 못하고 총가목을 품에 안고 자는 새우잠마저 하루에 네닷 시간밖에 자지 못하였으니 옷을 훌훌 벗어버리고 이불을 펴놓고 자는 잠이란 눕자마자 온 사지가 다 풀려 녹아● 나는 듯. 세상에 이보다 좋은 짓이 어데 또 있으랴만 싶었다. 여기저기서 코고는 소리가 이러나더니 얼마 안 가서 온 방안은 쥐 죽은 듯 고요한데 집웅 우에서 보초를 서고 있는 고상철의 발자욱 소리만이 가끔가끔 들여올 뿐이었다.

＊

"날이 밝았소! 어서 일어들나오!" 하는 고상철의 목소리에 모두들 눈을 떠보니 어느덧 들창은 희끄무레 해졌고 동녘의 샛별만이 아직도 푸른한 새벽하눌에서 반짝반짝 찬 빛을 뿌리고 있었다. 동지를 앞둔 한겨울의 기나긴 밤이였건만 그들에게는 그도 짧은 것만 같았다. 금방 눈을 붙인 것 같은데 이미 동이 트고 있었다.

"조곰●만 더 보초를 서 주오. 잠이 어찌나 고소한지 단 일분간이라도 말이요."

전사들은 저마다 눈을 떳다가는 다시 저도 모르게 눈들을 감미구(未久)
오래지 않아.
는다. 단 일 분이라도 더 자면 모든 피곤이 다 풀리고 몸이 날아날
듯 거뿐해질 것만 같았기 때문이었다.

고상철은 싱긋이 웃고 살몃이 밖으로 나와 지붕 우의 보초선
으로 올라갔다. 방 안은 또다시 정적 속에 잠기고 말았다.

홀연 둔탁한 기관총소리가 마을 밖으로부터 울려온다.

"적정이오! 적정이오!" 하면서 고상철이 뛰여내려와 알리고는
대부로 향하여 달려갔다. 모두들 자리를 차고 일어나 번개같이
행동하였다. 전사들은 옷을 입으면서 총과 이불 짐을 둘러메고
뜨락으로 뛰여나와 집합하였다. 벌서 김세광 대장은 전신 무장을
하고 그 옆에는 조관 통신원과 잠귀가 빠르기로 유명한 장례신이
나와 있었다.

"례신동무, 빨리 마을 북쪽으로 나가 적정을 살피고 북산고지
를 차지할 길을 정찰하시오!" 하고 명령하였다.

이런 때일수록 무엇보다도 중요한 것은 적정을 옳게 판단하는
것이다. 북산 뒤로부터는 태항산 항일로 근거지이므로 그곳만 점
령하면 전진할 수도 있고 퇴각할 수도 있으며 또 팔로군의 지원도
받을 수 있는 것이다.

대장과 분대장들은 매개 전사들의 준비공작을 검사하고 있었
다. 미구●하여 정찰 갔던 장례신이 뛰여 들어왔다.

"보고 대장 동무! 놈들은 마을을 100여 메터 사이 두고 사면으
로 포위하고 있습니다. 적 인수 300여 명, 북산 방향에도 적이 있
는데 먼 곳은 안개에 가리여 잘 분간할 수 없었습니다."

총소리는 사면팔방에서 더욱 자즈러지게 높아가고 있었다. 반포위 돌격전을 벌여야 할 판이다.

후에 안 일이지만 호가장에는 원래 위군(왕정위의 한간부대) 가족 5호가 있었는데 그들이 왜놈에게 조선의용군 무공대가 와있다는 것을 밀고하였던 것이다. 왜놈들은 수차의 경험에서 조선의용군 선전대의 존재를 의심치 않을 수 없게 되자 눈에 쌍불을 켜가지고 찾고 있던 중이었다. 전선에 끌려나와 허덕이는 수많은 조선인 군속과 그리고 고향땅에서 못 살고 강제이민으로 끌려나온 화북조선동포 20만에게 불이 달리면 어떻게 되리라는 것을 그들도 잘 알고 있기 때문이었다. 그래 정보에 접하자 씨알머리를 없애고저 경·중기관총에 박격포까지 가지고 견고히 무장한 200명의 일군과 위군 150명을 가지고 야밤에 호가장을 포위하고 날 밝기를 기다리고 있었는데, 이날 지방유격대에서 이 정보를 받고 적군을 유인하고저 호가장으로 왔던 것이다. 동틀 무렵 마을 밖에서 울려온 총소리는 바로 항일지방유격대와 접전이 벌어질 때 들여온 것이었다.

"대장 동무, 엄호 임무를 저에게 맡겨주십쇼! 2분대 동무들, 퇴각 엄호의 광명스러운 임무를 감당할만합니까?" 하고 무르니 2분대 전원은 "감당합니다!"라고 웨쳐대고는 너도나도 대장에게 "그 임무를 우리에게 맡겨 주십시오."라고 애걸하다시피 졸라댄다.

2분대장 손일봉은 평북 희천군 태생으로 중앙군관학교 광동분교 포과출신이다. 과묵침용寡默沈容한 인품인 그는 평시에는 말이 없으나 일단 결심을 내리고 입만 떼면 여간해서 그의 결심을 움직일 수 없다는 것을 다 잘 알고 있는 처지였다. 지금도 그의 얼굴은 벌겋게 상기되였고 그의 관자노리●의 피줄이 뛰고 있었다.

관자노리
관자놀이.

"명령, 본대는 북산으로 이동할 테니 제2분대는 이동 부대를 엄호할 것! 그러나 엄호대도 본대의 이동에 따라 뒤로 밧싹 따라올 것! 행동 개시!"

명령은 내렸다. 대오가 마을 북쪽으로 뛰쳐나오자 사면팔방에서 적탄이 쏟아져 내린다. 그러던 것이 문뜩 잠잠해진다. 뒤를 돌아다보니 어느새 엄호 부대가 언덕에 기여 올라가 적을 향하여 불벼락을 안기고 있었다. 본대는 이 기회를 놓치지 않고 마을을 벗어나고 있었다. 그런데 별안간 북산 중턱 감나무 밑에서 경기 한정이 불을 토하고 있는 바람에 본대는 주춤하며 포복전진으로 들어갔다. 그러나 그곳은 평펴직한 들판이였고 이미 곡식은 다 걷어들인 때이며 또 적의 포위에 빠져있는 처지인지라 포복전진을 해도 정면의 적은 피할 수 있으나 좌우측의 화력은 무시로 그들의 생명을 노리고 있었다. 바로 그때다. 큰 흙덩이 같은 것이 적의 기관총거점으로 굴러들더니 천지를 진동하는 폭음과 함께 기관총이 벙어리가 되면서 "전진하시오! 동무들!" 하는 외침과 함께 기관총을 뺏아들고 불벼락을 안기며 적진으로 돌진하는 자가 있었다. 왕현중이였다. 그는 평북 벽동군 태생이며 당년 24세이다. 일찌기 혁명 가정에서 태여난 그의 생활 자체가 투쟁이요. 성장 과정이 곧 투쟁의 력사였다. 총을 들고 나선 두 형의 뒤를 따라다니며 20평생을 이슬을 맺힌 풀숲 속이 아니면 포연탄 우, 아래 혹은 산상의 요새에서 하루도 편안한 날이 없이 지내온 투쟁 속에서 성장해 온 것이다. 그는 쟁론을 좋와했으며 그의 혁명리론은 모름직이 이 쟁론 가운데서 자기가 걸어온 투쟁 경험을 총화하여 얻어온 것이였으며, 또 그렇기 때문에 그의 리론은 곧 생에 대한 그의 신조信條이였고 실천의 지침이였으며 일단 일에 부닥치면 자기의 신조에 따라 맹호같이 돌진하는 혁명리론의 화신化身같은 존재였다. 오늘의 그의 행동도 그의 신조를 남김없이 발휘한 것이다.

*

대오는 계속 북쪽으로 철퇴하고 있었다. 그런데 적들도 이미 예측하였던 모냥으로 그곳에 무력을 더 배치하고 미친 듯이 총을 쏘아대였다. 그리하여 부대는 다시 동쪽으로 철퇴하기 시작하였다. 동쪽 산에는 산 밑에서 산중턱까지 층층이 돌담을 쌓아올린 다락밭이 있대여 있었다. 전사들은 그 돌담에 붙어서 동북쪽으로 방향을 잡고 철퇴하면서 반격하고 있었다. 그러자 마을 서쪽에 있는 적들이 미친 듯이 사격하여왔다. 적탄은 돌담에 부딪쳐 보얗게 돌가루를 날리며 모래알처럼 부서진 돌가루를 전사들의 얼굴에 휘뿌리였다. 김흥은 얼굴에 묻은 돌가루를 손으로 닦으며 "제기랄 그놈들, 까마귀 떼 같이 달려들며 뻐근하게 볶는데 숨 쉴 새도 없이 볶아대는군." 하고 빈정거리며 전진하는데 "한 알에 한 놈! 두 놈이라 요놈!!……." 하며 연상 중 념불 외우듯 중얼대면서 돌담 밑에 붙어 앉아 사격하는 것은 느름뱅이 락천가 한청도였다.
"느름뱅이도 오늘은 약삭빠른데."
지나가던 김흥이 건 농담이다.

"하, 별소리를! 란시에는 앉을뱅이도 이러선다는데 느름뱅이도 이런 때야 날지!" 하며 맞받는다.

"아직도 뒤에 처진 동무가 김학철, 박철동, 두 동무이지?"

엄호 임무를 맡은 손일봉 분대장의 목소리이다.

"저기 옵니다."

한청도의 대답이다. 총질을 하며 퇴각하는 둘의 모습이 얼뜻 얼뜻 보였다 살아졌다 한다. 그들과 상거하여 100여 메터 되는 곳에서는 왜군들도 달렸다 업드렸다 하면서 추격하고 있었다. 별안간 박격포탄이 폭발되는 요란한 소리가 나고, 포연이 살아지자 퇴각하는 그림자는 하나로 변하였다. 적들은 미친 듯이 사면팔방에서 그를 포위하며 덤벼든다. 그도 계속 사격하면서 반격하다가 일순 주춤하더니 총대를 거구로 꼰아들고 적진으로 뛰여들며 "이놈들은 내가 다 맡을 테니 동무들! 어서 전진하시오!" 웨쳐 대면서 돌진하였다. 박철동의 목소리였다. 총알이 다 떨어진 그는 온몸이 총탄이 되어 혈혈단신 적진으로 뛰여든 것이다. 당년 30세, 평북 의주군 태생이며 중앙군관학교 락양분교 출신이였다.

이 광경을 내려다보면서 엄호하던 손일봉 분대장과 한청도는 그를 놔두고 퇴각할 수는 없었다.

"돌격이다!"

손일봉은 맹호같이 울부짖으며 적진으로 뛰여들었다. 당년 29세, 락양분교 포과 출신으로 평생 소원이 산포와 야포의 방렬을 짓고 통절히 왜놈을 무찌르고 싶다는 것이 그의 소원이였다. 그는 온몸이 포탄이 되어 적진으로 뛰여든 것이다.

손 분대장의 뒤를 밧싹 따르던 한청도는 횟청하고 넘어지고 말았다. 그는 곧 다시 이러나려 했지만 이러설 수가 없었다. 다리를 부상당한 것이다. 앞에서는 복닥거리는 왜놈들과 박철동 및 손일봉의 혈전이 버려지고 있었다. 가끔 짐승 같은 왜놈의 울부짖음 속에서 "동무들! 이놈들은 내가 다 맡았소! 전진하시오! 전진!" 하는 박철동의 고함은 계속 들려오고 있었다. 그는 이러나려고 해도 다리가 부러졌고 총을 쏘자니 적아가 뒤석겨 그것도 불가능하며 수류탄을 던지자니 거리가 너무 멀었다. 그는 어쩔 바를 몰랐다. 바로 이때 "조선독립만세!"의 웨침 소리가 들여오더니 그 후로는 떠들석하는 왜놈들의 소리만이 들여올 뿐이였다. 그는 두 눈에서 쏟아져 내리는 눈물을 어찌할 수 없었다.

드디여 적들이 하나 둘씩 다가오는 것이 보이였다. 그는 입가에 쓴 웃음을 지으며 한 놈 한 놈 겨누어가면서 총질하였다. 그를 발견한 왜놈들은 무리를 지여 그에게로 달려들었다. 다시 겨누고 방아쇠를 당기였으나 총알은 나가지 않았다. 그도 총알이 떨어진 것이다. 이를 눈치 챈 왜놈들은 "생포하자!" 고래고래 웨쳐 대면서 총칼을 꼰아들고 돌진해 온다.

"손을 들라!"

"황군에게 투항하면 고향으로 보내준다."

왜놈들은 지껄여 댄다. 그는 손을 들었다.

"이러서라! 투항하는 놈이 이러서야지!"

"난 다리가 부러져 이러설 수 없다. 어서 와서 이르켜 세워라!"

그도 류창한 일본말로 대답하였다. 피를 얼마나 흘렸는지 솜

바지인데도 피에 젖은 것이 환히 알리였다.

"요시! 어서 가서 이르켜 세워!"

교활한 군관 놈은 부하에게 명령하였다. 세 놈이 한 놈은 뒤로 두 놈은 좌우로 달려들었다.

"쾅!" 하는 꽹음과 함께 모두가 하늘로 올라가고 말았다. 누가 알았으랴! 느렁뱅이 락천가 한청도는 어느 사이에 남은 수류탄을 두 소매에 거두어 넣고 도화선을 뽑아 두 손에 쥐고 있었던 것이다. 불의의 무리죽엄을 당한 왜놈들은 "조선 놈이란 천하에 지독한 놈들이야!" 살아 남은 몇 놈이 서로들 수군거리며 뒤수습을 하고 있었다. 충청도 태생인 26세의 항상 입에 웃음을 담고 있던 락천가는 이렇게 자기의 생애를 마쳤던 것이다.

　　　*

본부대는 약 1시간이나 싸우면서 포위를 헤치고 나와 호가장을 벗어난 후 두 갈래로 갈라져 계속 동쪽 포위망을 뚫으며 한 자그마한 산봉오리를 오르기 시작하였다. 그런데 뜻밖에도 그들이 점령하려는 고지에는 한 개 분대의 병력이 기관총까지 걸어 놓고 매복하고 있었다. 한 70~80메터 사이를 두고 놈들은 어찌된 영문인지 머뭇거리며 총을 쏘지 않고 있었다. 놈들은 그들이 입은 검은 군복을 보고 일시 식별하지 못하고 어리둥절해 있었던 것이다. 놈들도 습격 나올 때 팔로군 후방부대를 가장하느라고 모두 검은색 솜 군복을 입고 있었던 때문이다. 서로 눈길이 오가는 순간 제1분대장 조렬광은 번개같이 기관총을 내려놓고 사격 준비를 하였다. 이 순간 그만 적탄에 왼다리를 맞고 쓰러졌다.

"이 망할 놈들아! 눈깔이 멀었느냐! 황군이다! 황군!"

류창한 일본말이다. 대장 김세광이였다.

"지금 적들은 남쪽으로 도망치고 있다. 남쪽으로 추격하라!"

그는 계속 '명령'을 내렸다.

교활한 왜놈들은 반신반의하는 모냥으로 일부는 남쪽으로 어슬렁 어슬렁 내려가고 있었으나 일부는 연전히 진지를 고수하고 있었다. 김 대장은 기관총을 넘겨받아 가지고 소사●하려 하였으나 총이 울리지 않았다. 탄집이 적탄에 마사졌던 것이다. 탄집을 뽑아 수리하려는 순간 이미 눈치챈 적은 기관총 련발 사격을 가하였다. 그는 손목, 복부, 다리 세 곳에 관통상을 입고 쓰러졌다.

나무 한 구루 없는 야산 뜰에는 마른 풀과 자갈 같은 돌뿐이여서 은폐할 만한 곳도 없었다. 적은 이미 진지를 파놓고 있었으나 그들은 알몸둥이를 내놓고 있는 셈이다. 아직 적의 포위망도 뚫지 못하였고 고지도 점령하지 못하고 있는 것이다. 대장 김세광은 세 곳에나 중상을 입고 쓸어졌다가 몽롱한 가운데 생각이 이에 미치자 정신을 가다듬고 계속 지휘하였다.

"지형이 우리에게 매우 불리하오. 누가 조령광 동무를 업소!"

그의 명령이 떨어지자 김흥이 자기의 각반을 풀어 업고 나섰다.

"자, 출발하시요!"

"대장 동무는요?"

모두들 하기차서 하는 말이다.

"나는 근심 마오. 지혈만 되면 나도 곧 떠나겠소."

"대장 동무의 부상이 저보다 더 중하지 않습니까?"

등에 업힌 조렬광의 목 메인 소리다.

"다리뼈는 상하지 않았으니 지혈만 되면 문제없소."

"제가 떨어져서 대장 동무를 돕지요."

김평의 말이다.

"필요 없소."

그러나 참아 그를 두고 갈 수 없어 모두들 망사리였다.

"대장의 명령이요! 혁명군대가 대장의 명령을 어긴다면 끝장이요."

"어서 출발!"

그의 목소리는 단호하였다. 대오는 눈물을 머금고 다시 방향을 바꾸어 남북향 산줄기를 동서로 가로지르고 뻗어나간 다른 산봉오리를 향하여 돌진하고 있었다.

    *

대오에서 떨어졌던 장례신이 앞선 대오를 따르려고 다가오다가 김세광 대장을 발견했을 때는 이미 피를 얼마나 흘렸는지 솜옷이 피에 흥건히 저져 있었으며 어느덧 붉은 피가 돌 우에 얼어붙고 언 땅을 물들이고 있었다. 창백한 얼굴에 감긴 눈은 살아있는 것 같이도 않았다. 그는 하도 놀란 김에 엎어지다싶이 다가오니 그도 눈을 떴다. 반가운 김에 허리를 드러대며 "대장 동무 저에게 업이십시요, 제가 업고 가겠습니다."라고 하였다.

"안되오! 난 여기……" 하면서 밀어버린다.

"대장 동무 같이 가서야 합니다."

"빨리 떠나오! 이는 나의 명령이요. 이 서류 가방을 가지고 가오. 이 서류 가방이 무엇보다 중요하오. 왜놈들이 추격해 오겠소. 빨리가오!"

"안 됩니다. 살아도 같이 살고 죽어도 같이 죽어야 합니다. 저 빨리 업히십시오."

"장 동무. 이 서류가 사람보다 더 중하오. 생명보다 귀중한 것이 이 조직의 서류요. 빨리 이것을 가지고 꼭 떠나가야 하오. 어떤 일이 있더라도 이 서류만은 적의 손에 들어가서는 안 되오. 난 천천히 꼭 따라가겠소." 하면서 서류 가방과 지니었던 권총을 뽑아서 장례신에게 넘겨주었다. 주위에서는 계속 총소리가 울려온다. 대오가 동남산 고지로 돌진한지도 얼마 간 시간이 흘렀다. 이렇게 지체하다가는 더 상상도 못할 무슨 일이 돌발할지도 모를 일이다. 이렇게 생각한 그는 결심을 내리고 입을 열었다.

"대장 동무. 이 서류는 제가 꼭 가지고 포위를 뚫고 나가겠습니다. 목숨을 잃는 한이 있더라도 이 조직 서류만은……. 대장 동무, 우리는 꼭 승리할 것입니다. 꼭 살아 나오셔야 합니다."

그는 말을 마치고는 대오가 나간 방향으로 돌진하였다.

눈물이 글성글성한 그의 머리에는 이렇 것이 떠올랐다. 그는 전우들과 같이 중국의 광활한 대지를 얼마나 많이 누비고 다녔으며 또 얼마나 많은 어마어마한 산벼랑을 톱아오르곤 하였던가! 이런 어려운 고비일수록 조선의 완전독립과 해방의 빛나는 앞날을 꿈꾸며 자기를 챗찔 해오지 않았던가! 그런데 그는 지금 피못이 되여 이름도 모를 중국 야산에 쓸어져 있는 것이다. 지혈이 안 되면

죽엄이다. 또 당장이라도 적이 안다면 곧 뛰여나올 것이다. 이런 위급한 고비에서 그가 생각한 것은 자기의 생명보다도 동지들의 안전이였고 조직의 비밀이였다. 한 사람이라도 더 많은 동지들이 적의 포위를 뚫고 나가 살아남아서 혁명공작을 이어나가며 최후의 승리를 쟁취할 것을 믿어 의심치 않는 것이다! 이렇 생각이 번갈아 떠오를 적마다 속에서 뜨거운 무엇이 속구쳐 올라와 가슴이 터지는 것만 같았고 힘이 어데에서 속구치는지 단숨에 산마루까지 뛰여올랐다. 그런데 뜻밖에도 전우들은 보이지 않고 적군이 맞은편에서 기여오르고 있었다. 그는 대장이 내준 권총을 빼들고 본대가 갔으리라고 짐작되는 동남쪽 산마루를 가늠해가며 방향을 찾고 있었다. 그가 막 몸을 돌리고 있는 그 찰나에 적탄이 가슴 앞을 스치며 그의 왼팔을 뚫고 지나갔다. 팔에서는 뜨거운 피가 솜 저고리 안으로 흘러내리고 있었다. 내가 부상된 것을 적이 추격해올 것과 몸에 지니고 있는 조직의 서류를 생각하자 정신이 벗석 들고 앞으로 계속 달리였다. 그런데 뜻밖에도 앞에 깎아 지른 듯한 높은 산 벼랑이 가로막고 있었다. 참으로 진퇴량난이였다. 나는 생명보다도 더 귀중한 조직의 서류를 지니고 있지 않은가! 이름 모를 화북의 산약에서 분신쇄골이 될지연정 서류만은 결코 적의 손에 들어가게 할 수 없다! 여기까지 생각한 그는 눈을 꽉 감고 30여 메터나 되는 벼랑 꼭대기에서 뛰여내렸다. 순간 그는 정신을 잃고 말았다.

*

본대는 산마루로 올러달리고 있었다. 건너편 적진에서는 총탄

씨서
씻어.

달아
닳아.

을 퍼붓고 있어 수시로 앵앵거리며 총탄이 지나간다. 장정을 둘러
업은 체 내뛰는 김흥의 목표는 유난히도 두둘어져 보인다. 김흥은
강파로운 제전 둑을 톱아오르다 신 한 짝이 벗겨져 아래로 굴러
떨어지고 말았다. 다시 내려가 주어올수도 없다. 그는 맨발 채로
내달린다. 얼마나 달렸는지 발바닥에 불이 달린 것처럼 뜨거워나
고 아퍼나는 바람에 내려다보니 온 발이 피투성이가 되어있었다.
제전에 있는 자갈돌에 걸키우고 모래밭에 부딪끼여 발 가죽이 벗
겨진 것이다. 적의 총탄은 계속 날라와 앵앵 울면서 지나간다. 그
는 이를 부득부득 갈면서 산마루로 올려 달린다. 전우들은 미구
하여 산마루에 선후하여 기여올랐다. 이곳은 좀 아늣하였으며 너
머편 쪽 마을은 항일 근거지이다. 끝내 적의 포위망은 완전히 돌
파된 것이다. 모두들 털석털석 주저앉아 가뿐 숨을 몰아쉬고 있는
데 부상자를 업은 김흥은 산마루에 오르자마자 정신을 잃고 쓸
어지고 말았다. 모두들 그에게로 다가가 부상자를 내린다, 땀을
씨서● 준다 하는데 김흥도 정신을 차리고 눈을 떳다. 그의 발바닥
을 보니 발바닥 가죽이 벗겨지고 찍기우고 달아● 떨어져 군대 군
대 뼈가 다 내놓여 있었다. 이를 보던 대원들의 눈에는 모두들 이
슬이 맺어지더니 그들의 양 볼로는 눈물이 흘러내렸다.

　　　*

　　시간이 얼마나 흘렀는지 혼미상태에서 깨어난 장례신은 사위
를 돌아보았다. 그의 몸은 산벼랑 중턱 나무그루에 걸어 있었다.
총소리는 이미 머졌고 사방은 쥐 죽은 듯 고요하다. 기를 쓰며 덤

열아문
여남은.

벼들던 적들은 증원 온 팔로군의 포위에 빠져 허둥지둥 도망가
고 만 것이었다. 그제야 얼마 전에 생겼던 모든 것이 삼삼히 떠오
른다. 그는 가까스로 몸을 이르켜 문서 가방을 찾았다. 가방은 어
깨에 그대로 있었고 손에든 권총도 그대로였다. 그는 벼랑을 기
여 남쪽 산마루로 향하였다. 산마루에 도착하니 대원들은 거이
다 모여 있었다. 김세광 대장도 와 있었다. 모두 13명인데 그중에
부상자가 넷, 아직 도착하지 못한 사람이 5명이였다. 그들이 차지
한 고지는 호가장에서 약 3키로메터 떨어진 동남쪽의 한 자그마
한 산등성이인데 아직 도착하지 못한 전우들을 기다리고 있었다.
전사들의 마음은 묵어워났다. 그들은 희생되였을지도 모르지 말
이다. 그들은 낮으막한 산, 아늑한 마을, 앞으로 흐르는 맑은 시내
물, 이런 고향의 경치와는 대조적인 하늘과 땅이 맞붙은 허허벌
판 화북평원과 웅장한 자연풍경에 눌려 떨고 있는 것 같은 산 아
래 석냥곽을 엎어놓은 것 같은 토담집, 평평한 찰흙집웅을 내려
다보고 있었다. 아무도 말이 없었다.

*

문듯 산봉오리 너머에서 인기척이 나는 바람에 다시 긴장해졌
다. 자세히 보니 역시 검은 옷을 입었는데 열아문● 사람은 잘 되
여 보인다. 그런데 이상한 것은 누구도 무기는 없고 옆에 바구니
같을 끼고 있었다. 가까히 다가온 것을 보니 30 안밖의 한 청년과
열아문 되는 아이들이였는데 옆에 낀 싸리 바구니에는 이 고장의
명산인 대추와 곳감이 가득 들어 있었다. 청년은 소학교 선생이고

화북 평원 지역을 지나는 부대

아이들은 학생이었다. 그들은 뒤산 밑 항일 근거지에서 온 것이다.

"우리는 반소탕전이 벌어질 줄 알고 이 고지를 위문하려 왔습니다. 여기는 늘 싸움이 벌어지기에 총소리만 들어도 유격대와 팔로군이 어디 있는지를 알지요."

선생은 이렇게 말하더니, "자, 우리가 가져온 대추와 곶감을 자시고 힘을 내여 왜놈들을 족쳐주십시오." 하고 덧붙이였다. 학생들은 바구니에서 대추와 곶감을 두 손으로 듬뿍 쥐여서 전사들에게 나누어주었다. 피를 흘리며 누워있던 부상병, 고지를 지키고 있던 전우……. 모두의 눈에서는 어린아이들의 작은 손에 담긴 대추와 곶감을 보자 뜨거운 눈물이 양볼을 타고 흘러내린다.

호가장전투에서 희생된 전우의 무덤가에서 슬픔에 잠겨 있는 의용군

어느덧 해는 중천에 걸리고 아침부터 초연을 휘감으며 산과 들을 핥고 있던 삭풍도 기세를 멈추었다. 대오는 뒤떨어진 전우 아니 희생되었을지도 모르는 5명의 전우를 찾아 서서히 산을 내리고 있었다.

        *

1945년 9월 초순 어느 날. 조국을 향하여 동북으로 진군하는 조선의용군의 한 개 대렬, 300여 명이 호가장 뒤마을, 그리 높지 않은 황북평이라 불리우는 잿등 우에 이곳에서는 볼 수 없는 쪽박을 엎어놓은 것 같은 조선식 무덤 넷이 나란히 앉아있는 그 앞에서 숙연히 묵도를 올리고 있었다. 그 무덤들이 바로 당년에 전투에서 희생된 네 전우. 손일봉, 박철동, 량현준, 한청도 등 선렬의

저애(沮礙)
일이나 행동을 방해하여 잘 진
행되지 못하게 함. 조애(阻礙).

무덤이다. 묘지는 앞쪽이 훤히 틔이고 량쪽으로 옅은 산줄기가
내달린 포근한 자리에 동북을 향하여 멀리 조선의 하늘을 바라
보고 있었다.

묵도를 올리고 있는 그들의 감은 눈에는 적의 기관총을 탈환
하여 부둥켜안고 불벼락을 퍼부으며 적전으로 돌진하는 용사들
의 모습이 얼른거린다. 그들의 귀에는 고래고래 지르는 우렁찬 목
소리가 들려온다. 그들은 당년 싸움에 직접 참가하였거나 또 이
야기, 연극 등을 통하여 당년의 정황을 잘 알고 있는 터이였다. 그
들은 살아서 오늘의 승리를 환희하며 더욱 큰 승리를 쟁취하기
위해 오매에도 그리던 조국으로 진군하는데 그네들은 이 이국 강
산에 영원히 잠들었구나……. 생각이 이에 미치자 그들 매전사들
의 두 눈에서 쏟아져 내리는 눈물을 어찌할 수 없었다. 그들의 귀
에는 추도곡이 계속 들려온다.

"……다 못가고…… 쓰러진…맹세하노니…… 불멸의 령혼."

드디어 묵도도 끝났다. 그렇다! 그대들의 불타오르던 혁명 열정
은 후대들의 심장에 혁명의 불씨를 심어 불타오르게 할 것이며, 그
불씨들은 또 불씨를 심고하여 조선의 완전독립과 해방을 저애●
하는 온갖 반동파를 불태워버리고야 말 것이다. 오! 불멸의 영혼!

　　　*

호가장 뒤마을 화북평 잿길은 태행산 근거지에서 석가장, 북
경 등으로 통하는 주요한 길이다. 그러므로 북경으로 래왕하는
조선의용군, 동지들 또는 이 전적을 아는 중국 동지들이 이 길을

지날 때마다 무덤 앞에 머물러 벌초도 하고 꽃도 던지더라는 것이다. 촌민들이 군중대회를 열고 조중 두 나라 두 민족의 우람찬 해방 전사인 이 국제벗들의 혁명 기념비를 세우기로 결의한지 이미 오래나 일군의 드나듦이 빈번하여 지금까지 실현하지 못하였는데 이제부터는 마음 놓고 치성하게 되었노라고 촌장은 소개하였다.

*

당시 행방불명이 됐던 김학철은 당년 전투에서 엄호임무를 맡고 반격하면서 퇴각하고 있었다. 그런데 불시에 적의 총탄이 허벅다리를 관통하는 바람에 그 자리에 쓰러지고 말았다. 다시 정신을 차렸을 적에는 전우들은 보이지 않고 앞에서는 적들이 벌떼모냥 다가오고 있었다. 옆에 있는 돌무지를 발견한 그는 간신히 그 옆으로 기여가 그를 엄폐물로 삼아 다가오는 적을 하나하나 겨누어가며 사격하고 있었다. 한 방의 한 놈식…… 그는 고도의 긴장과 복수의 통쾌감으로 하여 부상당한 다리의 아픔마저 잊고 있었다. 그런데 별안간 박격포탄이 터지는 꿍음과 함께 둔탁한 무엇이 뒷덜미를 치는 것 같은 충격과 같이 두 번째로 정신을 잃고 말았다.

어렴풋한 속에 들여오는 소음이 일본말임을 확인하자 정신이 번쩍 들며 눈을 떠보니 이미 일군의 단가에 실려 일군 후방으로 후송되는 도중이였다.

적들은 백방으로 고문하였으나 별다른 정보를 얻지 못하니 무

가쳐
갇혀.

것기로
걷기로.

가리다싶이
가리다시피.

송엽장(松葉杖)
쌍지팡이.

밤람
바람.

기도형으로 언도되어 일본으로 후송되어 호꾸오까福岡감옥에 가쳐● 있다가 일제의 무조건 투항과 함께 그도 해방되어 나왔다. 그러나 부상당한 다리를 제때에 치료받지 못하여 한 다리를 잘리운 불구자로 되고 말았다.

*

서북풍이 휘몰아치는 소한小寒을 앞둔 어느 날 나는 시내로 가볼 급한 일이 있어 옷을 단단히 입고 버스 정류소로 달리였다. 내가 이곳에 이르자 공교롭게도 뻐스는 금방 떠난 뒤였다. 다음 차를 기다리자면 20분은 단단히 걸릴 것이며 그리 멀지도 않은 거리이기에 것기로● 하였다. 다행 바람을 지고 가는 걸음이라 어렵지 않게 공원 다리에 올라섰다.

그런데 맞은편에서 여름 모자를 눌러 쓰고 마스크로 두 눈만 내놓고, 온 얼굴을 가리다싶이● 한, 의복마저 여름 옷차림을 한 사람이 송엽장●을 집고서 걸어오고 있었다. 길가 상점들의 유리창도 새뽀얗게 얼어붙고 휘몰아치는 서북풍에 전선줄만이 울부짖고 있는데 거리에는 행인조차 없고 초만원을 이룬 뻐스들만이 그 둔한 몸집을 뒷뚱거리고 지나갈 뿐, 온 거리는 얼어붙어 추위에 떨고 있는 상만 싶었다. 그 사람은 방금이라도 서북풍에 휘말려 쓰러질 것만 같았다. 점점 거리가 단축됨에 따라 그의 모습이 똑똑히 알리였다. 두 송엽장으로 언 땅을 두두리는 절주 있는 소리, 대지를 벗디디고 서 있는 한 다리. 꼭꼭한 그의 몸채, 밤람●에 휘날리는 것은 그의 옷자락일 뿐, 주위의 소란과는 대조적인 그의 름름한 자태……. 먼 곳에서 보기와는 딴판이였다. 난가 그가 김학철임을 인차 알았다.

"이렇 날씨에 어데를 가십니까?"

"아, 고철 선생이구만. 나의 체육활동. 이는 나의 유일한 운동 이니깐?"

"그런데 이렇게 입어서 춥지 않아요?"

"집을 나설 땐 좀 선선하지만 공원엘 갔다 오면 땀이 난다니 까."

"그런데 금년 년세는 어떻게 되셨나요?"

"허, 내 나이? 고희古稀도 넘어 일년이야."

"그래, 지금도 작품을 쓰십니까?"

"그럼, 그건 나의 전우들이 나에게 맡긴 임무니까. 한 두어 달만 지나면 80만 자짜리를 탈고할 테야!" 하면서 나를 쳐다보았다. 그의 빛나는 두 눈에서는 강한 의지와 끓어 넘치는 정렬의 불빛만이 보일 뿐, 칠순이 넘은 로인의 자태도, 한 다리를 잃은 불구자의 흔적도, 지난날의 생활에서 받은 그의 풍파의 자욱도 찾아볼 수 없었다.

우리는 갈라졌다. 나의 등 뒤에서는 또 다시 송엽장이 언 대지를 두둘기는 절주 있는 소리가 들여온다.

"뚜벅! 뚜벅!……"

뒤를 돌아다보니 서북풍은 계속 휘몰아치며 울부짖어 그의 옷자락은 휘날리지만 그는 아우성치는 서북풍을 맞받아 헤가르며 꼿꼿이 걸어가고 있었다.

전우의 무덤을 떠나 조국으로 돌아가는 길

"뚜벅! 뚜벅!⋯⋯"

＊

호가장전투가 있은 다음 날로 촌민의 손으로 한간을 붙들여 왔고, 후의 일이지만 2번 전투에 참가하였던 일군 한명도 포로 되여 당시 일군의 손실이 소상히 드러났는데 일군 사사 18명, 중경상 32명이었다. 팔로군 총사령부에서는 동방혁명이란 전략적 각도에서 2번 전투가 검토되었다. 군중 조건으로 봐서 적구가 가까워질수록 일제의 민족리간정책이 심하여 조선인에 대한 불리한 조건이 증가되며 적의 정책각도로 봐서 일제는 대량의 조선인 강제병을 끌여들였으므로 조선의용군을 무엇보다도 적대시하는 조건 등을 고려하여 금후로는 의용군 단독으로 된 무장충돌을 피면하기 위하여 한어도 능하고 경험이 풍부한 로동지들은 직접 팔로군이나 신사군에 편입시켜 단련시키기로 하고 조건이 부족한 전우들은 안전한 후방에서 군사정치간부학교를 꾸려 앞으로의 조선혁명간부 양성에 중점을 두기로 하였으니 이면에서도 호가장전투는 큰 의의가 있는 것이다.

1986. 1. 高哲.

기동冀東지구

　산해관으로부터 천진, 북경으로 통하는 이 철도는 중국관내로 통하는 유일한 륙상 통로로서 중국을 침략한 일본제국주의자들의 '목구멍'이라 할 수 있었다. 일제 놈들은 이 길을 통하여 침화병력을 끌어들이고 또 이 길을 통하여 중국 내지의 재부를 략탈해 갔던 것이다. 하여 당산을 중심으로 한 기동지구는 전략상으로나 전술상으로 보아 자고로도 유명한 요지였지만 동북 3성이 이미 일제 놈들의 식민지로 전락된 이 시기에 와서는 더구나 그러했다. 또한 이 지구는 일제 놈들의 침화세력과 중국공산당이 령도하는 항일력량과의 투쟁의 전초기지였다.

　1937년 7.7 사변 후 이곳에서 일어난 군중들의 자발적 봉기운동은 지방 당조직의 령도하에 재빨리 발전하였다. 1938년에는 조각장, 개란 탄광을 중심으로 일어난 로동자 무장은 이미 3천여 명으로 장성하여 기동항일련군 특무대대가 조직되였고 그의 고무하에 농민들의 반제투쟁도 크게 일어나 당년 7월 20일까지 전 기동 22개 현에서 20만이 참가한 대봉기가 폭발되였는 바, 그야말로 항일의 봉화가 세차게 타올랐다.

　38년 8월에는 이 지구 각 곳의 봉기부대와 팔로군 등송종대(등화, 송시륜 동지가 령도하는 종대)가 련합하여 기찰렬료 군구를 성립하고 그 산하 4개 군분구의 통일적인 군사지휘부를 성립하였으며 반가욕을 중심으로 한 풍란천 근거지가 건립되어 항일투쟁은 더욱 더 조직적이고도 본격적인 단계에로 진입하였다. 그리하여 팔로군은 지방유격대와 서로 배합하여 적의 거점을 까부시고 당산시에까지 쳐들어가 적의 군사시설들을 파괴하곤 하였다.

1941년 1월부터 일제놈들은 기동항일 근거지를 소멸할 예산으로 대량의 병력을 집중하여 '대소탕'을 감행하면서 '반가욕 대참안' 같은 흉악무도한 살인비극을 빚어냈으나 이곳 인민들은 당의 령도하에 '복수단'을 조직하여 도처에서 '토벌대'를 타격하였다. 1943년 3월, 중공 북방분국에서는 5년간의 항일경험을 총화하여 기동지구의 사업 임무와 방침을 결정하고 중국공산당 기동특별위원회를 성립하여 항일투쟁을 더욱 더 힘차게 밀고 나갔다.

망망한 항일유격전의 대해에 빠진 일제 놈들은 '북녕철도'의 안전을 보장하기 위해 철도연선 좌우 50메터되는 곳에 있는 초목은 죄다 채벌해 버리고 농사도 짓지 못하게 하여 반반한 공지로 남겨두었다. 뿐만 아니라 적들은 그곳에 또 W자형의 전호를 파놓았고 철도 좌우측 20리 어간에 있는 마을을 애로촌으로 명명하여 그곳에 사는 백성들에게는 사진과 지장이 찍힌 '애로촌민증'을 발급하여 장악하고 이른바 '철통 방위선'이라 불러댔던 것이다.

한편 1941년 초, 태항산 항일 근거지의 화북조선청년련합회(조선독립동맹의 전신)는 회의를 열고 그곳에 있던 화북조선청년련합회와 1938년 10월에 무한에서 성립된 조선의용대의 련합 문제가 결의되었다. 미구하여 박효삼, 왕자인이 인솔하는 조선의용대가 태항산 근거지에 선후로 도착하자 당의 령도는 강화되고 투쟁 강령도 한층 명확히 되어 사업도 더욱 활기를 띠게 되었다.

그때 기동일대에는 왜놈들에게 강제로 끌려온 조선 이민들과 조선 병사들이 매우 많았다. 하기에 그들을 항일의 길로 인도하는 사업이 활발히 전개되였는 바 기동지구는 전략상으로나 조선인 집거 정황 등으로 보아도 중요한 지구의 하나였다. 그리하여 1941년 겨울부터 주연, 리대성 등 골간이 기동으로 파견되고 진국화, 조광도 등 9명은 평진지구에 파견되어 팔로군 기동군구산하 각 퇀의 사업을 협조하면서 광범한 조선 열혈 청년들을 항일투쟁으로 이끌었다. 중국공산당 기동특위의 직접적인 협조, 특히 당시 특위의 주요간부였던 주언(본명은 김성호, 또 일명 주문빈), 14군분구 사령원 리운창 등 동지의 구체방조하에 화북조선청년련합회 기동분맹사업은 더욱 활기를 띠게 되었다.

당시 끝없이 확대되는 전선 때문에 인력과 물력이 딸리고 있던 일제 놈들은 국민당 부총재였던 왕정위를 위수로 한 한간 세력이 나오자 그들을 괴뢰로 내세워 '화북자치'를 떠벌리면서 이곳에 산업을 개발하는 한편 한간 세력으로 날로 세차게 타 번지는 항일의 불길을 꺼보려고 망녕되게 시도했다. 이런 취지하에 세워진 회사가 바로 화북간업주식회사이며 그들이 개척한 농장이 바로 백각장 농장, 로태 농장이였다. 아울러 창례 농장과 같은 대지주나 자본가가 경영하는 농장도 이런 방향으로 이끌려고 시도했다. 이런 농장들에게는 또 조선 청년들이 많이 집중되어 있었기에 자연

히 조선의용군 제1지대(기동지대, 일면 선견지대)의 좋은 활동 무대
로 되었다.

났다는
낫다는.

혁명에 참가

당시 백각장 농장에서 일하다가 의용군에 참가한 오기일 동지
의 회상을 들어보면 실지 공작이 어떻게 고묘하고도 자연스럽게
전개되었는가를 잘 알 수 있다.

"그 당시 정황 말이요?"

우리의 물음에 오기일은 사색을 더듬다가 이음하며 뒤말을 잇
는 것이었다.

난 동북에서 어떻게 하면 살아볼까 하고 목단강 산판으로 가
봤더랬소. 그런데 거기도 수지가 맞지 않더구만. 그런데 그곳에서
최용건 장군의 조카 최학순을 만날 줄 누가 알았겠소. 그의 말에
의하면 화북에 가면 돈벌이가 났다는● 것이 아니겠소. 그래서 난
그와 함께 북경으로 왔지. 그런데 뜬소문뿐이였지. 직업을 얻기란
여간만 힘겨운 일이 아니었더랬소. 그러던 중 1943년 2월에 나와
최학순 등 4명이 '산업전사'라는 명목하에 백각장 농장으로 끌리
워갔더랬소. 농장에 도착하니 벌써 나처럼 끌려온 청년들이 많더
군. 하루는 농장 대피인이 로동자를 모아놓고 한바탕 훈시를 하
는 것이였소. 물론 그자의 옆에는 경찰과 경비대 놈들이 수해 있
었더랬소. 그자의 말에 의하면 농장 동쪽 제방 밖에 '잠사하'라는
강이 있는데 그 강만 건너 서면 공비가 우글거리고 그 가운데는

또 조선 놈도 있다면서 절대 강동으로 가면 안 된다는 것이었소. 그리고 지금부터 가을 탈곡할 때까지 먹을 식량과 종자를 꾸어주니 령수증에 본인과 보증인의 도장을 찍어야 한다는 것이었소. 듣고 있던 군중들이 처음 듣는 소식에 서로들 수군대니까 그자는 조용들 하라면서 우리 농장에는 경비대와 경찰이 있고 또 황군이 우리를 지지하니까 절대 안심하라는 것이 아니겠소. 그리고 혹시 강동에서 잠입하는 놈을 발견하면 즉시 경찰서에 보고만 하면 된다는 것이었소. 난 숙사로 돌아오면서 '젠장 농사를 지어먹을 바에야 하필 이런 두 총부리 앞에서 할 게 뭐람' 하고 생각했더랬소. 그런데 최학순의 눈치를 보니까 그는 무등 기뻐하더란 말이요. 아니나 다를가 며칠 후에 최학순은 끝내 도망치고 말았더랬소. 나는 그의 부친 최홍도를 보고 좀 섭섭한 말을 했더랬소. 그러니까 최홍도는 나를 위안해 주고 나서 이렇게 말하지 않겠소?

"무슨 영문인지 모를 일이야. 제 애비에게도 간다온다 말이 없이 없어졌구만."

"하동 팔로군한테 붙잡혀가지 않았을가요? 감쪽같이 없어졌으니까 말입니다."

내가 이렇게 말하니까 "쓸데없는 소리! 하동에 간 일도 없는데." 하고 최홍도는 딱 잡아떼는 것이었소.

"거기야 조선의용군도 있다구 했어요. 거길 갔으면 날 데리러 올 터인데."

내가 혼자말처럼 중얼거리니까 최홍도는 짐짓 두 눈이 데꾼해지더구만.

"이 사람! 아무 말이나 함부로 하지 말라구! 데리러 오면 그래 자네가 그곳으로 따라 가겠나?"

"망국노 신세에 돈 벌어 잘 살아보겠다는 것은 망상이지요. 차라리 속 시원히 무기를 들고 왜놈과 싸움이나 해봤으면 해요."

"이 사람, 다시는 그런 말을 입 밖에 내지도 말게! 함부로 하는 말이 아니야."

최홍도는 말을 그렇게 했으나 더욱 친절히 나를 대해주는 게 아니겠소.

그해 늦가을이었다고 생각되는데 어느 날 아침 최홍도가 평시처럼 나를 찾아와 이말 저말 묻다가 새 소식을 들려주더구만.

"이곳도 만주와 마찬가지로 왜놈의 압제가 더욱 가심해질 모양이네. 오늘 3부락으로 무기를 한 수레나 실어온다더군. 뭐 자위대를 무장시킨다나?"

"그게 정말이에요? 그걸 몽땅 빼앗아 가지고 도망쳤으면 좋겠네."

"자네 그런 생각이 있으면야 하동에 가서 의용군이나 팔로군에게 보고하면 꼭 성공되지! 그러나 발각되지 않게 각별히 주의해야 하고 만약 발견된다면 강동으로 도망쳐 갈 결심이 있어야 하네."

최홍도는 제법 충동까지 하는 것이었소. 홀몸으로 지내던 나는 아무 근심도 없으므로 그날로 동둑을 넘어 키가 넘는 갈밭을 지나 강을 헤엄쳐 건넜더랬소. 난 그길로 유격대를 만나 조선의용군에게 이 소식을 전해달라고 부탁했더랬소. 난 팔로군의 권고대로 그곳에서 어둡기를 기다렸다가 다시 건너오고 말았지. 그랬더니 아니나 다를가 보고를 받은 조선의용군은 팔로군 13퇀과 배합하여 백각장 농장 중심 부락에서 제3부락으로 통하는 길에 매복했더랬소. 시간이 지나자 술을 처먹은 농장 경비대의 왜놈 넷이 손수레에 앉아 혀 꼬부라진 류행가를 불러대며 다가오는 것이였소. 매복권내에 들어오자 의용군 한 개 소조가 량편 논에서 뛰여나와 왜놈들을 처단해 버리고 경기 1정, 보총 7자루를 로획한 후 엄호 임무를 맡고 있던 팔로군 한 개 분대와 같이 강동으로 돌아가고 말았지.

이 일이 있은 후인 43년 2월 초순 어느 날 저녁이였소. 낯모를 사람 둘이 나를 찾아와 조용히 만나자는 것이였소. 그들의 태도는 여간만 친절하지 않더군. 나는 좀 긴장해서 그들을 따라갔더니 한 사람은 마을 쪽의 동정을 살피고 다른 한 사람은 나에게 말을 건네는 것이었소.

"우리는 조선의용군인데 작년에 왜놈들의 무기 운반 정보를 전해 줘 감사합니다."

그는 나의 손을 잡고 힘 있게 악수를 하는 것이었소. 나는 조선의용군을 처음 보는지라 가슴은 흥분으로 널뛰듯 했더랬소. 뒤이어 그 사람이 자기를 소개하는 것이 아니겠소.

"동무도 들었는지 모르지만 내가 바로 리대성이란 사람이오."

그 소리에 나는 깜짝 놀라고 말았더랬소. 정말이지 귀 익은 이름이였더랬소. 그때 항간에는 리대성이란 조선의용군의 령도자가 백각장 농장을 제집 드나들듯 한다는 소문이 자자했더랬소. 그런 사람이 지금 내 앞에 서있으니 왜 놀라지 않을 수가 있겠소. 그는 현 정세를 설명하고 의용군에 참가할 의향이 없는가고 묻지 않겠소. 나는 너무나도 기뻐서 선뜻 응낙하고 헤여졌더랬소.

그로부터 나흘 후 내가 준비를 해가지고 강동으로 가보니 리대성을 포함한 다가 수십 명이 연도에 나와 기다리다가 나를 환영하는 것이였소. 그 속에 최학순도 있었는데 나를 보자마자 뛰여나와 나를 부둥켜안고 껑충껑충 뛰는 것이였소.

"먼저 와서 미안하네. 오 동무도 조만간에 올 줄 알고 아무 말도 못 하고 온 거야! 노여워 말어. 그 바람에 공까지 세우지 않았나!"

후에 안 일이지만 최학순의 부친 최홍도는 백각장 농장에 파견된 조선의용군의 비밀련락원이였더랬소. 정말이지 난 나는 부지중 공은 세우고 혁명에 참가한 게 아니겠소.

오기일의 한 단락 회상은 여기에서 끝났다.

기열료분맹

　'산업전사'의 이름을 내걸고 진행된 왜놈들의 강제징용과 '지원병'의 명목으로 동원된 왜놈들의 '강제병'을 반대하여 날이 갈수록 팔로군이나 조선의용군에 찾아오는 조선 청년들이 많아졌다. 이러한 조선 청년들의 애국운동을 더욱 잘 조직 령도하기 위하여 1943년 9월 13일, 산해관에서 멀지않은 하북성 창려현 철남에 있는 항일유격구의 자그마한 마을 농가에서 화북조선독립동맹 기렬료분맹(后에 기동분맹으로 개칭), 조선의용군 제1지대(后에 조선의용군 기동부대, 또는 선견지대라고도 하였음)의 성립대회가 열렸다. 조선독립동맹 렬하지구 공작원 신억(일명 한청) 동지가 사업상의 원인으로 결석했을 뿐 동맹본부에서 파견되어 온 리익성, 리대성, 주연, 진국화 등 동지들이 성립대회에 참가했다. 그밖에도 이날 성립대회에는 당지 항일정부 대표인 제4전원공서 전원 정진군, 당지 농민대표인 백각장 농장의 리청해가 참가하였으며 서동희, 전신규, 김윤배 등 8~9명의 신대원들도 참석하였다.

　대회에서는 동맹의 강령과 규약이 토론된 외에 목전형세와 임무를 당지 실제 정황과 련계시켜 구체적으로 토론하고 결의를 채택하였다. 결의내용은 대체로 일제놈들이 만들어 놓은 백각장 농장과 같은 반공초소와 군량 공급 시에 막혀있는 특무와 앞잡이를 숙청 타격하여 조선인민의 항일애국력량을 묶어세우는 한편 그러한 곳을 점차로의 기지로, 의용군의 인력과 물력의 공급기지로 전환시키는 것이였고 그밖에 대지주나 자본가가 경영하는 개인 농장은 분별 있게 대할 구체 정책 등이였다.

다음으로 조직을 정돈하고 령도를 가강하였다. 분맹주임 겸 지대장으로 리익성, 부지대장겸 조직위원으로 리대성, 정치부주임에 주연, 선전위원에 진국화 동지가 당선되였다. 그밖의 대원들도 세 사람씩 전투소조를 조직하였다. 이리하여 주요한 사업대상지인 백각장 농장과 로태 농장을 중심으로 한 이 지대의 사업은 더욱 생기발랄하게 전개되게 되였다.

분김에
앞잡이를
죽이고
비평을
받다

1943년 가을 어느 날이였다. 기동지대 대부에서는 일본 경찰의 앞잡이질을 하는 조선인 둘이 제5부락에 나와 농민들을 협잡 공갈하며 갖은 행패를 다 부리고 있다는 정보를 받았다. 부지대장인 리대성은 백각장 농장에서 입대한지 오래지 않은 오기일을 불러 임무를 주었다.

"오동무, 동무는 농장 지형과 그곳 사람들을 잘 알고 있으니 동무네 전등소조원들을 데리고 가서 그놈들을 무장해제를 시킨 다음 붙잡아 와야겠소!"

오기일은 그 두 놈을 잘 알고 있었다. 그는 농장에 있을 적에 왜놈을 믿고 우쭐거리는 그자들의 꼬락서니를 역겨웁도록 보아 왔으며 호되게 패주고 싶은 충동을 받은 때가 한두 번만이 아니였다. 그런데 지금 무기를 들고 그놈들을 잡으러 간다고 생각하니 그는 막 날 것만 같았다. 오기일은 전투소조의 대원들을 인솔하여 강을 건넌 후 마을에 박혀있는 그 두 놈의 정황을 탐문했다.

두 놈은 한창 술을 퍼먹고 있다는 것이었다.

어느떳 해는 지고 초생달이 솟아 어렴풋이 마을을 비추고 있는데 이름 모를 벌레의 울음소리만이 들여오고 있었다. 그런데 별안간 "오리동동 추야에-에…… 달이 동동 밝은데-에" 혀 꼬부라진 노래소리와 함께 비틀거리는 사람 그림자 둘이 마을 밖을 나서고 있었다. 오기일네는 숨을 죽여 가며 그놈들이 매복권 안에 들어오기를 기다렸다.

"꼼짝말고 손 들엇!"

오기일의 신호와 함께 대원 셋은 동시에 뛰여나가 권총을 두 놈의 가슴에 들이댔다. 힘장사인 오기일은 순식간에 그놈들의 무장을 해제시켰다. 오기일은 밉던 두 놈을 포로한지라 마음이 흐뭇하였다. 그런데 강가에 이르러 강을 건늘 준비를 하느라고 어물어물하는 순간 그 두 놈은 줄행랑을 놓았다. 격분한 세 의용군 전사는 고양이가 쥐새끼를 덮치듯 잠간 새에 그놈들을 되붙잡았다. 그 두 놈은 머리를 땅에 대고 살려달라고 애걸복걸했다. 그 꼴을 보던 오기일은 더욱 더 성이 나서 놈들의 머리에 대고 권총을 쏘고 말았다.

이렇게 됐다는 보고를 들은 리대성 동지는 엄숙하게 오기일을 비평하였다. 첫째는 군인으로서 상급의 명령을 위반한 것이고, 둘째로는 적을 와해시키는 공작인데 그런 놈도 교육하여 회개 표현이 있으면 돌려보내어 적의 내부에 우리의 쐐기를 칠 수 있다는 것이다.

이런 줄거리의 이야기를 끝마친 오기일은 회오에 실린 채 뒤말을 이었다.

"말을 들어보니 그럴 법도 한데 당시에는 어쩐지 잘 리해되지 않았더랬소. 나중에 일이지만 리대성 동지는 그 후 로태 농장 경비대장을 붙잡아다가 교육하며 놔줬더랬소. 그 사람은 후에 우리 사업의 선전원이 되여주어서 확군 사업이 수월하게 진행되였더랬소. 그제야 난 조직의 비평이 정확하였다는 것을 깨닫게 되였더랬소."

인력물력의
공급지

당산시 동남 해변에 위치한 백각장 농장은 항일무장력량의 수시로 되는 위협을 덜 받는 바다길을 통하여 천진시와 통할 수 있었으며 란하의 물을 끌어들이는 관개수로로 주위를 둘러막아 '잠사하' 건너편에 있는 항일유격구를 대처하였다.

이 농장은 1941년부터 세워지기 시작하였고 그곳 주민은 대부분이 북경과 천진 부근에서 직업을 찾아 떠돌아다니는 청년들이었다. 그들은 '산업전사'라는 명목하에 왜놈들한테 강제로 동원되어 이곳에 왔던 것이다. 게다가 가정을 데리고 이주해 온 사람이라 해도 완전히 파산되어 빈털터리로 나앉은 사람들이었다. 그들한테는 아무것도 없었으므로 집과 식량으로부터 벼씨, 농구 등에 이르기까지 회사 측에서 일체를 대주지 않으면 안 되었고 또 가족이 있는 로동자에게는 부림소도 2명의 보증인을 세우고 가격을 매겨 대부해주었다.

한편 농장에는 우리의 비밀공작원이 있었고 의용군의 존재와 그의 위신이 제고됨에 따라 많은 청년들이 의용군에 참군하게 되자 의용군의 가족은 날따다 증가되었다. 뿐만 아니라 특무 세력이 수차 타격을 받게까지 되니 항일을 지원하는 사업은 활발히 전개되게 되었다. 봄 파종 시에는 벼 종자를 뿌리는 체 해놓고는 벼 종자를 물오리가 다 집어먹었다고 농장 당국을 속여 종자벼를 이중으로 타 내오기도 했으며 도주하였거나 의용군에 참가한 인원의 명단도 그대로 두어 두고 그들의 식량도 타 내다가 이중으로 탄 벼 종자와 함께 의용군에 보내주었다. 또 부림소로 내준 소도 슬그머니 의용군에게 넘겨주고는 소가 고삐를 끊고 도망쳤다고 농장 당국에 가짜 보고를 하면 그들도 어찌하는 수 없이 농민의 장부에 가격만 매겨 놓고는 또 새 소를 내주는 수밖에 없었다. 농민들은 시국에 대한 인식이 명확해지고 혁명 각오가 높아짐에 따라 장부에 늘어나는 빚쯤은 아무렇지도 않게 여기게 되었다.

1943년 9월경이었다. 제3부락에는 부림소가 30마리나 있었다. 의용군은 농민들과 상의하여 방책을 대고는 밤에 그 부락을 습격하는 체 하고는 부림소 30마리를 몽땅 끌어다 제4전원공서에 바쳤다. 농민들은 즉시에 일본 군영에 가서 울며불며 가짜 보고를 하였다. 왜놈들이 그 부락에 도착하였을 때는 소가 한 마리도 없었고 의용군은 온데간데없이 자취를 감춰버렸다. 농장 당국에서는 할 수 없이 다시 부림소를 내주고는 농민 장부에 소 값만 적어 놓을 수밖에 없었다. 이 중무한 일은 한두 번만이 아니었다. 하여 의용군 지대장 리익성과 리대성 동지를 '서산대사'라고까지 칭찬해 마지않았다.

무장봉기

1944년이라면 제2차 세계대전의 전도가 내다보일 때였다. 기세 사납던 이른바 3국 동맹국의 하나인 이딸리아는 이미 항복하였고 쏘련홍군과 미군의 반공격이 개시되어 일본 본토에도 미군의 폭격을 받던 때였다. 하여 조선의용군의 적군와해 공작은 더욱 활발하게 전개되었다. 특히 조선인 경비대가 있는 백각장 농장은 더욱 그러하였다. 조선의용군의 교육과 선전을 맡은 백각장 농장 위화경비대 반장 강근묵은 분연히 무장 봉기를 결심하고 반대의 뜻이 맞는 대원들을 조직하였다. 1944년 6월 어느 날 강근묵은 직일 반장이 되어 밤 경비를 맡았다.

만약 그가 왜놈 대장만 얼려넘기면 제 마음대로 분대를 지휘할 수 있었다. 그는 술을 좋와하는 왜놈 대장의 습관을 리용하여 저녁 때가 되자 술집에다 주안상을 푸짐하게 차려 놓고 왜놈 대장을 청하였다. 대장 녀석은 처음엔 사양하는 체 하였으나 술이 몇 잔 들어가자 부어라 마시여라 하더니 나중에는 골아떨어지고 말았다. 강근묵이 만취된 왜놈 대장을 가까스로 일으켜 세워 집까지 데려다 주니 왜놈 대장은 "여보게, 가…… 강……군! 저녁일은 자네에게 밀…… 밀겠네." 하고는 녀편네에게 부축되어 집안으로 들어갔다.

강근묵이 급기야 경비 초소로 돌아와 보니 무장봉기를 약속한 대원들은 제자리를 지키고 있었고 그밖의 녀석들은 깊은 잠에 꼴아떨어져 있었다. 시계를 보니 자정이 넘어 40분이였다.

　　계획대로 강근묵은 벽에 걸린 총과 수류탄 띠를 몽땅 걷어서 봉기할 대원들에게 나누어 주고는 그들을 인솔하여 잽싸게 군영을 나선 후 뚝을 넘어 '잠사하'를 헤염쳐 건넜다. 맞은편 강가에는 전신규를 비롯한 조선의용군이 나와 기다리고 있었다. 반갑게 만나 서로 악수를 하고 무기를 세여보니 독일제 련발식 모젤 한 자루가 없었다. 총집 뚜껑을 채우지 않아 강을 헤염쳐 건너올 때 강물에 떨군 것이 분명하였다.

　　그 이튿날이다. 강에 빠진 권총을 건지기 위해 의용군은 촌민들과 함께 고기 그물로 강바닥을 훑어나갔다. 마침내 그물에 걸려 나온 권총은 두 자루였다. 그 하나는 엊저녁에 빠뜨린 것이였고 또 하나는 근 일 년 전에 이 강에 빠져 희생된 리대성 동지의 경위원 양련승의 권총이였다. 전신규는 양련승의 권총을 알아보자 일 년 전의 일이 생생하게 떠올랐다. 1943년 7월 말의 어느 날이였다. 리대성, 호연, 양련승과 전신규는 선전사업을 하러 3부락으로 내려갔다. 리대성과 호연은 동뚝 우로 걷고 그들과 약 30메터 떨어진 동뚝 밑으로 전신규와 양련승이 따르고 있었다. 그런데 누가 알았으랴! 호연은 원래 특무 임무를 맡고 의용군 내부에 잠입한 자였기에 그날의 행동 계획도 이미 왜놈에게 밀고하여 적들을 도중에 매복시켰던 것이다. 다행히도 리대성 동지가 재빨리 적정을 발견한 데서 일은 더 확대되지 않았고 양련승 동지만이 포위망을 뚫고 나오다가 부상을 당하여 강가까지 기여 나와 강물에 몸을 던졌던 것이다.

전신규는 눈물이 글썽하여 녹이 쓴 권총을 어루만지며 이야기하다가 강 반장을 쳐다보며 말을 이었다.

"양련승은 한족 동무였댔소. 그는 우리 조선의용군의 일을 돕다가 이렇게 희생되였소……."

"알 만합니다. 지금부터라도 새 출발하여 립공 속죄하겠습니다."

강 반장이 말을 받았다. 그의 말소리는 낮았으나 확고하였다.

리대성 동지는 로태 농장 사업을 책임지고 떠나간지라 1944년 늦가을부터 그가 맡았던 백각장 농장 사업은 전신규와 조지엽이 맡게 되었다. 그 후 백각장 농장에서는 여러 번에 나뉘여 숱한 조선 청년들이 의용군에 참군했다. 해방이 되자 남아있던 200여 명 조선 청년들마저 몽땅 의용군에 입대하니 백각장 농장은 휑뎅그렁하게 비게 되었다.

한간을
타격하고
공출미를
랍치

조선독립동맹 기동분맹과 조선의용군 기동지대가 이 지구에 뿌리를 박자 그의 위신은 날로 제고되여 갔고 왜놈들이 꾸리는 백각장 농장과 로태 농장의 지하 항일투쟁은 날따라 활발히 전개되여갔다. 이런 소문이 넓게 퍼지자 조선인 자본가가 경영하는 창려 농장의 농민들도 은근히 조선의용군이 와줄 것을 바라고 있었다. 반면에 이 농장의 농장주는 왜놈들과 내통하면서 조선의용군의 활동 정황을 왜놈들에게 밀고하곤 했다. 그를 제거하지 않으면 그곳 농장에 대한 항일선전사업은 물론이거니와 딴 곳 항일선전사업에도 영향이 미칠 것은 뻔한 일이였다. 지하조직을 통해 료해한 데 의하면 그놈은 화북 자치정권과도 일정한 련계가 있는 이른바 대동아공영권 건설의 유지였다. 조직에서는 그를 처단하기로 결정하였다.

1944년 가을 어느 날 밤, 리대성 동지는 통신원 전신규와 함께 창려 농장주의 집으로 접근하였다. 동정을 살피니 정황은 회보에서 들은 바와 같았다. 리대성은 전신규에게 밖의 동정을 살피게 하고 혼자서 집 안에 뛰여들었다. 농장주와 그의 첩년은 자리를 펴놓고 잘 차비를 하고 있었다. 불의의 습격에 놀란 농장주의 첩년이 고함을 지르며 내뛰려 하는 순간 총소리와 함께 쓰러지고 말았다. 때를 같이하여 사시나무 떨듯하던 농장주 놈이 권총을 쥐려고 베개 밑에 손을 넣고 있었다. 그러나 리대성은 어느새 발로 그놈의 손을 꽉 밟고는 엄숙하게 선포하였다.

"너는 왜놈의 간첩이다. 조선의용군인 나는 조선 인민을 대표하여 너를 처단한다!"

그의 말이 떨어짐과 동시에 총소리가 다시 한 번 울렸다.

이리하여 왜놈 간첩을 망라한 친일파의 기염을 여지없이 타격하고 항일인민의 기개를 떨치게 하였다. 그 후부터 조선의용군은 개인 농장과도 일정한 련계가 있게 되였고 그런 곳에 항일의 불길을 지펴놓았다.

기동지구의 창려 남쪽에는 북경에 거주하는 전 모라는 대지주가 경영하는 개인 농장이 있었다. 그는 해마다 대량의 공출을 왜놈들에게 바쳤다. 1944년도 례외가 아니였다. 그자는 공출미를 조선의용군이나 팔로군이 랍치해갈까 봐서 운반만은 일본 군대 측에서 전적으로 감당해달라고 루차 왜놈 상전들한테 요구를 제출했다. 사실 그 당시에 공출미가 랍치당하는 일이 빈번하였던 것이다. 왜놈들은 연구 끝에 절충방책을 세웠다. 그리하여 농장에서는 수로를 통하여 공출미를 란하의 하구까지만 운반하기로 하고 그곳부터는 왜놈 운수대가 직접 책임지고 바다로 운반하게 되였다. 미구하여 관하 하구에 공출미가 쌓이게 되었다. 그해 11월이였다. 그해따라 가을장마에 뒤이어 해풍까지 불어와 강물과 조수의 이중 물란리를 겪게 되였다. 조선의용군은 이 기회를 리용하여 강 하류 해변가에 쌓아놓았던 공출미를 거의 다 날라가 버리고 그 자리에 홍수와 해조에 밀려간 것 같은 흔적만 만들어 놓았다. 왜놈들은 현지 조사를 했으나 공출미가 물에 밀려간 것이 의심할 바 없는 사실이라는 것을 인정하지 않을 수가 없었다. 하여 그해 그 농장의 공출미는 조선의용군과 팔로군의 식량으로 되고 말았다.

경무계장을
훈계

일본 침략자들이 로태 농장을 세우던 때는 1939년부터였다. 농장의 장원들은 그 대부분이 락동강 범람으로 말미암아 파산된 경상도 일대의 농민들이었다. 로태 농장은 시간상으로나 주민 정황으로 보아 어느 정도 자리가 잡힌 농장이었다. 그러나 날로 활발해지는 조선의용군의 활동은 왜놈들로 하여금 큰 불안을 자아내게 하였다. 하여 왜놈들이 경영하는 로태 농장에서는 1943년 초가을부터 이른바 '공비'의 침식을 방비한다는 명의 하에 농장 주변에다 또치까를 수축한다, 전호를 판다하며 농장 주민은 물론이고 농장 주위의 부락민까지 동원하였다.

때를 같이 하여 한족 농민으로 가장한 리대성은 민공들 속에 섞여 일을 하면서 로태 농장의 방어 공사와 경비대 배치 등을 정찰하는 한편 조선 주민들의 동태, 특히 조선 청년들의 사상 정황을 장악하면서 그 농장에 발붙일 토대를 닦기 시작하였다.

1944년에 들어서자 조선 청년들에게도 이른바 '징병제'가 실시되었다. 하여 많은 조선 청년들이 강제적으로 일본 침략군대에 끌려갈 운명에 처하게 되었다. 그렇게 되자 징병에 걸린 조선 청년들의 반항도 일층 앙양되었으며 그중에서도 리철중 동지의 영향하에 있는 북경산업학교가 제일 심하였다. 그 당시 왜놈들의 강제징병을 반대하여 의용군에 찾아와 참군을 요구한 청년 학생들만 쳐도 유온천, 임국진을 망라하여 70~80명이나 되었다. 그들한테 보다 안정된 환경 속에서 혁명리론을 학습시킬 박절한 수은로부터 리익성 지대장은 그들을 이끌고 태항산 군정학교로 들어가고 동맹의 조직부장인 리유민이 기동에 나와 지대장 책임을 맡았다. 조선의용군의 공작원들은 새로운 정세에 보조를 맞추어 각지에 분산되어 내려가 애국청년들을 항일의 길로 인도하였다. 리유민은 경위원과 함께 산해관과 그 부근을 책임졌고 리대성은 최학순과 같이 로태 농장을 책임졌으며 전신규와 조지엽은 백각장 일대에 계속 남아 선동 공작을 했다. 리대성과 최학순은 1944년 늦가을부터 로태 농장에 대한 사업을 벌려 8~9개월 사이에 겨우청년 10여 명을 참군시켰을 뿐이였다.

로태 농장의 정황은 백각장 농장과는 딴판이였다. 청년들이라해도 모두 자기 가정이 그곳에 뿌리를 박고 있어 보수적 경향이많았다. 더구나 그곳 경비대는 주민호에까지 뿌리를 내리고 있는형편이였다. 경비대의 악질분자는 경무계장을 맡은 한 조선 놈이였다. 그자는 영향력이 커서 항일선동사업을 전개하는데 큰 장애물이였다. 이전 정황을 장악한 리대성은 그자를 제거해 버릴 결심을 내렸다.

1945년 5월 어느 날 밤이였다. 리대성과 최학순은 주밀한 조사를 거쳐 만단의 준비를 해가지고 경무계장네 집으로 갔다. 리대성은 최학순을 밖에서 동정을 살피게 하고는 경무계장네 집 문을

박차고 뛰여 들어가 벽에 걸린 군도와 총을 가로챘다. 그리고는
그놈의 가슴에 권총을 들이대며 호령하였다.

"듣거라! 나는 조선의용군이다. 너는 조선 사람의 량심조차 없
는 왜놈의 앞잡이이다. 네가 조선 민족의 원쑤 일본 침략자를 등
에 업고 조선 사람을 못살게 군 게 그 얼마이냐? 너 같은 놈은 처
단해야겠다!"

"대장 어른님! 지당한 말씀입니다! 백 번 죽어 마땅하죠. 그러
나 한 번만 용서해 주신다면 다시는 나쁜 짓을 하지 않겠습니다."

경무계장 놈은 땅에 머리를 조아리며 애걸하였다.

"이 무식한 놈아! 네 생각엔 왜놈의 세상이 언제까지나 갈 것
같으냐? 말해봐라!"

"네, 저야 언제 그런 것까지 생각이나 해봤나요?"

경무계장 놈은 입 속으로 겨우 말을 내뱉었다.

"그럼 좋다! 이번만 용서할 테니 내가 주고 가는 이 글을 잘 보고
우선 시국에 대한 인식을 똑똑히 하란 말이다. 그 첫째로는 다시는
나쁜 짓을 하지 말 것이며 둘째로는 조선 사람을 위해 좋은 일을
많이 하므로써 네가 이미 저지른 죄를 삭감하도록 노력할 것이다!"

"천 번 죽어 마땅한 놈을 살려주시니 그 은혜 망극하옵니다."

경무계장 놈은 요행 살아난지라 거듭 머리를 조아려 댔다.

"다음번에 다시 올 적엔 그새 네가 한 일을 회보 받겠으니 그리
알고 노력하여라!"

리대성은 본때스레 경무계장 놈을 훈계하고 나서 최학순과 함
께 쥐도 새도 모르게 그곳을 떴다.

농장무장대
200여 명
투항

　일본 침략자들이 무조건 투항을 선포한 그때였다. 그들 군무 계통의 명령이 기층에까지 미처 하달되지 못한 때라 까딱 잘못하면 불필요한 류혈 사건이 일어나고 대혼란이 생길 수 있었다. 리대성은 즉시 당지 팔로군과 배합하여 일본문과 조선문, 한문으로 투항 접수 포고문을 찍어 로태, 백각장, 창려 등 각 농장 경비대, 경찰서, 무장경농대에 보내고 각 촌에 포고문을 내붙였다. 그리고 로태 농장 경무계장에게 편지를 썼다.

　　당신이 회개하는 태도를 보고 나는 당신을 죽이지 않고 용서했댔는데 지금은 당신이 립공 속죄할 수 있는 좋은 기회이다. 즉시 농장 군경의 무기를 한곳에 모아 놓고 우리에게 접수하러 오라는 통지를 하라.

　이 밖에도 편지에다 팔로군, 조선의용군의 포로 정책에 관한 선전을 하여 총을 놓은 사람들은 그의 생명과 재산이 절대적인 보호를 받는다는 등 내용도 재언명하였다.

그 계장은 자기를 죽이지 않은 은덕도 잊을 수 없고 실지 자기의 체험이 있었기에 리대성을 믿었다. 그는 리대성의 명령대로 행동하여 전체 농장 군경 200여 명의 무장을 해제하고 팔로군과 조선의용군에 투항하였다.

이렇게 되어 농장의 조선 청년들에 대한 확군공작의 장애물이 없어졌을 뿐만 아니라 그는 우리의 '의무선전원'이 되어 조선의용군이 좋다고 극구 받드는 데서 확군공작은 매우 순리롭게 진행되었다. 그리하여 선후 두 차례나 참군을 조직하였는데 매차마다 근 200명씩 동원되었다.

첫 패는 팔로군 13퇀에서 공작하던 고상철 동지가 인솔하여 심양으로 나갔고 두 번째 패는 리대성이 직접 인솔하여 떠났는데 그 당시 국민당이 경산선을 점령하고 있었으므로 청룡, 평천, 승덕, 적봉, 조양진을 에돌아 통화에 이르렀다. 하여 로태 농장도 결국은 완전히 우리의 인력, 물력의 공급기지로 전환되고 말았다.

(최명세, 고철 정리)

동틀 무렵

(조선의용군 제5지대 이야기 1945. 11~1946. 3)

렬차는
동으로
달린다

심양회의정신에 쫓아 길림에서 박훈일朴勛日 동지를 위수로 한 일부 동지들은 반석으로 가 제7지대를 꾸리기로 하고 박일우朴ㅡ禹, 리익성李益星, 전우全宇 등의 동지들과 태항산 군정학교의 대부분 동지들은 연변으로 나가 제5지대를 꾸리기로 하여 1945년 11월 말에 각각 목적지로 향하였다.

하북성 섭련을 떠날 때는 8월 29일 한여름 찌는 듯한 더위에 땀을 비 오듯 흘리며 행군하였으나 석 달간의 행군 끝에 북방인 길림에 이르니 어느덧 한겨울이라 온 대지는 백설에 뒤덮였고 서북풍에 알몸뚱이를 드러내놓은 백양나무 가지의 까치집만이 앙상히 추이●에 떨고 있었다. 30여 조에 달하는 전신 무장에 밤낮 자기의 두 다리에 의지하여 한 발자욱 한 발자욱씩 행군하여 오다가 모든 짐과 무장을 벗어 걸고 편안한 객차에 올라 핏뜻핏뜻 차창 밖으로 지나가는 겨울 풍경을 바라보고 있노라니 새삼스럽게 지나온 로정에서 생겼던 일들이 삼삼하게 떠올라온다.

원래는 행군 도중에서 확군하는 것도 한 개 중요한 임무였는데 참군하자는 사람이 없는 것이 문제가 아니라 조건이 부족한 중년, 려성, 소년들을 설복시켜 돌려보내는 것이 큰 문제였다. 꼭 참군해야 할 리유로는 '려성을 남녀평등인데 어째서 녀자를 받지 않으냐?', '나이는 40이 넘었지만 기운과 용기는 청년만 못지 않으니 못 믿겠으면 씨름을 해보자.', '나이는 어리지만 그 대신 동작이 민첩하니 별문제다.'라는 등 별의별 리유가 다 있었다. 문제도 많았지만 해방된 조선 민족의 문발정신에 감동된 흥분 속에서 매일의 일을 처리하였던 것이다.

"패장 동무, 패장 동무는 안 된다구 하였지만 난 이렇게 참군했거던! 어리다고 깔보지 말아요."

그는 조영도란 숟갈 꼬마 근무원이였다.

"그래, 내 졌다! 지금은 총이나 다룰 만한가?"

"보라구" 하더니 꼬마는 총 다루는 기본 동작을 해보였다.

"됐다! 됐어! 그래도 내가 정위한테 소개했기에 네가 입대됐지."

"그러니까 내가 인사를 하죠. 끝까지 반대했다면 보는 체도 안 했을걸요." 하고 생긋이 웃었다. 조 꼬마가 입대한 것은 구전에서였다. 의용군의 소식을 듣고 우리를 찾아왔던 것이다. 나이는 열세 살, 매우 여무지게 생기기는 하였으나 키도 3.8식 보총만이나 했다. 가정에는 50이 넘은 어머니 한 분, 누이 둘은 다 출가하고 집에는 두 식구인데 어머니는 동의한다는 것이다. 우리는 그의 가정 정황과 나이, 체력 등을 고려하여 내가 그를 설복하여 돌려보내기로 결정하였던 것이다. 그러나 아무리 설복해도 돌아가지 않아 "네 이 총을 다룰 만하니?" 하고 총을 주니까 제 힘으로 받들어총을 할 수 있을 리가 만무하였다. 그래 난 그 기회를 놓치지 않고 "봐라! 총도 이기지 못하는 주제에 어떻게 군대 노릇을 해! 더 커가지고 오너라!" 하였더니 "련습해서 팔에 힘이 오르면 되죠. 왜 남이 혁명하려는 것을 막으려 해요?" 하고 반문을 들이대였다.

"혁명은 참군하는 것만이 아니야. 앞으로 너도 네 고향에서 얼마든지 혁명에 참가할 수 있다."

"우리 마을엔 이끌어 주는 사람이 없어요. 하여간 난 안 가겠어요."

식사 시간이 되였다. 하여간 식사는 시켜야 되겠기에 같이 식사를 하고 나니 어느새 밖으로 나가 전사들의 총을 빌려 총 다루는 련습을 하고 있었다. 난 그의 행동이 너무나도 기특하고 정위에게 아직 근무원이 없는 것이 생각나자 대부로 가서 그 정황을 회보하였다. 그리하여 정위 동지의 근무원으로 남게 되였던 것이다.

그러던 어느 날 아들을 잃은 50여 세의 부인이 대부로 찾아왔다. 이름, 나이 등으로 보아 그가 틀림없었다. 그래 우리는 그의 말만 믿고 입대시켰는데 가정에 의견이 있다면 돌려보낼 수 있다고 사과하고 있는데 조 꼬마가 뛰여들었다.

"어머닌 왜 왔어?"

"동무는 돌아가야 되겠고, 어머니가 데리러 왔소."

전우 동지의 말은 엄숙하였다.

"어머닌 밤낮 뭐랬어? 항일하다 돌아간 아버지의 원쑤를 갚으라고 하고선……."

"얘 철없는 것아! 너는 아직 어리다."

"어리면 부대에서 받아요?"

제 말맛다
재 말마따나.

전우 동지의 엄숙한 말이 또 떨어졌다.

"동무는 조직을 속였으니 이는 큰 착오요. 동무끼리 거짓말을 해도 못 쓰겠는데 하물며 조직을 속이다니."

이 말에 조 꼬마는 기가 죽었다가 "엄마, 동의했다고 해! 아버지의 원쑤를 갚으라고 한 게 동의한 게 아니고 뭐야!" 하고 이번에는 어머니에게 덤벼들었다.

"네가 참군하면 어미는 혼자서 어떻게 하니?"

"큰누나가 뭐랬어! 누나네 집에서 같이 살자고 하지 않았어? 누나네 집에 가 있으면 되지 뭘."

이 당돌한 말에 모두들 혀를 찼다.

"하여간 넌 조직을 기편하였으니 안 된다."

전우 동지의 말이다.

"난 이제부터는 엄마 말은 안 들을래." 하며 응응 울어대었다.

같이 눈물을 떨구고 있던 어머니는 이번에는 그가 전우 동지에게 사정하였다.

"재 말이 옳지유. 내 짧은 생각에서 그랬지 내 혼자 키우느니보다도 여러분에게 맡기면 여북 좋을라구. 난 그저 여러분만 믿겠시다."

전우 동지는 다시 권고하였다.

"잘 생각해 보십시오."

"문제 없습지유. 제 말맛다● 딸네 집에서는 와 있으라고 한지 오래지유."

전우 동지는 고개를 끄떡이였다. 그리하여 그의 입대는 정식으로 내준된 것이다. 그의 어머니를 대부에서 점심을 대접시켜 떠나가게 되었는데, 조 꼬마는 어머니에게 인사한다는 것이 "엄마, 집에 가거든 내 밥숫깔 갖다 주어!" 하고 소리치는 바람에 웃음판이 벌어졌고 그 후부터는 숫깔 꼬마로 되고 말았던 것이다.

이런 일을 회상하여 불과 10여일 사이에 총을 다루는 그의 솜씨를 보니 그의 진보에 더욱 기특한 점이 들어 "숫깔 꼬마가 제법인데?" 하니까 "패장 동무가 뭘 생각하고 있는지 난 다 알어."한다.

"알면 말해보라구!"

"흥! 참 쏘련홍군은 위대하다면서 어째서 다와이●는 하나?"

기차는 달리다 멈췄다하며 계속 동으로 달리고 있었다.

"그래, 꼬만 본 적이 있는가?"

"모두들 그러던데 뭘."

"꼬마, 내 이야기를 하나 할게 듣겠는가?"

"우리가 화수림자●에 왔을 때였지. 하루는 쏘련 땅크가 지나가다가 언덕 놔지●에서 고장이 생겼단 말이야. 쏘련 홍군 둘이 하루 종일 떨거덕거리며 손질하고 있었지. 그런데 저녁때가 되니까 우리를 찾아와 밥을 달라지 않아. 그래 밥과 국을 주었더니 또 뭐라고 하는데 알 수 있어야지 로어를 좀 아는 정위 동지를 청해왔지 소금을 달라고 한다지 않아 그래 소금을 주니까 밥을 소금에 찍어먹더라니 국이 입에 안 맞는 모양이지."

"봐요, 그게 얼마나 미련한가요. 그게 무슨 맛인가요? 난 암만 봐도 쏘련 홍군은 눈은 파랗치, 코는 크지, 동작은 굼뜨지…….

다와이
러시아어에서 온 말로, 강탈에 가깝게 빼앗겼을 때 주로 씀.

화수림자(樺樹林子)
화전현 동북부의 송화강 동부에 위치.

놔지
와지(窪地). 움푹 패어 웅덩이가 된 땅.

그 파란 눈으로 보는 수가 용해." 하는 바람에 웃음이 터져 나왔다.

"쏘련 홍군이 우리를 봐도 역시 마찬가지지 키는 작지, 코는 납작하지, 눈은 새까맣지 보면 역시 우숩지. 숫깔 꼬마는 역시 내 숫깔이나 아는 모양이구나."

조 꼬마는 눈은 말똥말똥해가지고 생각에 잠겼더니 생긋 웃었다.

"그건 그렇다 치고 다들 자리에 누우려 할 때 또 소동이 벌어졌단 말이야. 글쎄 우리가 자리를 펴 주니까 또 뭐라고 지껄이며 이번에는 따발총까지 끄내들고 야단이란 말이야. 이 자식이 밥까지 먹여 놓으니까 또 무슨 지랄이야! 속으로는 괘씸했으나 하여간 연유를 알아봐야겠기에 또 정위를 불러왔더랬지."

"알고 보니 그는 우크라이나 사람인데 서부 전선에서 자주 이곳으로 돌려 온 병사였더랬어. 우크라이나 평원을 지나는 도예뿌루하●를 사이에 두고 독일군과 대치 상태에 있었는데 그 홍군의 고향 마을은 강 건너 독일 점령구에 있었대. 강 건너 고향 마을에서는 매일같이 총성이 들리는 속에서 초조히 도강 반격 명령을 기다리고 있었다나. 마침내 명령이 내려 강을 건너 고향을 점령하고 자기 집에 가보니 늙은 양부모 누이동생 셋 모두 다섯 식구의 시체가 뜰 안마당 나무에 걸려 있더래! 숫깔 꼬마, 꼬마가 만약 이런 경우에 부딪치면 어떻게 했을까? 그는 그때 받은 충동으로 신경과민이 생겨 밤에 혼자 자야지. 자다가 바스락 소리만 나도 잠결에 총을 들고 란발하는 통에 위험하니 혼자 자게 해달라는 부탁이더라 말이야. 듣고 보니 기가 막히는 일이거던. 우리는 여섯 식구에서 혼자만 남은 그를 동정과 존경의 눈으로 바라보고 있노라니 그는 또 말을 시작하더군."

"오늘 하루 언덕 밑에서 고장 난 땅크를 수리하는데 목이 말라 물이 먹고 싶더래. 그런데 주위는 온통 눈과 어름으로 뒤덮인 땅인데 어데 가서 물을 찾는단 말이야. 또 말을 모르니 백성의 집에도 갈 수 없지. 꾹 참고 일하는데 마침 동네 아주머니가 오더라나. 그래 물을 좀 달라고 손시늉을 하니까 걸음아 날 살려라하고 도망치더래. 그래 그는 내가 전쟁 마당에서 얼마나 흉악한 꼬락서니가 됐으면 저렇게 무서워할가 하고 거울을 꺼내 자기 얼굴을 비춰봤대. 사실 일은 이런데 그 아주머니는 어떻게 생각했을가? (다와이)하려고 덤벼든다는 인상을 받았을 것이고 또 그 말이 한입 두입 건너가너라면 어떻게 보태질지 뻔하지 않아.

물론 홍군 중에는 군중 기률을 위반하는 분자가 있기는 하겠지만 사실보다는 오해에서 확대되는 것도 많은 것이야. 쏘련에서는 전민 동원이였으니까 옳지 못한 사람이 끼여있는 것도 파면하기 어려웠겠지. 이런 것은 꼬마도 알만하겠지?"

숫깔 꼬마는 그 새까만 눈을 깜박거리더니 또 생긋하면서 말을 받았다.

"그래요. 우리 동네에도 왕빵즈라는 놈은 짬만 있으면 남의 것을 훔치는 도적 놈인데요."

렬차는 고요한 토예링 고개에 한가롭게 나와 놀던 노루와 토끼들을 놀래우게 하며 동으로 동으로 달리고 있었다.

암초를
들춰내다

당시, 길림역에서는 교화까지만 책임이 있는 모양으로 교화에 도착하자 이번에는 무개화물차를 갈아타고 출발하였다. 교화를 떠나 두어 정거장도 지나 마나해서부터 "물이 떨어졌소.", "석탄이 떨어졌소."라면서 기관사가 아무데서나 차를 멈춰 세우는 바람에 물을 기러댄다,● 도막나무를 주어 올려 석탄 대신으로 쓰라고 하면서 굼뱅이 기여가듯 하다나니 언제 연길에 도착할지 막연하였다. 이는 나중에야 판명된 바이지만 기관사가 돈화의 국민당 반동파와 결탁하여 고의적으로 시간을 연장시켜 돈화에 밤에 도착시키자는 음모에서였다.

오후가 되니 함박눈이 퍼붓기 시작하더니 이젠 서북풍까지 휘몰아쳐 눈보라를 일구었다. 우리가 탄 차 바구니는 가루 석탄을 실었던 모양으로 눈보라에 석탄 가루까지 섞여 사정없이 후려친다. 그 바람에 눈도 뜰 수가 없었다. 모두들 솜 외투를 뒤집어쓰고 두 눈만 내놓고 눈을 덧다 감았다하면서 체온에 녹아내리는 눈물을 닦으면서 숨어드는 랭기를 막기 위해 본능적으로 몸을 웅크리고 앉아 절여나는 발들을 어루만지고 있었다. 그러나 마음만은 무한한 흥분과 기쁨으로 들끓고 있었다. 만 석 달이 걸린 만 리

레루
레일(rail).

장정이 이제 마지막 코스에 드러섰고 곧 목적지인 연변에 이르게 되니 말이다.

"야, 너 깜둥이가 다 됐구나!"

"네 꼴은 어떻고! 새까만 게 두 눈만 팬들팬들 하구나."

"하하하."

렬차에서는 은은한 혁명가가 흘러나오는 속에 가끔 이런 웃음과 롱담도 터져 나오곤 하였다. 전우 동지와 홍군렬차장은 로어로 뭐라고들 하고 있는데 몸짓과 쏘련 홍군의 존경어린 눈길로 보아 아마 그가 로어를 배우던 경우와 모쓰크바 류학 시절의 이야기를 하고 있는 상싶었다.

열시에 교화역을 출발한 기차는 굼벵이 걸음이기는 하나 10여 시간이 지난 오후 8시쯤에는 돈화역에 서서히 도착하였다.

바로 그때다.

콩 복듯 자즈러지는 따발총 소리와 함께 탄알이 비발치듯이 렬차를 향해 날아온다. 모두들 놀램과 함께 군인의 본능으로부터 총가목을 잡으며 차 바구니의 벽에 의지하여 은폐하였다. 홍군이 총질하고 있지 않을까? 총알은 야무진 소리를 내며 머리우로 지나가며 어떤 것은 레루●에 맞아 불꽃을 퉁기고 있었다.

우리는 너무나도 의외인 일에 일순 어리벙해 있었으나 좀 지나니 여기저기서 의견들이 분분하였다.

"해치웁시다. 여기까지 나와서 저놈들에게 죽다니!"

"홍군 몇 놈쯤은 문제도 없습니다."

"그까짓 지방부대쯤은……."

평시에 그리 롱담을 좋아하던 전우 동지의 얼굴이 창백해지더니 지휘용 권총의 안전장치를 풀어놓으며 명령했다.

"누구를 물론하고 나의 명령이 없이 총을 쐈다간 내총에 죽을 줄 아오!"

누구나 없이 전우 동지의 그런 엄숙한 표정을 보는 것이 처음인지라 모두들 잠노해지고 말았다. 이어 무장을 다 바치라는 홍군의 지시다. 전우 동지는 말하였다.

"책임은 내가 질 테니 홍군이 시키는 대로 하시요."

무서운 긴장의 고요 속에서 무기를 내려놓는 소리만이 절거덕거린다. 그런데 별안간 '땅' 하는 야무진 총소리와 함께 "옷뽀이오 마치……." 한 홍군 전사가 지방군 한 명을 발길로 차 넘어뜨리고 그의 총을 뺐더니 세멘트 바닥에 패기쳐 총대를 꺾어 팽개친다. 그러자 그 지방군 녀석은 죽어라고 군중 속으로 뚫고 들어가 어둠 속으로 사라지고 말았다. 자세히 보니 그 홍군은 우리와 같이 온 차장이였다. 그는 련상 홍군 사령원을 보고 뭐라고 떠들어 대고 있었다.

김우만은 두 눈이 휘둥그레져 경기를 땅에 내려놓으며 수군거렸다.

"글쎄 그놈이 나를 총으로 겨누지 않겠는가?! 그런 걸 본 우리 차장 홍군이 그놈의 총대를 쳐 올리는 바람에 총알이 딴 데로 나가고 그 녀석을 차 넘어뜨린 거야."

연상 우만이는 차장 쪽을 바라보며 수군거린다.

그러다나니 우리는 완전히 무장해제를 당하고 말았다.

그런데 별안간 야무진 총성과 함께 이번에는 홍군 한 명이 총에 맞아 쓰러지고 말았다.

차장 홍군은 또 뭐라고 야단이더니 홍군 사령원과 같이 역으로 들어가고 말았다. 그러자 지방무장대들은 우리가 내려놓은 무기를 걷어가지고 어둠속으로 뿔뿔히 도망치고 마는 것이였다.

홍군 사령원이 다시 홈에 나타났을 때는 홍군의 시체 하나와 조선의용군뿐이였다. 찌프차가 도착하자 시체를 실어 보내고 홍군 사령원과 전우 동지 그리고 몇몇 경위원이 사령부를 향하였다.

*

역 쪽에서 나는 자지러지는 듯한 총소리에 조관과 김유는 정신이 번쩍 들었다.

"혹시 우리와 국민당 반동파와 충돌이 생긴 것이다. 아닐가?"

그러자 그들은 자기들의 임무를 다하지 못한 자아가책으로 하여 지나간 일들이 삼삼히 떠올랐다.

그들은 조선의용군 선견중대의 선견조가 되어 돈화홍군 사령부에 먼저 도착하여 련락할 임무를 지니고 사흘 전에 교화를 떠나 돈화에 이른 것이다. 홍군 사령부를 찾아가는 길에서 지방부대 순찰대와 맞닥디였다. 그들은 홍군 사령부로 가는 소개신을 보자마자 몰수하더니 무장을 빼앗고 말았다.

순식간의 일이였다. 놈들의 음모에 빠진 것을 깨달았을 적에는 이미 결박되여 끌려가고 있었다.

"여기서 죽여 버리고 말가?"

"안돼! 사령원님에게 무슨 딴 의도가 있는지 어떻게 알아. 우선 끌고 가자!"

놈들은 지껄여대였다. 김유는 생각하니 기가 막혔다. 왜놈한테도 죽지 않았는데 여기까지 와서 고향 산천을 코앞에 두고 죽자니보다도 우리가 임무를 다하지 못해 뒤에 오는 부대에 영향이 미친 것을 생각하니 미칠 지경이었다. 그런데 저편에서 홍군 전사 두 명이 오는 것이 보이자 너무나도 기쁜 김에 저도 몰래 알고 있던 단한마디 로어 "다와레스치!" 하고 소리쳤다. 그러자 지방군 놈들은 그들 둘을 뺑 둘러 싼 다음 마구 때리기 시작했다. 하여간 그들 둘은 있는 힘을 다해 국제가, 쏘련 국가 카츄샤를 부르고 부르고 또 불렀다. 그러던 중 무엇이 목덜미를 치는 것 같은 둔탁한 음향과 함께 정신을 잃었다가 지금 총소리에 놀라 깨어났던 것이다.

주위를 살펴보니 헌 창고를 임시 감방으로 만든 것 같았고 지방부대는 그림자도 보이지 않았다. 역 쪽에서 총소리가 뜸해지더니 이제는 완전히 잠잠해지고 말았다. 어둠 속에서 밖을 살펴보니 보초를 선 것이 분명히 홍군임을 확인한 그들은 또다시 국제가 쏘련국가 카츄사의 노래를 번갈아가며 부르기 시작하였다. 얻어맞아 입에서는 피가 흐르고 목은 쉬여 색색거렸으나 하여간 그런 노래를 부르고 부르고 또 불렀다.

　　　＊

이슥해서 홍군 사령부를 갔던 전우 동지를 비롯한 대표들은 돌아왔다. 전우 동지는 말하였다.

"이제 곧 홍군 사령부에서는 차를 내줄 것이요."

과연 새벽 4시경에 홍군 사령부에서는 다시 차를 내주어 이미 무기는 지방군(토예)들이 다 가져간 뒤였으므로 빈 몸으로 차에 올라 연길로 향하였다.

차에 오른 우리는 분하기도하고 어굴●하기도 하여 모두들 전우 동지의 눈치만 살피고 있었다. 전우 동지는 이윽고 입을 열었다.

"내가 처음 사령부에 가서 로어를 하지 않은 것은 통역을 떠보자는 데서였고, 과연 그놈은 꺼꾸로 번역하더군. 우리를 토비라고 묻더란 말이오. 그래서 그놈의 진상을 파악하게 되었소. 내가 홍군 사령부의 증명서를 내놓으며 로어로 말하니가 그놈의 낯이 흙빛이 되지 않던가베. 그제야 홍군 사령원은 길림 사령부로 전화를 걸어 문의한 다음에 문제가 다 제대로 해결된 것이오.

사실상 역에서 이미 문제의 절반 이상은 해결됐던 걸이오. 우리가 무장을 다 바친 후에 난 총소리 쓰러진 홍군, 그 홍군에게 누가 총을 쐈겠소. 물론 그 지방 무장이란 토비 놈들이오. 놈들은 우리에게 홍군을 쏴 죽인 모자를 들씌울가 하였던 것이오. 그러나 동무들이 나의 지휘에 잘 복종했고 또 그놈이 총을 쏜 시간이 늦었던 것이오. 우리는 이미 무기를 다 놓은 후이였으니가 말이오. 그래 홍군 사령원도 의혹이 생겼던 판인데 우리가 내놓은 무기를 훔쳐가지고 도망치는 것을 본 그는 완전히 안 것이오. 그래 총에 맞은 홍군을 아무 말 없이 실어 가지 않던가베."

"하여간 임시 무기를 잃어 섭섭하기는 하오만 돈화에 백인적의 암초를 들춰낸 공로는 우리의 것이오. 홍군 사령원도 나에게 말하더군. '무기는 이미 없어졌으니 후일 꼭 다시 찾아주겠으니 섭섭한 데루 참아달라'구 말이오."

렬차는 밝아 오는 동쪽을 향해 질주하고 있었다. 이미 날은 동틀 무렵이 된 것이다.

　※

후기: 나중에 안 바에 의하면 돈화현의 류현장이란 자는 국민당 반동파의 선봉이였는데 그의 딸도 홍군 사령원을 매수하고 조선의용군이 관내로부터 나온다는 정보를 쥔 그는 우리를 그곳에서 없애 치우려고 계획적으로 행동하였는데 고만 전우 동지의 참을성 있는 조직성의 (지렛대)에 의해 백일하에 그의 정체가 드러나게 되였고 홍군사령원은 실직죄로 사령원직을 철소당하여 쏘련 국내로 소환되였다는 것이다.

적의
기염을
꺾다

1945년 12월 상, 중순을 전후하여 조선의용군 선경중대를 비롯하여 본 부대들도 모두 연변에 도착하였다. 당시 소련 홍군 내에 있던 조선 동지들은 강신태^{姜信泰} 동지를 위수로 하여 홍군에서 나와 관내에서 나온 옹문도^{雍文濤}들과 같이 각각 사령원, 정위가 되어 연길에서 연변 경비 사령부가 성립되어 있었으므로 조선의용군 제5지대 사령부는 조양천에 있게 되였다. 지대 리익성^{李益成}, 정위 박일우^{朴一禹}, 참모장 권무^{權武}, 정치부주임 주혁^{朱革}, 그리고 16퇀 퇀장 박란권^{朴樂權}, 부퇀장 고생후^{高生厚}, 정위 여림^{呂林}, 참모장 리방남^{李芳男}, 정치부주임 최동광^{崔東光}, 15퇀 퇀장 남창수^{南昌洙}, 정위 전우^{全宇}, 참모장 김영만^{金英萬}, 정치부주임 고상철^{高尚鐵}, 훈춘에 17퇀 퇀장 김흠^{金鑫}, 참모장 허섭^{許燮} 등이였고 이밖에 지대부 직속으로 교도대대를 두었는데 대대장의 박송파^{朴松波}, 교도원에 김세민^{金世民}으로 군정 간부를 알선하는 것이 목적이였다.

연길, 룡정, 화룡, 등지에서 중학생, 로동자, 농민 청년들이 참군을 요구하여 집체로 혹은 개인으로 부대로 찾아오므로 각 부대에서는 그들을 접대하는 전부인원을 내세워 밤낮으로 참군접

꼬리빵즈
중국에서 조선족을 비하해 가
리키는 말.

대사업이 긴장히 진행되였다.

부대가 확건되고 조직도 정돈되였다. 마을의 공지마다는 련변장으로 변하였고 이곳저곳에서는 의용군 대렬이 지나가며 불러대는 혁명가로 들끓고 있었다. 지나가던 로인은 감격된 나머지 흘러내리는 눈물을 어찌할 수 없었고 청소년들은 두 손을 높이 들고 조선독립만세를 불러대였다.

북간도라 불리우는 이곳 연변은 항일렬사의 전통도 깊었지만 또한 일제가 알힘들여 배앙한 한간의 뿌리도 깊이 내려있다.

일제가 꺼꾸러지자 인민은 환희, 고무되였으나 한간들은 살길을 찾아 어떤 놈은 강을 건너 도망쳤고 어떤 놈은 외지로 가 군중 속으로 잠복했다. 게다가 일제의 민족분력정책과 국민당 반동파의 민족리간정책의 영향 하에 민족적 감정 충돌 사건도 빈번하였으니 한간 잔여세력들은 이 틈을 타서 자발적인 촌민무장대에 잠복하여 들어갔다. 국민당 반동파는 특무를 파견하여 불난 불에 키질하듯이 각종 요언을 퍼뜨려 인민을 소란시켰다. 그리하여 해방된 인민과 한간 잔여세력과의 모순은 돌출하게 되였다. 날이 감에 따라 국민당 공안부대라고 자칭하는 토비의 세력과 인민자위대사이의 모순으로 표현되였다.

국민당 등좌라고 자칭하는 천교령의 리무청李武靑, 평강의 진모陳某, 위만산림경찰대 대장이였던 춘향의 마희산馬喜山 등을 두목으로 하고 위만군국, 위만산림경찰대 등을 골간으로하여 이루어진 토비들은 공산공처하는 공산당을 반대한다. 작은 왜놈인 꼬리빵즈●를 본국으로 내쫓자 하며 백성들을 못살게 굴며, 촌방위시

설비, 공안부대경비 등 가진 명목으로 백성들의 재산을 략탈하고 로동력을 강박정용하였으니 백성들의 원성은 높아만 갔다.

의용군 대부대는 매일과 같이 이런 지구에서 요행 빠져나온 백성들의 공소가 빈번하였다. 그들의 기염은 대단하였다. 평화적으로 문제를 해결하자고 제기하여 아직 경험이 부족한 지방부대에서 담판대표를 파견하였다가 성공은 고사하고 인질로 가두어 놓는다거나 또는 아주 처단해 내리는 야만무도한 짓을 하곤 하였다. 그들의 이런 기염을 꺾어버리고 인민을 그들의 속박에서 해방시킬 임무는 지급한 일이였다.

드디어 1946년 1월 하순 어느 날, 우선 산두만, 평강, 묘령 등지의 토비를 숙청하기를 결정하였다. 팔도구에 주둔하고있던 16퇀은 산두만을 향하여 정면으로 공격하고 명월구의 15퇀은 돈화방면으로 통하는 길을 차단하는 동시에 예비 력량으로 삼고 드디여 작전행동은 개시되였다. 팔도구에서 밤중에 떠난 대오는 산두만 앞산에 매복하고 먼동이 터오기만 기다리고 있었다. 날이 푸름히 밝아오자 마을 정경이 어렴풋이 보여온다. 동네 앞문만 내놓고 마을 주위에는 국건한 대장토성을 올려 쌓고 마을 뒤 높은 산에는 기관총을 걸어 놓고 있었다. 이런 경우의 공격은 불시에 적이 미쳐 손쓸 새 없이 해치워야 하는 것이다. 그런데 신전사의 고발로 하여 적이 우리의 공격을 발견하였다. 그러자 적의 화력점에서는 일시에 사격이 시작되였다. 당시 우리에게는 일본군에게서 빼앗은 소형 땅크가 한대 있었다. 땅크는 불을 토하며 앞에서 달리며 그 뒤에 한개 패가 뒤따라 돌격하면서 뒤에서도 우리의 엄호

사격이 일시에 시작되었다. 그런데 불시에 적의 총알이 땅크 사격 구멍으로 날아 드러와 기관총수가 부상을 당하게 하였다. 부득불 사격수를 바꾸지 않으면 안 되게 되었다. 그러다나니 시간이 지체되었고 적들은 이 시간을 리용하여 동구문에 원목을 싸 올려 땅크의 공격을 막을 준비도 다 되었다. 재차 공격이 개시되었다. 땅크는 전진하면서 다시금 불을 토하기 시작하였다. 마을 앞 산의 아군의 엄호사격은 더욱 자즈러들듯이 련발 사격을 퍼부어 대고 땅크 뒤를 따르는 돌격대의 사기도 의기충천하였다. 우리의 화력에 눌린 적진에서는 마구 쏘아대는 눈먼 총알이 앵앵거리며 머리 우로 날아 지날 뿐이다. 바로 그때 전진하던 땅크가 움찔하고 멈춰서고 말았다. 원목에 길이 차단된 것이다. 무진 애를 써서야 원목 우로 기여오르기는 하였으나 원목 더미가 너무 높아 땅크 중부가 걸려 무궤도 차륜이 공돌기 시작하여 전진도 후퇴도 할 수 없게 되었다. 우리는 부득불 퇴각할 수밖에 없었다. 팔도구 방향으로 약 20리가령 되는 곳까지 후퇴하여 휴식하였다. 오후 3시경에 지대장인 리익성 동지가 도착하여 전투에 대한 소총결을 하고 밤 되기를 기다려 최동광 동지가 한개 영을 데리고 산두만에 접근하여 적정을 살피기로 하였다.

날이 훤히 밝아온다. 마을에서 사람이 나온다. 농민이다. 그를 데려다 물어보니 '토비들은 우리의 사기에 눌려 평강 방면으로 철퇴하였다.'는 것이다. 마을 정황을 확인한 후 의용군 부대는 마을로 들어가 군중대회를 열고 혁명 형세를 선전하고 아울러 중조인민의 단결의 필요성을 강조하는 동시에 중국 인민을 압박한 것은 조선 백성인 것이 아니라 일부 일제의 앞잡이가 한 짓이기에 중조 인민은 한데 뭉쳐 일위의 잔여 세력을 파내여 숙청해야 하며 일제 의 민족분렬정책에서 각성하며 일어나야 하지 국민당 반동파의 거짓선전에 속지 말아야 한다는 데 중점을 두었다. 5, 6일간 휴식 하면서 전투 경험을 종결하고 애민공작을 전개하였다. 군중은 처 음에는 의혹에 찬 눈으로 우리를 살피며 슬금슬금 피하는 눈치 가 보이더니 우리가 마당의 눈을 쳐낸다, 물을 길어 준다, 장작을 패준다 하니 날이 갈수록 그들의 의혹은 풀려갔고 마을은 다시 금 활기를 띠게 되었다.

우리가 적을 추격하여 평강에 도착하니 이미 그곳 토비들도 우 리의 위력에 눌려 도망친 후이였다. 그러나 묘령의 적들은 완강하 였다. 압수한 정보에 의하면 천교령에 리평야李平野 참모장이 인질 로 잡혀있다는 것이였다. 그래서 우리는 우선 먼저 천교령의 리무 청부대부터 쳐버리기로 결정하였다.

첫
승리

천교령 앞 아미다산이란 야산을 우리가 점령하였다. 천교령으로 들어가는 골짜기 량쪽에는 높은 산이 우뚝 솟아있있다. 그런데 적들은 그 높은 산을 점령하고 있어 천연적 조사요새를 이루고 있었다. 포병이 없는 조건에서 공격한다면 많은 희생은 불가피면이다. 우리는 마을을 완전히 포위한 다음에 소분대를 주야로 파견하여 적진을 교란하는 한편 정치공세를 발동하여 대적선전을 진행하였다. 이렇게 며칠이 지난 어느 날 오후 3시경이였다. 토비 셋이 흰기를 들고 나와 평화적으로 해결하자는 제의를 제출해왔다. 우리는 세 가지 요구를 제기하였다. 첫째, 인질로 삼은 리평야를 돌려보낼 것, 둘째, 동구좌우고봉에 매복한 군대를 철퇴시킬 것, 셋째, 천교령에 있는 무기를 한곳에 집중해놓고 부대는 비무장상태에서 대오를 정리해 놓을 것 등이였다.

우리의 요구를 접수하여 들어갔던 토비 대표는 몇 시간 후에 다시 나와 모든 조건을 다 접수하겠다고 통치를 전달하였다. 우리는 신중을 기하기 위해 입촌하는 것을 연장시켰더니 그 이튿날 인질로 삼았던 리평야가 노여나왔다. 그의 말에 의하면 토비들은 사기가 높지 못하여 특히 흑룡강성의 르팔로아 록도鹿道에까지

처 나왔다는 소식을 듣자 당황하여 투항하겠다는 것. 그러나 한
족 대원들을 모두 흑룡강의 팔로군에 참군시켜 달라는 것이었다.
도적이 제발 저리다고 조선 백성들에게 저지른 죄가 있어 조선의
용군을 꺼린다는 그들의 진상이 판명되자 우리는 일체 죄악은 일
제의 민족분렬정책과 국민당 반동파의 민족리간정책의 악선전의
결과로 믿고 너그러히 그들의 요구를 접수하였다. 그랬더니 과연
리무청의 토비 500여 명이 몽땅 투항하여 나왔다. 이 소식에 겁을
먹은 완강하던 묘령의 적도 투항을 요구하여 왔다. 그래서 우리
는 한개 영을 파견하여 그들 200여 명도 접수하였다.

　우리는 포로 정책에 근거하여 리무청을 천교령 역장으로 임명
하고 대원들은 대부분이 국민당 반동파의 기편 당하였던 기본
군중들이였으므로 후에 그들을 토대로 하여 한족퇀인 제3퇀이
성립되게 되였던 것이다. 이로 하여 일체의 민족적분기는 완전히
일제가 조작해 놓은 것이라 함이 실증되였으며 지방의 민족단결
의 군사적, 조직적 토대가 닦기기 시작하였던 것이다.

더욱
큰
비약을
위해

 3월 중순이 되니 그리 기승을 부리던 겨울 추위도 한풀 꺾여 낮이면 춘색이 완연하였다.

 그런 어느 날, 연길경비사령부에서 정치부주임이 오지대 사령부에 도착하였다. 장기간 빼또를 지고 다녀 구부정한 허리, 항상 웃음을 띠우고 있는 인자한 얼굴, 그는 우리 사무실이자 침실로 쓰고 있는 방으로 들어오자마자 "아, 수고들 했소. 이곳에 오니 제 고장에 온 감이 나는군!" 하면서 우리들과 일일이 악수하였다. 당시 우리는 조양천 일본인 철도 관사였던 다다미방에 네모진 밥상을 놓고 사업하고 있었다. 그는 아마 관내에서 항일유격전쟁시기의 환경이 상기되어 하는 말인 상싶었다.

 "연길은." 하고 그는 못마땅한 듯 말을 떼었다.

 "잃은 것도 왜놈의 군복이자 무기도 왜놈 것이지 상하급간에는 뗏뗏거리지. 사무상도 왜놈의 쓰던 것이지. 혁명 군인의 맛이란 도무지 나지 않는단 말이야!"

 그는 새로 조직된 자위대의 작풍이 눈에 거슬리는 모양이었다.

길동보안군 문예공작 대대 설립

"우리의 미천이 무엇인가! 인민의 자제병이란 데 있는 것이요.
인민을 위해 무조건 복무하는 이것이 우리와 국민당의 구별하는
유일한 근본적 표식이란 말이요."

그는 희색이 만연하여 계속 말을 이었다.

"우리 사령부에서는 동무들의 의용군을 금싸래기라고 생각하
고 있소. 우리 군의 전통인 3대 기률 8항주의의 작풍으로 그들을
교육해 내야만 하오."

그리고 나서 어째서 조선의용군과 경비대가 합병해야 하는가.
중국혁명과 조선혁명의 관계 등 진일보로 길동보안군성립에 대
한 의의를 일일히 설명하고 나서 그는 지난날의 자기의 경험을 례
들어 설명하였다.

"지난날 붉은 별의 오휘를 떼고 팔로군으로 편성될 때도 솔직히 말해서 나 자신도 잘 접수되지 않았더랬소. 그러나 날이 감에 따라 그의 심원한 의의가 점차적으로 알려지더군. 우리가 민족통일전선의 기치를 높이 들고 국공합작을 실현하지 않았더라면 국민당의 그 많은 좌파를 어떻게 쟁취하고 중간파를 단결하여 국민당의 극우파를 고립시킬 수 없었을 것이며 어떻게 오늘의 혁명형세의 더욱 큰 비약을 위한 조직적 담보가 바로 이번의 련합인 것이오."

이리하여 조선의용군과 연길경비사령부는 련합하여 길동보안군사령부로 된 것이다.

　　　　＊

트럭에 몸을 싣고 연길로 향하면서 조양천을 되돌아보니 약 4개월밖에 되지 않는 짧은 기간이긴 하였으나 여러 가지 잊지 못할 일들이 많고도 많았다. 그도 그럴 것이 우리가 그 간고하던 항일의 나날에 오매에도 그리던 우리 동포들! 그들과 처음으로 접하여 사업을 정식으로 벌려온 곳이 바로 조양천이었으니까 말이다.

그중 많은 일 가운데서도 우리의 첫 번째 전투-산두만에서 희생된 16퇀의 나팔수의 추도식장면이 제일 눈앞에서 삼삼거리며 떨어지지를 않았다.

그는 조양천 부근 어느 농촌의 20여 세의 청년이었다. 그에게는 미혼처가 있었고 잔치날을 하루 앞두고 산두만 전투가 있게 되었다. 그래 조직에서는 그를 돌보아 이번전투에 참가하지 말고 날

받아놓은 잔치를 하라고 권유하였다. 그러나 그는 전투에서 승리하고 돌아와 잔치를 하겠다고 견결히 우겨대는 바람에 조직에서도 그의 혁명에 대한 충성심에 감동되여 허락하였던 것이다. 이리하여 2번 전투에 참가한 그는 진공하라는 대장의 명령이 떨어지자 그 명령을 보다 더 기세 차게 멀리멀리 울려 퍼지게 하려고 언덕바지를 뛰여올라 불어대였던 것이다. 전투전공의 명령나팔은 울리고 울리고 또 울렸다. 이와 함께 사방에서 우리의 공격의 총성이 울린다. 땅크가 전진한다. 전사들이 돌진한다 한다. 전투 경험이라곤 전혀 없는 그는 신바람이 나서 정신없이 나팔을 불고불고 또 불었다. 끝내 토비의 총탄에 맞아 그 자리에 쓰러질 때까지

연길에서 친구와 함께

불어댔다.

　며칠 후 조양천 소학교 운동장에서는 그의 추도회가 열리고 있었다. 마당에서는 추도회에 모인 사람들로 인산인해를 이루었는데 누런 베상복을 입은 처녀가 있었다. 모두들 나팔수의 사적을 듣고 눈물을 흘리지 않는 사람이 없었는데 그중에서도 베상복을 입은 처녀가 제일 구슬프게 흐느끼고 있었다. 그가 바로 희생된 나팔수의 미혼 처였다. 성례 이전이니 처녀로서의 앞일을 꺼려 동네 사람들이 말리고 조직에서도 권유하였으나 끝내 그는 미혼 부의 추도식에 참가할 것을 견결히 요구하여 그들 미혼부부의 순결한 사랑을 찬양하는 의미에서 조선 민족 습관대로 베상복을 해 입었던 것이다. 나의 머리속에서는 당시의 나팔수의 모습과 그 미혼 처의 상복을 입은 형상이 번갈아 떠오르며 살아지지를 않는다.

　그렇다. 이게 바로 해방된 조선 청년의 혁명에 대한 지성어린 충성의 화신이리라!

　만세 소리에 제정신으로 돌아와 보니 우리를 환영하는 경비대의 대렬이였다. 어느덧 연길에 도착한 것이다. 의용군을 실은 트럭은 꼬리에 꼬리를 물고 들이닥치며 이 대렬을 둘러싼 경비대원들의 만세 소리와 이어 호응하여 트럭 우에서 불러대는 의용군의 구호 소리는 온 거리를 뒤흔들며 길동보안군 사령부로 향하였다.

금주에서의
활동

　기동지대 지대장 리익성이 태행산 근거지에서 꾸리는 화북 조선혁명군사정치간부학교 군사 교원으로 조동되여 가자 그의 후임으로 조선독립동맹본부 조직부 부장으로 리유민^{李維民} 동지가 파견되였다. 그때는 이미 기동지구의 항일운동이 일본제국주의자들이 직접 경영하는 백각장, 로태 농장 등은 물론이요 개인 농장에까지 활발히 침투되고 있을 때였다.

　이른바 대동아공영권건설에서 본보기를 보여주었던 위화북자치구의 유력한 지방지사이며 일제 놈들의 간첩이였던 창려 농장주가 처단된 이 사건은 리성벽력처럼 한간주구들을 벌벌 떨게 하였고 항일인민으로 볼 때 급시우를 알리는 신호로도 되였다. 그러므로 이 사건은 일제 놈들에 대한 모든 사람들의 태도를 측정하는 시금석으로 되였다.

　"이번 사건을 계기로 더욱 많은 골간을 발견하고 사업을 확대하자! 조건만 있다면 산해관을 넘어 동북에까지 선을 늘이자!"

　1944년 늦가을 어느 날 저녁, 리유민은 경위원과 같이 비밀련락원 서영호를 찾아 창려 농장으로 가면서 리익성이 공작 교대시에 알려준 모든 조건들을 재검토해가며 이런 생각을 곱씹고 있었다.

산해관을 지나가는 부대

　미구하여 리유민은 한 농막집에서 사는 서영호를 찾았다. 비밀
련락신호로 서로간의 신분을 확인한 그들은 창문까지 이불로 가
린 안방 등불 밑에서 밤이 깊어가는 줄도 모르고 토론에 열중하
고 있었다.

　서영호는 40이 넘은 중년인데 '3.1 운동' 시에 조선 어느 농촌에
서 농민두령으로 활동하다가 일제 놈들에게 체포되여 한 달이나
구류소에서 고생한 적이 있는 애국지사로서 지금은 리대성과 관
계를 맺고 조선의용군을 협조하고 있었다. 2번 창려 농장주를 처
단하는 일에서도 농장 정황에 대한 정찰과 길 안내까지 그가 도
맡아 감당했던 것이다.

　두 사람은 토론 끝에 반일사상이 가장 뚜렷한 두 청년 가운데
서 우선 먼저 한 사람을 교육 대상으로 결정하고 또 금주에도 선
을 느릴 결정을 지였다.

며칠 후였다. 서영호는 병 치료를 구실로 금주 최명국 병원에 나타났다. 이 병원은 최명국의 개인 병원인데 일본 관동군 한 개 대대의 지정 병원을 겸하고 있었다. 때문에 그는 관동군 군부로부터 지방 병원으로서는 구할 수 없는 좋은 약, 특히 외과 특효약들을 공급 받고 있었다.

"선생님, 내 병을 잘 봐주십시오. 먼 곳에서 왔습니다. 산해관 저쪽 창려 농장에서 선생님의 소문을 듣고 왔습니다."

"참 먼 곳에서 왔군. 그곳은 살기 좋습지요?"

"농사는 잘 되는 곳입지요. 근데 며칠 전에 조선인 농장주가 조선독립동맹인지 조선의용군인지 하는 군대에게 맞아죽었지요. 누가 그 농장을 사겠는지 막연합니다."

"그 농장주가 무슨 총살당할 짓을 한 거나 아닌가요?"

"우리 같은 농민이야 뭘 압니까? 풍설로는 경찰과 함께 항일하는 사람을 잡자고 날뛰는 한간이라나요."

"한간이라구요?"

순간 그의 눈에서는 격분의 빛이 번뜩이였다.

"조선의용군인가 하는 부대가 그렇게도 세력이 큰가요?"

"그야 더욱 알 수 없지만 풍설로는 좌우간 철도에서 20~30리 밖에는 팔로군과 의용군의 세상이라는 소문이 자자하던데요!"

목적을 달성한 서영호는 그 길로 돌아섰다.

서영호의 회보를 들은 리유민은 팔로군 12퇀의 협조 하에 만리장성을 감쪽같이 넘어선 후 수중에서 기차를 타고 금주에 이르렀다. 토요일 저녁이다. 병원에서 다 퇴근한 후 리유민은 경위원과 함께 병원 문을 두드렸다.

"급한 환자가 있어 그럽니다. 밤중이지만 좀 봐주십시오."

급한 소리를 들은 주인은 문을 열고 두 사람을 들여놓았다.

"밤중에 찾아와 대단히 미안합니다. 사실은 병 보러 온 것이 아니라 조용히 상의할 일이 있어 왔습니다."

"그럼 내일 낮에 오십시오!"

아직 눈치를 알아차리지 못한 최 의사의 태도는 쌀쌀하였다.

"아닙니다. 우리는 조선독립동맹에서 일하는 사람입니다. 량해하십시오."

이 말에 최 의사는 아무 말도 못하고 와들와들 떨고만 있었다.

"우리는 절대로 최 의사의 생명을 위협하거나 개인 재산에 손해를 끼치지 않을 테니 놀라지 마십시오."

손님의 말은 침착하였다.

"그…… 그럼!"

"우선 조용한 방으로 갑시다."

리유민은 최병국을 따라 진찰실로 들어가고 경위원은 전화와 뒤문을 지켜보고 있었다.

리유민은 조선독립동맹과 조선의용군을 간단히 소개하였다.

"참 수고들 하십니다. 각오하지 못한 나로서는 다만 량심의 가책을 받을 뿐입니다."

이어 리유민은 시족형세와 목전에 조선인이 마땅히 해야 할 일들을 설명하고 나서 "최 의사와 상의하려는 것은 일본군 금주경비대대의 지정 병원인 만큼 그들한테서 더 많은 약품을 받아내여 그의 일부를 우리 항일하는 사람들에게 희사하면 어떻겠는가 하는 것입니다."

"될 수 있습니다. 한 달에 얼마씩이나 드리면 좋겠는지요?"

"그거야 최 의사가 더 잘 아시지요. 최 의사에게 손해가 없게 하려면 일본 군인들에게는 약을 적게 쓰는 한편 군부로부터는 더 많이 약품을 타내면 좋지요. 어쨌든 최 의사의 민족적 량심과 성의에 맡기고 싶습니다."

"잘 알았습니다. 그렇게 하지요."

"일제가 망한 후 조선 인민이 해방되면 최 의사의 공헌을 절대 잊지 않을 것이니 꼭 믿어주십시오."

리유민은 비밀련락암호와 약을 가지러오는 기일을 매달 첫 주일로 정하여 주었다.

"특별한 일이 있기 전에는 나는 될수록 나타나지 않으렵니다. 그리 아시고 정한 날에 사람이 오거든 비밀암호를 맞춰보시고 그 사람에게 약을 보내주십시오. 약은 사전에 준비해 두셔야 합니다."

"예! 미리 잘 싸서 감춰뒀다가 보내드리겠습니다."

"그럼, 우리는 떠나야겠습니다."

"잠간만 기다려 주십시오. 나의 첫 성의로 귀중한 약을 좀 드리겠습니다."

최명국은 민족적 량심과 리유민에 대한 경의가 담긴 지원 약품을 싸서 경위원에게 넘겨주었다.

그 후부터 최명국 의사가 지원하는 귀중한 약품은 만리장성을 넘어 기동을 걸쳐 천진, 북경에서 지원 받은 약품과 함께 태행산, 연안 등 로항일 근거지로 들어갔고, 이를 계기로 하여 조선독립동맹은 만리장성을 넘어 금주에도 뿌리를 박기 시작하였다.

태행산에
영면한
일본
사람

　일망무제한 광활한 화북평원 서쪽에는 태행산맥이 남북으로 면면히 뻗어나가고 있다. 경한선은 북경에서 서남방으로 기우러지면서 석가장에 이르고 석가장서부터는 남쪽으로 직하하여 한구에로 달린다. 석가장에서 태행산맥을 가루질러 가는 철도는 꼬불꼬불 산벼랑을 에돌아 태원에 이른다. 이 철도를 지키고 점령한 도시와 진鎭을 수비하고 팔로군의 유격 근거지를 봉쇄하기 위하여 요소요소에 설치해놓은 일본군의 또치까는 층층이 늘어서 멀리에로 뻗어나간 그 모양은 실로 만리장성의 군대군대 줄지여 세워진 장군각을 련상케 한다.

　1938년부터 시작한 중국의 항일전쟁도 팔 년째에 들어서자 팔로군의 반공은 마침내 본격적 계단으로 돌입했다.

　태행산의 항일 근거지는 일본군의 봉쇄선을 돌파하고 평원지대로 확정돼 나가 유격구였던 곳은 근거지로 되고 일본군이 점령했던 곳도 유격구로 변해갔다. 그리하여 일본군의 점령구는 성시와 진, 그를 련결하는 철도뿐으로 팔로군의 말과 같이 점과 선만 남게 되였던 것이다. 이러한 급격한 변화 과정에 퇴각에서 뒤떨어진 또치까는 고립무원한 대해중의 외로운 섬의 신세가 되고 마는 것이다.

석가장 부근 원씨현 경내에도 이런 또치까가 있었다.

팔로군은 마을의 권위 있는 로인을 사자로 보내여 팔로군의 포로정책을 설명하고 투항을 권고하였으나 접수는 고사하고 보냈던 사자는 매를 맞고 쫓겨 오고 말았다. 촌민들의 의견은 분분하였다. 이번에는 팔로군이 직접 가서 시국의 형세를 설명하고 투항할 것을 권유하였으나 역시 효과가 없었다. 무력으로 함락시키려면 자타의 희생은 피면하기 어려웠다. 방어시설이 견고하였던 것이다. 그래서 팔로군은 또치까를 봉쇄해서 식량이 떨어지면 투항할 것이라고 여기고 봉쇄만을 단단히 틀어쥐였다.

또치까는 태행산록에 있는 고개마루 언덕에 있었다. 날이 감에 따라 식량이 떨어져 가게 되니 일본군은 또치까에서 고개를 지나가는 사람을 보기만 하면 총으로 위협하여 물건을 략탈하곤 하였다. 일본군은 화적패로 변해갔던 것이다.

어느 하루, 14~15세의 처녀애가 닭알을 가득 담은 바구니를 끼고 고개마루에 이르렀다. 이것을 발견한 일본군은 고래고래 웨쳐댔다.

"그걸 가져와라! 안 가져오면 총을 쏘겠다!"

깜짝 놀란 처녀애는 무서운 김에 아무것도 잊어버리고 바구니를 든 채 도망쳤다.

"땅!"

야무진 총소리와 함께 처녀애는 쓰러져 숨을 걷고 말았다.

이렇게 되니 문제는 커졌다. 그의 부모는 물론이고 초민들도 들고 일어났다.

팔로군에서는 희생자를 낼 결심을 하고 그 또치까를 공략할 작전 방안을 세우고 있었다.

"희생자를 줄이자면 또치까의 문을 열게 하는 것입니다"라고 한 조선의용군이 제의하였다.

"일어에 능한 사람이 일본군의 구원대로 가장하여 그들이 문을 열게 해야 합니다."

그래서 일본병 출신의 조선의용군 몇 명이 가장 구원대에 자원하여 나오자 작전 방안은 더욱더 성숙되여갔다.

이 소문을 들은 일본인민해방동맹의 동지들이 팔로군 참모부에 달려왔다.

"가장 구원대로는 우리가 더 적합합니다. 꼭 우리에게 맡겨주십시요. 꼭 성공해 보이겠습니다."

가장 구원대를 지원해 나선 사람 가운데는 약 1년 전에 포로로 되여온 사람도 있었다.

지난날에 완고했던 그들을 생각했을 때 팔로군의 젊은 대장의 눈시울은 뜨거워났다. 그가 그들을 처음 포로했을 때 그들께서 받은 상처가 아직도 얼굴에 남아있었고 당시는 너무나도 분하여 이 사람들은 돌려세울 가망이 없다고 사령원에게 보고했다가 비평받은 기억이 머리속에 지금도 생생하였다. 젊은 대장은 이런 일을 생각하니 당시의 사령원의 비평이 정확하였다는 것이 뼈아프게 느껴졌기 때문이였다.

　　병사들의 침실에는 오래동안 호야를 닦지 않아 남포등의 누루
수름한 불빛이 졸고 있는상 방안을 비추고 있었다. 어두컴컴한
침실에서는 퀴퀴한 땀 냄새가 꽉찬속에 병사들의 코고는 소리만
이 요란했다.

　　후지노 대장은 침대에 눕기는 하였으나 그날 밤에는 아무리 애
를 써도 잠이 오질 않았다. 그는 흐리멍덩한 가운데서 속으로 ‘군
인측유’를 암송하고 있었다. 그는 요새 ‘군인측유’는 모든 잡념을
쫓아버리는 주문이라고 생각하고 있었기 때문이였다. 마음이 산
란하고 번민이 생길 때에는 확실히 효과가 있었다.

　　그때 별안간 전화의 벨소리가 요란스레 들려왔다. 처음에는 꿈
인가 하고 의심했다. 전화가 불통이 된지 이미 5개월이나 되였던
것이다. 팔로군이 전화선을 끊어 놓았던 것이다. 또 전화벨이 울
렸다. 그는 자리를 박차고 일어나 전화 수화기를 잡았다. 그 얼마
나 그립던 상관님의 목소리가 아니였던가!

　　“네, 그렇습니다. 어데에서라구요? 네! 한 키로쯤 되는 곳이라
구요? 네! 네! 대위님 감사합니다. 이상 없습니다. 네! 네! 어서 와주
십시요. 저는 너무나도 감동되어 눈물이 흘러내립니다. 네! 네네!”

　　전화는 끊어졌다.

　　후지노는 평상시의 자기의 신념이 실증되였다고 생각하니 하
늘의 별이라도 따낸 것 같아 무등 기뻐났다. 후지노는 복장을 단

정히 하고 우쭐렁거리며 병사들의 침실로 향하였다.

"구원대입니까?"

"일어를 아는 팔로군이 아닐까요?"

"조선의용군의 음모가 아닐가요?"

오래간만에 들여온 그립던 전화의 벨소리였기 때문에 이미 일어나 있던 병사들은 제각기 떠들어대였다.

후지노는 화가 발칵 나서 소리 질렀다.

"이 머저리 놈들아! 이 대장님을 어떻게 본단 말이냐?"

실내는 일시에 쥐 죽은 듯 조용해졌다.

"쨍꼬라●나 조선 놈의 일어 말투쯤은 다 알고 있다. 머저리 같은 녀석들. 구마모도● 사투리야. 이 내 귀로 들었단 말이다!"

후지노는 욕을 퍼붓고 나니 다시 기분이 좋아졌다.

"이 머저리 같은 녀석들! 빨리 일어나라! 이 내가 말한 것이 틀림없지. 차렷! 천황폐하를 어떻게 생각하니. 차렷! 폐하에 충실한 신민을 그대로 내버려 두는 법이 있었던가! 언어도단한 말이다!"

그는 더욱더 기분이 좋와져서 떠버렸다.

"이 자식아! 너는 투항하려고 했지! 네 얼굴에 그렇게 적혀있다. 팔로군에게 붙들리면 눈알을 빼우고 코와 귀도 다 잘리우고 만단 말이다. 나중에는 심장까지도 도려내우고 만단 말이다! 오늘의 승리를 때내게 된 것은 대관절 누구의 덕분인가?"

후지노는 통쾌하기 그지없었다.

그때 문뜩 천변만화의 팔로군의 전술이 그의 뇌리를 치자 불길한 예감이 직감되였다.

쨍꼬라
중국인을 비하하는 말.

구마모도(熊本)
구마모토. 일본 규슈(九州) 중부에 있는 현, 현청소재지.

"만일에 말이다. 팔로군인 경우에는 옥쇄가 있을 뿐이다! 알았는가!"

"네, 알았습니다." 하고 일제히 대답하였다.

"○○군조, 네가 문을 열고 맞이할 책임을 져라!"

그때 지붕에서 보초를 치고 있던 병사가 사다리를 뛰어내려 오면서 웨쳤다.

"대장님! 후원대입니다. 후원대가 왔습니다!"

"망할 자식! 덤비지 말아! 각자의 책임을 지켜라!"라고 말하면서 보초의 배를 발길로 걷어찼다.

바로 그때다. 문을 두드리는 소리가 났다.

○○군조는 잘못하면 자기도 언어맞을가봐 슬금슬금 눈치를 살피면서 문가로 다가갔다. 조급해 난 후지노는 "겁쟁이 같은 자식! 뭘 꾸물거리고 있는 거야!"라고 웨치면서 문을 열자 기둥 뒤로 몸을 뺐다.

"손들라!"

벽력같은 웨침 소리와 함께 권총을 빼든 일조 장교 두 명이 들이닥쳤다.

너무나도 뜻밖의 일인지라 병사들은 모두 총을 버리고 방구석으로 몰려갔다.

주위는 물을 뿌린 듯 조용한데 열어 놓은 문으로는 달빛이 흘러 들어오고 있었다. 바로 그때였다. 귀청을 째는 듯한 총성과 함께 방금 들어온 일군 장교 두 명이 쓸어졌다. 이와 때를 같이하여 눈사태가 쏟아져 내리듯 팔로군이 문으로부터 드리닥쳤다. 후지노가 총검에 찔려 꺼꾸러진 것은 더 말할 필요도 없을 것이다. 실로 순식간의 일이였다.

    ＊

    그로부터 2~3일 후이였다. 그 마을에서는 일본인민해방동맹의 두 렬사의 추도회가 열리고 있었다.

    식장 정면에는 '국제주의전사○○, ○○동지는 영생불멸하리라!'라고 쓴 만사가 달린 화환이 네 개 세워져 있었다. 그중 두 개는 중국말로 쓰워졌고 나머지 하나는 일본말로 쓰고 또 하나는 조선말로 쓰워져 있었다. 중국말로 쓴 두 개는 하나는 진찰기 군구 정치부의 것이고 또 하나는 그 마을 항일정부의 것이였다. 일본말의 것은 일본인민해방동맹의 것이고 조선말의 것은 조선의용군의 것이였다.

    그 마을 고개마루의 언덕, 또치까가 있던 건너편 언덕 기슭에 흙무덤이 두 개 모셔졌다. 그 무덤들은 동남으로 벋어나간 화북평원을 내려다보며 황해, 일본해를 건너 동쪽을 바라보고 있었다. 그것은 당시에 희생된 두 일본 사람의 무덤이다.

    1945년 뽀스담선언발표를 선후하여 팔로군 총참모장 염겸영의 보고에 의하면 8년 항전 중에서 희생된 일본인해방동맹의 선렬들은 아래와 같은 8명이다. 데라사와 사꾸라, 아이노(?), 야스끄라 기요시(아기우찌현), 아사노, 기요시(가다야마현), 구로다 쓰주구(사이다마현), 스스기(?)(효고현), 마스노 히로시(히로시마현), 오오노 시스오(나가노현).

그렇다면 당시의 싸움에서 전사한 두 일본인은 이상의 8명 중의 누구인가의 두 사람일 것이다.

1986. 3.

미국
공군의
권총

　1944년 5월 8일, 조선강제 학도병이였던 김룡수 등 3명이 일제의 오대하변분견대에서 전신 무장을 한 채 탈출하여 진찰기 군구산하의 모환과 같이 행동하고 있을 때였다. 별안간 요란한 비행기소리와 함께 7~8대의 비행기가 나타나는 바람에 부대는 불연간 긴장해졌다. 한데 이상한 것은 7~8대의 비행기가 서로서로 꼬리를 물고 공중에서 상하로 원을 그리며 돌고 있는데 가끔가끔 양철통을 두두리는것 같은 소리가 들여오곤 하였다. 공중전이 벌어진 것이다.

　"군민당의 비행기와 왜놈의 비행기일가?"

　"천만에! 장개석이 그런 용기가 있어! 쏘련의 지원병일거야."

　공중전이 벌어진 것이 확인되자 부대는 나무 밑에 은폐하여 그것들의 동정을 살피고 있었다. 별안간 세 대의 비행기가 짙은 연기를 토하며 제각기 자기의 방향으로 곤두발기며 떨어지는데 그중 한 대에서 무엇이 떨어지는 것 같더니 잠시 후에 락하산이 펴지며 무엇인가 매달려 있었다.

　"사람이다!"

휠천
휜칠.

미구하여 떨어지던 비행기는 짙은 연기가 불길로 변하더니 산 너머로 살어지더니 둔탁한 굉음과 함께 땅덩이가 부르르 떠는 상 싶었다.

락하산은 바람에 불려 우리 쪽으로 날려 오고 있었다. 퇀장의 명령에 의해 한 개 패가 그를 추격해갔다.

그 이튿날이었다. 퇀부에서 통지가 와 김룡수 등 셋은 퇀부에 나타났다. 퇀장은 반가히 그들을 맞이하며

"어제 그 락하산을 타고 뛰여 내린 병사는 미국 공군이었습니다. 만약 선생들이 영어를 아신다면 통역을 해주셨으면 해서 청했습니다."

"잘할 줄은 모르지만 필요하시다면 만나 보지요."

셋은 지혜를 모아 필담을 섞어가며 겨우 이만한 의사를 전하였다.

좀 기다리니가 키가 휠천●한 미국 공군이 안내되어 두러왔는데 우묵한 두 눈에는 의혹과 공포의 감이 떠도는 상싶었다. 그가 드러오자 사령원은 그를 권고하여 자리에 앉힌 다음 말하였다.

"어제는 우리 전사들이 사정을 잘 몰라 실례한 점이 있는지 모르겠습니다."

김룡수는 번역하였다.

"네! 나는 미국 공군이죠. 중국과는 동맹군인데 어째서 나의 무기를 해제시켰습니가?"

"그것은 우선 우리 전사가 당신의 신분을 잘 몰랐던 것이고, 또 당신의 안전에 대해선 우리가 절대 책임지기 때문이였는데 필요

하시다면 곧 돌려드리지요."

미구하여 그의 무기는 돌려왔고, 자기의 무기를 받고 검사해보고 난 그는 그제야 안심하는 기색이 나타났다. 재빨리 그의 눈치를 챈 퇀장이 제삼 어제 일을 사과하고 나서 중국공산당과 팔로군에 대한 소개를 하였다. 듣고 있는 미국 공군은 계속 머리를 끄덕이고 있었다. 퇀장은 말을 이였다.

"여기 선생에게 통역을 하고 있는 세 분은 조선 대학생이였었습니다. 그들은 조선 강제학병으로 이곳에 끌려나왔다가 일제의 침략전쟁을 반대하여 약 5일 전에 무기를 가지고 일본 군영을 탈출하여 우리와 같이 항일하려고 우리 팔로군온 분들입니다."

통역을 하고 있던 김룡수는 그가 강제학도병이란 말이 무슨 말인지 잘 리해하지 못하는 것을 눈치채자 그 부분의 설명을 더 상세히 보충했다.

"오케! 알만 합니다. 조선 대학생을 모두 지원병이란 명목하에 침략 전쟁터로 끄러낸 사건. 1943년 말의 일이죠. 나도 신문에서 본적 있습니다."

그는 연상 고개를 끄덕이더니 "장하십니다. 조선 대학생. 마땅히 자기의 원쑤를 알아야지요. 그 용기 참으로 귀중합니다."

퇀장은 우리의 이야기를 통역을 통해 듣고 있었는데 면상 만면에 웃음을 띄우고 있었다.

담화는 식사 시에도 계속되었다. 미국 공군은 중국료리를 신기한 듯이 이리저리 뒤적거리며 탐욕스레 먹고 나더니 만족해하며 "중국료리 참으로 맛이 좋군요."

그 후 군구사령부에서 통역이 와서 그를 데려갈 때까지 김룡수는 그의 통역을 담당하게 되었다. 그러던 어느 날이였다. 그가 군구로 가게 되어 갈라질 때의 일이다. 그는 자기가 차고 있던 권총을 꺼내 주면서 말하였다.

"우리는 파시스트를 반대하는 공동한 투쟁에서 당신이나 나나 다 생사의 고비를 넘어 서로 알게 되었고 벗으로 되였습니다. 이 우정을 기념하기 위하여 나의 권총을 당신에게 선사하지요."

김룡수는 생각도 하지 못하였던 일이였기에 어떻게 하면 좋은지 몰라 옆에 있는 퇀장에게 대강 내용을 번역해주고 그의 눈치를 보니까 "받아도 좋습니다." 하고 동의를 표시했다.

내가 받으니 미국 공군은 대단히 기뻐하며 총에 대한 설명을 했다.

"이 노란 알은 적을 쏘는 것이고, 패랭이는 참새 따위에 자근●동물로부터 꿩 따위의 들짐성을 쏠 수 있는 무철이 들어있는 총알이며 자지빛의 것은 비교적 큰 무철이 세 개 들어있어 노루 따위를 쏘는 총알입니다."

"전쟁터에서 언제 그런 총알을 쓸 기회가 있나요?" 하고 물으니까 "기회야 있지요. 특히 공군은 의외 일, 바로 이번의 일 같은 일이 생길 수 있는데 만약 무인지경인 산속에 떨어지면 어떻게 합니까. 먹어야 살지요. 우리 군인은 적의 총알 이외에는 어떠한 경우던지 어떻 위협이던지 받아서는 안 되지요."라고 덧붙이였다.

김룡수는 그와 갈라진 후 다시는 그의 소식을 모르며, 그가 말하던 적이 지금은 무엇인지는, 이런 소식은 더구나 알 수 없다. 단지 그는 좋은 무기가 좋은 목적을 위해 복무한 것만을 마음속으로 바랄 뿐이었다.

1986. 8.
북대하에서

생활의
동반자

'문화대혁명' 후기였으니까 1976년이었고 취난보이라●를 끄지 않았을 때이니가 3, 4월경이라고 생각된다. 당시 나는 보이라와 불을 다 때고 씨불을 묻고 있을 때였다. 장춘에서 나에게 료해할 재료가 있어 찾아왔다 하기에 하던 일을 수습해놓고 사무실로 향하였다.

사무실에 드러서니 50이나 됨직한 중로인이 기다리고 있다가 소개신을 내놓았다. 장춘 제1자동차공장 당위의 소개신이었다. 그 중로인은 반갑게 나에게 인사를 하더니 "당신은 쓰리를 아십니가?" 하고 묻는 것이였다.

"네, 압니다. 1946년도 말부터 1947년도 말까지 한 1년 동안 같이 있었지요. 우리과의 선교간사였습니다."

"참 잘했습니다. 쓰리의 재료를 하려고 여러 곳을 찾아다녔는데 오늘에야 멘바●를 찾았구만요."

그는 무둥 기뻐하였다.

세상일이란 지나간 일이 되고 보면 불유쾌하던 일도 그리워지는 상싶다. 쓰리는 당시 선교간사였는데 나보다 혁명력사도 길고 나이도 2~3살 우인 녀성 동지였다. 그런데 무슨 리유인지 당내 생활은 정지되어 있었고 언제나 생활은 소침해 있었다. 그러다가 사령부의 부정위인 축세봉이 오기만하면 같이 나가 뭣을 하는지 3~4시간식이나 있다가 오는데 드러온 것을 보면 두 눈이 퉁퉁 부운 것으로 보아 운 것이 분명하였다. 공작 표현은 적극성이란 전혀 없었고 시키는 일이나 하는 정도였는데 당시 과장이었던 나는 속으로 그에게 무시당한 것 같은 의견은 있었으나 자세한 내막을 모르고 그에게 말할 수도 없는 처지였다. 그런데 하루는 과내에 나 혼자 있을 때 축부정위가 왔기에 그에게 의견을 제출하였더니 "당신은 아직도 어리오. 내가 말해줘도 리해하기 바쁠 게요. 그의 문제는 관계치 않아도 되오."라고 딱 잘라 말하는 바람에 부정위와 그와의 관계를 둘러싸고 의문만 가지고 있었으니 자연 쑤리에 대한 나의 인상이 좋을 리 만무하였다. 그러나 30여 년이 지난 오늘 중로인한테서 그의 이름을 들으니 역시 반갑고도 궁금한 생각에 나도 모르는 사이에 "그가 지금 어데에 있나요?" 하고 다우쳐 물었다.

"쑤리말입니까? 장춘 제1자동차공장 간부청 청장입니다."

"그럼 그의 당적 문제도 해결된 게로군요."

"해결됐죠."라고 그 중로인을 말을 이으며 무슨 생각에 잠기는 것이였다.

"참으로 반갑습니다. 그때 쑤리는 그 문제 때문에 매우 고민하고 있었지요."

"그렇지 않구요. 그렇게 되면 고민 안할 사람이 어데 있겠습니가."

"그에 대한 이야기를 해주실 수 없을가요?"

"그렇게 하지요." 하고 그는 말을 시작하였다.

　　　*

　　쑤리는 본래 동북 사람이였는데 9.18사변 때 장개석의 부저항주의로 인하여 장학량이 관내로 철퇴하자 당시 녀학교 학생이였던 그는 많은 애국적 학생들과 같이 장학량부대를 따라 항일구국의 일념으로 관내로 들어갔던 것이다. 후에 그녀는 팔로군에 참군하였고 팔로군 태행군분구 모 간부와 결혼하였다. 쑤리는 팔로군에 참군하기 전에 북경 부근에서 지하공작을 했던 경험이 있어 그곳 정황에 비교적 익숙하였으므로 다시 북경으로 파견되여 갔던 것이다. 그러던 중, 일본 헌병대에 체포되고 말았다. 팔로군의 녀성 고급간첩이 체포되였다는 정보를 들은 북지파견군 헌병대 려장은 쑤리가 나이도 어리고 학생출신이고 하니가 그를 얼리여 변절시켜볼 의향에서 려장 친히 자기 사무실에 두고 생활도 같이 하였던 것이다.

　　쑤리는 려장의 통역관을 통해 려장과 거래하고 있었는데 통역관이 조선 사람이란 눈치를 채게 되었다. 그리하여 려장이 없는 기회만 있으면 그에 대한 공작에 착수했다.

　　"통역관 당신은 조선 사람이죠?"

　　"네, 그렇습니다."

　　"당신 생각엔 일본제국주의의 운명이 언제까지나 갈 것 같습니가?"

　　"?"

"이태리가 이미 투항했고 쏘련 홍군이 이미 반공으로 들어갔고 일본 본토가 미국 공군의 폭격을 당하고 있는 사실을 압니가?"

"?"

려장이 없는 기회만 생기면 쑤리는 계속해서 통역관인 리정규를 교육했다. 자기는 태행군분구에 있었는데 그곳에는 조선의용군이 있고 조선독립동맹이 있다는 것. 팔로군의 기의인원에 대한 정책 등을 하나하나 선전교육하였다.

그러던 어느 날이었다.

"나 같이 일본헌병려장의 통역을 하던 사람도 조선의용군이 믿어줄가요?"

"이미 형성된 기성 사실을 어떻게 합니가. 지금이라도 자기 잘못을 깨닫고 기의한다면 환영하지요."

"일본 식민지하에서 길을 잘못 들어선 사람들 중 많은 사람들은 모든 소식이 봉쇄된 조건하에서 기편당한 데 있지요. 그러니까 역시 일제의 식민지 봉쇄 정책의 죄악이죠."

리정규가 동요되고있는 것을 눈치채자 쑤리는 신심 가득히 말을 계속했다.

"만약 당신이 나를 데리고 기의한다면 우선 공을 세울 수 있지 않습니가!"

"사실 난 일본 놈들에게 깔보이고 눌려있기가 싫어 이런 길에 들어섰는데 날이 가면 갈수록 량심에 가책을 받고 있습니다. 왜 놈들이 북지에 와서 이렇게까지 횡패를 부릴 줄은 몰랐습니다."

렬채
문맥상 '熱火'의 의미로 추측됨.
뜨거운 불길이라는 뜻. 매우 격
렬한 열정을 비유적으로 이르
는 말 또는 매우 급하게 치밀어
오르는 화증.

정풍운동(整風運動)
중국공산당의 당내투쟁을 효과
적으로 전개하기 위하여 마오
쩌둥(毛澤東)이 주창한 당원활
동 쇄신운동. 1942년 옌안(延安)
을 중심으로 처음 전개된 이후
1948, 1950, 1957년 대규모의 정
풍운동이 벌어졌음.

"그러기에 당에서는 관대정책을 실시하는 것이지요."

"그렇지만 난 아직 렬채●는 없습니다."

"그러면 더욱 좋지요."

헌병대려장이 나가고 그들 둘이 남는 시간이 생기기만 하면 이런 문제를 토론하였고 따라 그들의 탈출 계획도 점점 성숙되여갔다.

"래일 기회가 참 좋습니다. 려장 놈은 군마를 타고 사령부 회의에 가지요. 이 기회에 그의 자동차를 타고 갑시다. 길만 안내하십시오."

외출했다 돌아온 리정규는 흥분하여 말하였다.

그 이튿날이다. 일본헌병려려장전용의 하이야 한 대가 북경 시교를 지나 팔로군 유격구를 향하여 질주하고 있었다. 하이야에는 헌병려 려단장의 기발까지 휘날리고 있었다. 이 기가 휘날리는데 위군보초선에서는 물론 일본군 보초선에서도 차렷 자세와 깍듯한 경례를 부쳐 환송하였다. 유격구를 질주하던 하이야에는 어느 사이엔가 려단장 기발 대신 흰기로 바꾸어졌다. 이리하여 그들 둘은 항일 근거지로 들어오게 되였다.

1942년부터 시작한 정풍운동●은 1943년도에도 계속 신입되고 있었다. 적구공작에서 돌아온 쑤리도 정풍운동에 참가하게 되였다. 쑤리는 몇 번이나 사상검사를 썼으나 통과되지 않았다. 그도 그럴 것이 북경지하당 조직에서 들어온 소식에 의하면 ○년 ○월 ○시에 쑤리가 일본 헌병에게 체포되였다. 헌병려 려장이 매우 기뻐하며 그를 데려갔다 하는 소식밖에 없었고 아무리 봐도 쑤리에게서는 고문당한 흔적이란 찾아볼 수조차 없지 않은가! 일반적으로는 리해하기 어려운 문제였다. 쑤리는 쑤리 대로 억울하였다. 적에게 체포된 후 나는 투항하지 않았을 뿐만 아니라 통역한 사람까지 기의시켜 데려오지 않았는가? 생각하면 생각할수록 참담하기 짝이 없었다. 이렇게 되니 그의 반영이 좋을 리 만무한 노릇이다. 마침내 조직에서는 그의 문제가 해명될 때까지 결론을 보류하고 당내 생활을 중지하기로 결론지었다. 이렇게 되니 그의 남편은 리혼을 요구하여 왔다.

대관절 어떻게 한단 말인가? 쑤리는 생각하였다. 나의 비밀을 직접 알고 있는 사람, 보다도 나는 그에게 당의 정책을 교대해준 사람이 아닌가! 나는 그에 대한 책임이 있다. 남편까지 리혼을 강요해 온 지금에 와서는 리정규에게로 무한한 동정심이 쏠리였다. 그들은 세월이 흘러 왜놈이 꺼꾸러진 다음 북경 왜놈 헌병려의 당안이 나와야 물적 근거가 있으리라는 것을 알게 되였다. 그들은 서로 위안하고 고무해가며 생활하였다. 그러는 가운데서 그들은 새로운 희망이 싹터났고 사랑이란 무엇인가를 알게된 상싶었다. 그들은 끝내 결혼하였다.

마침내 왜놈은 투항하고 말았다. 그러나 북지파견군 헌병려의 당안을 어데 가서 찾는단 말이냐! 중국에서 내전은 공산당의 승리로 귀결되고 중화인민공화국도 성립되였다. 리정규는 항일, 내전시기 등 장기간의 고험을 거쳐 끝내 입당하였다. 항미원조가 버러지자 쑤리도 그의 새로운 남편 리정규를 따라 출국하였다. 끝내 항미원조도 승리적으로 끝난 어느 날이였다.

축세봉 정위는 쑤리를 불렀다.

밝여
밝혀.

"쑤리 동지, 내가 듣건데는 조선민주주의인민공화국 국가 당
안실에 북지파견군 적위당안이 있다오. 조직의 소개신을 가지고
가서 조사해보오."

당안관에는 과연 북지파견군 일위당안이 있었고 헌병려의 적
위당안도 있었다. 특히 반가운 것은 헌병려의 일기가 그대로 보관
되여 있었다. 1943년의 것을 보니 ○년 ○월 ○시에 팔로군 고급
녀자 간첩이 체포되였다. 이름은 쑤리. 그래서 체포에 공이 있는
○○가 훈장을 탔다.

○년 ○월 ○일에 헌병대려장 ○○가 귀순시키려고 데려갔다.

○년 ○월 ○일에 쑤리는 려장 통역관 리정규를 꼬여가지고
탈주했다. 그래서 려장 ○○가 기과처분을 받았다. 이런 것까지
상세히 기록되여 있었다.

쑤리는 너무나도 기쁜 김에 그길로 조직부로 달려가 정황을 교
대하였다. 그 후 멀지 않아 그의 당적은 완전히 회복되였다. 1943
년부터 1953년, 만 10년 만에 끝내 문제는 밝여●지고 검은 구름
은 걷히였다.

쑤리는 그의 남편 리정규 앞에 앉아 하염없이 흘러내리는 눈
물을 어찌할 수 없었다.

"참 기쁘오. 우리는 끝내 승리하였소." 그의 남편 리정규가 먼
저 말을 끄냈다.

"당신이 왜놈 헌병대에서 갈 바를 몰라 고민할 때 내가 당신을
이끌어주었다면 내가 조직의 고험을 받고 전 남편한테서 리혼 당
하였을 때 나를 이끌어준 것은 당신이지요."

이미 40세를 바라보는 쑤리는 처녀 때처럼 아기자기한 아름다움은 살아졌으나 인간으로서 세상풍파를 돌파한 존엄과 그 가운데서 단련된 의지력의 승리로 하여 더욱 굳세여지고 완성된 중년으로서 아름다움이 넘쳐흐르고 있었다. 그러나 그녀는 처녀 때부터 험난한 생활로 하여 엎어진 랭병으로 자식은 없었으나 쟁취한 승리로 하여 불타오르는 사업 욕망은 대단하였다. 그러나 언어가 통치안아 안타까워하는 쑤리를 볼 때 리정규는 그를 계속 조선에 머물러있게 할 용기를 잃고 말았다.

하루는 리정규는 쑤리를 보고 말하였다.

"우리는 생활의 동반자로서 10여 년을 세찬 생활의 풍랑을 헤가르며 이제까지 살아오면서 끝내는 승리하였구려. 그리고 당신의 가슴에서 불타오르는 사업의 욕망이 내 눈에 보이는 상싶소. 그러나 언어가 통하지 않아 안타까워하는 당신을 보고만 있을수 없구려. 만약 당신의 의향이 어떠한지? 당신의 고향이 동북이 아니오. 고향에 가 사업하고 싶다면 나는 지지하겠소."

쑤리는 리정규의 두 눈을 들여다보며 하염없이 눈물을 흘렸다.

이미 잃어진 청춘, 얻어볼 수 없는 자식, 그렇다! 보다도 보귀한 것은 내가 얻은 생활경험이 않은가! 그는 이제까지 겪어온 시련을 회상할 때 무서운 것이 없었다. 그는 마침내 결심을 내렸다. 그리하여 쑤리는 중앙조직부를 통해 동북에 오게 됐고 지금 장춘 제1자동차공장 간부청청장사업을 하고있다는 것이다.

그 중년로인은 "순서가 바꿔졌구려. 내가 당신을 통해 쑤리의 재료를 료해하려 왔는데 내가 당신에게 쑤리의 재료를 제공해준 셈이군. 이젠 당신이 같이 있던 시기의 그의 이야기를 해주오.”

그래서 나는 그에게 1946년 말부터 1947년까지 약 1년 동안의 그의 사업 태도 작풍 등을 이야기하였다. 그리면서 축세봉 부정위의 말이 떠올랐다.

“당신은 너무 어리오. 말해줘도 리해 못할 게요. 그의 문제는 관계치 마오.”

당시 나의 나이 24세이고 아직 총각이였으니까 그럴 법도 한 일이다.

1986. 8.
북대하에서

다시
찾아본
태항산
근거지

한단에서 서남쪽으로 97키로쯤 가면 태항산 남쪽 기슭에 있는 섭현에 이른다. 진기예 3성의 린접점인 이곳은 서쪽으로는 진진으로 통하고 동쪽으로는 연조요도의 숨통을 틀어쥐고 있어 자고로 병가들이 쟁탈하던 전략적 요지이다.

1937년 말부터 129사 사령원 류백승, 정위 등소평은 이곳에 근거지를 잡고 항일투쟁을 하였다. 이듬해인 1938년 12월말에 섭현 적안촌에 주둔한 129사 사령부는 일제가 투항할 때까지 5년간이나 이곳의 항전을 지휘해왔다.

차가 한단시를 떠나 두 시간쯤 달렸을 때 지위 통일전선부 부장이 "여기가 섭현입니다."라고 하는 바람에 우리는 차에서 내렸다. 눈앞에 안겨오는 섭현은 지난날의 모습을 전혀 찾아볼 수 없으리만치 변하였다. 멀리 바라보이는 오지산 봉우리가 아니었더라면 여기가 섭현이라고 믿기 어려울 지경이었다.

섭현을 중심으로 한 태항산 근거지는 조선 혁명가들이 활약하던 중요한 근거지의 하나기도 하다.

1941년 1월 10일, 중국공산당 중앙에서 파견되어 온 무정 장군은 섭현과 상접한 좌권현 동요에서 화북조선 청년련합회(조선독립동맹의 전신)를 결성하고 뒤이어 대후방(국민당통치구역)에 있는 조선인항일부대와의 련합 문제를 토론 결의하였다. 1938년 쌍십절에 무한에서 창설된 조선의용대가 국민당의 첩첩한 봉쇄선을 뚫고 찾아온 곳이 바로 이 태항산 근거지였다.

섭현에서 청장하를 따라 4키로메터쯤 올라간 곳에 있는 곡원, 하북성을 넘어 산서성에 들어서면서 첫 동네인 청천촌 그리고 섭현에서 청장하를 건너 맞은편에 앉은 남장촌, 하남점 등 곳에 선후로 조선혁명군정학교가 창립되어 수많은 조선인혁명간부를 양성하였다.

하남점에는 조선독립동맹 태항분맹, 3.1상점, 대중의원, 3.1사진관, 3.1리발관, 3.1방직공장 등 후방근무부분이 있었다. 특히 남장촌은 무정 장군이 1944년 9월부터 주덕총사령의 제7호 명령을 좇아 동북으로 진군하기까지 약 1년간 화북 조선혁명군사정치간부학교를 세워 간부를 양성하던 곳이다.

곡원과 청천촌 중간에 있는 석문촌 뒤산에 자리잡은 '항전이래 순국렬사묘지'에는 1942년 5월 반소탕전에서 희생된 팔로군 부총참모장 좌권 장군의 묘와 함께 중공북방국 선전과장이며 화북조선청년련합회 진기로예분회 회장인 진광화, 조선의용군의 지도자의 한사람인 석정의 묘들이 안치되어 있었다. 또 그 부근의 산등성이와 계곡에는 우리가 '자력갱생하여 풍의족식하자'는 당중앙의 호소를 좇아 황무지를 일구고 감자와 남새를 심어먹던 밭들이며 숯구이를 하던 곳이며 처첩 봉쇄선을 다 뚫고 적구로부터 소금을 나르던 마을과 눈 익은 오솔길이 있었다.

그때 20살이던 우리가 40년 만에 백발로인이 되어 이 혁명의 고향 섭현을 찾아보게 되니 어찌 가슴이 설레지 않으랴!

우리가 하남점을 거쳐 남장으로 가려는데 어느새 온 마을 남녀로소가 모여오는 바람에 길이 막혀 차가 달릴 수 없었다. 옆에 앉은 현위의 한 고문이 "통지도 안 했는데 어떻게 알게 되었는지, 군중의 소박한 정은 막을 수 없군요."라고 말했다.

"우리도 참 반갑습니다."

우리가 차에서 내리자 사람들이 몰려왔다. 그들은 다투어 "박 의사는요?", "김 의사는요?" 하며 질문을 들이댔다. 박 의사란 그때 조선의용군 '대중의원'원장인 박운도였고, 김 의사란 '대중의원'의 한의였다.

"두 분은 이미 작고했습니다."

"참. 아까운 분들인데……. 내가 그 몹쓸 티브스에 걸렸을 때 그분들이 아니었더라면 벌써 황천객이 되었을거유."

이렇게 추모의 정을 나누며 걷다나니 어느 사이에 남장에 도착하였다.

우리는 문화관 뜨락에 들어섰다. 아롱다롱 곱게 단장한 문화관의 외각은 화려하고 현대의 맛이 났지만 원체만은 지난날 우리 조선혁명군정간부학교의 본관 그대로였다.

1944년 9월에 처음 우리가 이 집으로 이사 왔을 때는 동네에서 동떨어진 빈 절간이었다. 당시 우리는 군중 규률을 지켜 부처와 향로 등 시설을 그대로 두었었다. 때로는 우리가 밖에서 훈련을 하고 돌아오면 향로에 향불이 피워져 있었다. 어떤 마을 사람이 몰래 불공을 드리고 간 것이 분명했다. 그때는 성냥마저 귀하던 때라 이 향불은 우리의 담배불로 잘 쓰이었다.

그때 제1중대(간부중대) 130~140여 명 대원들이 이 집에서 조짚을 깔고 한해 겨울을 나면서 정치 강의를 듣고 분조 토론을 했었다. 나는 내가 자던 자리를 찾아보았다. 한 사람의 자리 너비가 벽돌 길이로 세장, 즉 75센씨메터, 길이 2메터씩이였으니 벽돌 장만 세여보면 쉽게 찾을 수 있었다. 왼쪽으로부터 네 번째 자리가 바로 내가 자던 자리였다. 사람들의 발에 닳아서 오목오목 패인 벽돌장을 바라보니 정말 감개가 새로웠다.

내가 마당으로 나오니 아름드리 향나무가 눈에 띄였다. 이때 륙순이 되어 보이는 로인이 "당신들이 심은 나무요. 심은 주인은 갔어도 나무는 줄기차게 자라고 있구려." 하고 말하는 것이였다. 그러자 한 안로인이 말꼬리를 물었다.

"내가 13살 나던 해의 일이라고 생각해요. 한 의용군 녀성 동무가 병 치료하느라고 우리 집에서 보름 묵어간 적이 있었어요. 떠나갈 적에 그는 자기가 입던 속바지를 빨아 우리 어머님께 드렸지요. 어머니가 사양하니 그 동문 막 성까지 내지 않겠어요? 그래서 내가 받고 말았어요. 어린 마음에도 어떻게나 고맙던지 지금도 그 일이 잊히지 않아요."

우리가 한창 이야기꽃을 피우고 있는데 키가 훤칠한 로인 한 분이 두 젊은이에게 부축되어 우리에게 다가오고 있었다. 알고 보니 이전의 촌장이였다.

"작년에 풍을 맞아 사지를 잘 쓰지 못하고 귀도 먹어 잘 듣지 못하지만 당신들이 오셨다는데 어디 집에 누워있을 수가 있어야 지요. 그래서 손자들의 부축을 받아 찾아왔수다."

그의 말을 듣고 보니 키가 껑충한 30세 미만의 청년 촌장이 마을 아래위를 뛰어다니며 가물●과 싸우던 모습이 눈앞에 선히 떠올랐다. 우리는 그와 함께 회포를 풀었다.

"촌장님, 지난날 이곳을 떠날 때 우리 대오는 300여 명 되지 않았나요? 동북에 나가 동북해방전쟁으로부터 전국을 해방할 때까지 동북민주련군, 중국인민해방군 제4야전군에 편입되어 싸웠지요. 항미원조전쟁에 갔던 동무들도 오늘 네 분이나 왔습니다. 우리 대오에는 조선 전쟁 때 조선 인민군의 사단장급 이상 간부가 32명, 군단장급 이상 간부가 10여 명은 됩니다."

긴긴 초여름의 해도 어느덧 서산에 기울기 시작했다. 우리는 아쉬운 대로 그들과 작별하고 차에 올랐다. 차가 막 떠나려는데 로인 한분이 급급히 달려와 차창으로 머리를 들이밀며 물었다.

"지난날의 조선의용군 동무들입니까?"

"그렇습니다."

"당신들이 오지산에 심어 놓고 간 감자를 우리가 잘 먹었습니다."

"우리가 당신들의 좁쌀을 얼마나 먹었다구요."

우리는 손을 저으며 웃었다.

1945년 3월쯤에 우리는 남장에서 5키로메터 떨어진 오지산 중턱에 황무지를 일구고 감자를 심었다. 그런데 8월 29일에 그곳을 떠나게 되어 감자밭을 당지 정부에 넘겼던 것이다. 낡은 속바지 한 벌이 무엇이며 감자 몇 알이 무엇이랴만 그 간고했던 항쟁의 나날에 당과 모주석의 주위에 굳게 뭉쳐 하나의 목표, 하나의 신념을 안고 분투하는 가운데서 맺어진 정, 이것이야말로 귀중한 것이며 단결의 토대였고 승리를 안아온 원동력이었다. 그러기에 40년이 지난 오늘에도 이 일을 잊지 못하고 있는 것이다.

교대 시간인지라 거리는 출퇴근하는 사람들로 붐볐다. 그들은 선배들이 피와 목숨으로 바꿔온 오늘의 강산을 현대화한 사회주의 락원으로 건설할 것이다. 나는 이런 생각에 가슴이 부풀어 올랐다.

〈결전〉, 《조선민족발자취총서》(4)에 게재, 1991.

3부

연구 원고와 미완성 시

연구원고

중국의
대자연과
인간

수학적 계산에 의하면 땅 면적은 960만㎢이고 인구는 1982년의 통계에 의하면 10억318,825인으로 매년 인구 증가률로 현재를 추산한다면 12억, 세계, 인구의 1/4을 차지한다.

이 나라 대자연은 어떤 것인가? 나의 체험에 근거하여 기억을 더듬어보면 평원平原, 물론 나의 생활의 제약성으로 말미암아 조선의 체험에서의 제약성을 부인할 수는 없으나 산골에서 자라난 나로서 내가 처음 본 황해도 재령벌은 참으로 멀리 하늘이 맞대인 곳으로만 알고 있었고 이런 풍경을 목격할 때마다 만세를 외치며 조국의 풍요성에 도취하곤 하였었다.

내가 일제 군대를 탈출하여 항일에 참가하여 화북평원을 보총을 메고 다닐 시에 받은 인상은 오곡의 록색과 하늘의 푸른색이 맞닿은 풍경이 오늘도 래일도. 또 그 다음날도……. 몇 주일 몇 달까지 계속되면 그러한 감격도 지루해지고 더욱 직접적인 것은 발이 아픈 것이 아니라 완전한 맹지이기에 발바닥 장심이 늘어나 아픈 것이였다.

맑은 가을날에 직선直線으로 뻗어나간 화북평원의 철로를 보면 기차역이 5~6곳이 보이는 데가 무수하다. 기적은 들리지 않으나 그 넓은 평원에서 개미 새끼만도 못한 그 무엇이 꿈틀거리면서 연기를 폴삭거리며 할딱거리는 것이 보이기 시작하여 2~3시간이 걸려야 겨우 그 기차를 탈 수가 있다. 화북華北, 화중華中, 화남華南 평원은 바로 그런 곳이다. 그러나 일단 산간지대로 들어서면 산 또 산, 가도 가도 산, 만리장성에 올라서 서북방을 바라보면 첩첩히 겹쳐진 산이 바다가에 서 바다를 바라보면 밀려드는 조수의 물결과도 같다. 진시황秦始皇도 이곳까지 와서 그 첩첩한 산줄기에 막혀 다시 쳐들어갈 것을 단념하고 그곳에 만리장성을 싼 상만 싶다.

곤륜산 천산 흥안령은 고만두고 우리가 잘 알고 있는 백두산 원시림에 들어가 봐도 나무가 늙어 자연히 쓰러져 죽는 것은 더 말할 것도 없고 몇십 몇백 년 싸이고 싸인 락엽이 밑으로는 썩고 위로는 또 새락엽이 싸인 두께가 보통 반 메터 좌우로 그 위를 밟으면 서서히 빠지며 푹신푹신한 맛이 어찌 고급 호텔에 깔아놓은 양탄자에 비할 수 있으며 발을 뗄 때마다 부식 물질이 썩어나는 그 향기를 그 어떤 고급 향수가 대신할 수 있으리오. 자연히 대자연의 웅장성에 비하면 사람의 힘이란 보잘 것 없는 것으로 느껴지며 대자연의 무궁한 힘과 은덕에 자연히 감사하고 머리 숙이게 된다.

그러나 그가 일단 심술을 부려 몽고사막으로부터 태풍을 몰아와 화북평원을 휩쓸 때는 북경시의 아스팔트길까지 몰려와 행인의 얼굴을 사정없이 후려갈기며 대낮에는 태양을 가리워 시내에는 전기를 켜지 않으면 않되며 하늘 멀리 떠있는 태양도 빛을 잃어 마치 밤중의 날과도 같이 술에 취한 사람의 얼굴처럼 지지벌개가지고 자기의 위치만을 나타낼 뿐 그의 광열한 빛과 열은 다 파무치고 만다.

1944년 5월경이라고 기억된다. 우리 부대는 임무를 맡고 진기로예晉冀魯豫 군구로부터 진찰기晉察冀 군구로 이동하게 되었다. 변경지대의 산마루에 올라서니 흡사 비행기 소리 같은 소리가 들여오기에 우리는 깜짝 놀라 그 음성이 들려오는 곳을 바라보니 흡사 여럼● 장마철에 몰려오는 소낙비구름 같은 것이 우리 방향으로 몰려오고 있었다. 그러자 온 마을의 종이 울리고 어떤 이는 흰 이불보를 내다 휘들르고 어떤 이는 지신地神묘에 향불을 피워 올리고 중얼거리며 민병民兵들은 나무단을 모아놓고 불을 피워 연기를 올리고 있었다. 우리 대오도 지휘관의 명령에 의해 집 벽 큰 나무구루들을 의지하여 매복하였다. 그런데 후둑 후둑 하는 둔탁한 소리와 함께 황충蝗蟲●이 떨어지기 시작하더니 황충 위에 황충이 또 그 위에 황충이 뒤덮이는 바람에 옥수수, 수수대는 더 말할 것도 없고 나무가지조차 아우성치며 부러져 내리고 황충 때●가 프른● 빛나는 곡식과 나무잎을 먹는 소리가 마치 소낙비내리는 것과 같은 '솨! 솨!' 하는 소리뿐. 길에나 밭에나 황충 떼가 싸이고 싸여 그 두께가 30~40센찌는 되는 듯. 그들이 몽땅 꾸물거리니 온 대지가 황충 세상이 되어 파도치는 듯, 그도 단지 4~5분이 지나자 또 푸듯푸듯 황충이 하늘로 날라 오르기 시작하자 다시금 거문 먹장 구름 떼를 지여 가지고 딴 곳으로 이동하여 이제까지 시퍼렇던 곡식은 온데간데없고 이른 봄 밭갈이 전의 새빨간 대지의 알몸뚱이를 내놓고 떨고 있는 상만 싶었다.

그러자 애타는 통곡소리가 들여왔다. 보아하니 아까 지신地神에게 향불을 펴 올리며 주문을 외던 로파였다.

"아이고, 하나님도 무심하지 우리는 어찌 산단 말입니까?"

대자연의 힘에 떨고 있는 인간의 힘. 애초로운 울음과 하소연, 이는 해방 전의 일이니까 지금 형편과는 물론 달라 87년에 흑룡강성에서 난 산불이 일주일이나 만연하다가 비가 내려 꺼진 대자연의 심술. 우리는 다시 한 번 겸허한 마음으로 대자연을 대하고 연구하지 않으면 안 된다. 중국이 대국이니 땅이 많다고는 하나 세계에서 인구밀도가 가장 많은 곳에 어데인가, 나는 목격자로서 대답하건데 중국이다. 어데냐? 상해이다. 화장실도 없고 변통便桶을 침실에 놓고 사용하며 침대도 상하 이층으로 되여 있어 이층에는 자식들이 살고 부모들은 아래층 침대에서 생활하니 2~3평에 한 사람씩이다. 세계에서 인구 밀도가 가장 희박한 곳이 어데인가? 중국이다. 어데인가? 사막지대는 고만두고라도 북만주 몽고지방으로 가면 무연한 벌판에 갈대만 우거져 무리 승냥이의 세상인데 왜정 때 오까무라岡村 산따로三太郎의 한 개 대대가 무리 승냥이한테 총을 발사하였다가 총탄이 떨어지니 승냥이 밥이 된 곳들이 얼마던지 있다.

중국 사람

내가 쓰는 이글은 어느 서책에서 봤거나 들은 것이 아니고 내가 체험한 기억을 더듬어 정리하는 것이다. 나는 어렸을 때 중국 사람이란 '짱고라'고 아는 것은 우동 장사, 호떡 장사였다. 이들은 모두가 산동 사람이며 중국에서는 '산동빵즈山東房子'로 불리는 류민으로서 물론 중국 사람을 대신할 수는 없다. 산동이란 어떤 곳인가? 유명한 공자의 고향이고 황하의 하류의 비옥한 땅이며 동양문화의 발상지인 곳인데 지금도 태산에 가보면 비록 땅이 낡아 곡식이 풍요하지는 못하지만 그들의 생활상을 보면 역시 백년대계百年大計라 뚜렷한 담장이 있고 단정한 대문이 있으며 아늑한 그 풍모는 그 땅의 주인을 자타가 인정하지 않을 수가 없게 보인다. 산동빵쯔란 어떤 사람들인가. 제 고향에서 밀려나온 류민流民들이다.

내가 중국에 가서 그들을 접촉해 보니 나의 지식은 백분의 일도 안 되었다. 중국은 민족적으로 볼 때 154개 민족이며 이 민족을 합쳐 중화민족이라고 하는 것이며 이 중화민족가운데에 인구와 력사로 보아 중심을 이르는 것은 한족이며 전족인구의 80푸로를 점하고 땅은 황화 남북의 비옥한 평원지대 하북 하남성, 장강(양자강)의 동정호의 이남 이북 호북 호남성, 즉 화북, 화중, 화남의 비옥한 평원지대를 점하여 자급자족의 농업을 경영하여 중국 대륙을 지배하였으나 면적으로 보면 전국면적의 20푸로 밖에 안 된다. 즉 전 중국 인민의 80푸로의 한족이, 전 중국 땅의 20푸로 밖에 안 되는 땅에서 살고 있는 것이며 특히 공업이 발굴되자 많은 공업자원은 80푸로를 차지하는 소수 민족 지역에서 나온다. 그 예를 들면 유명한 대경大慶 유전이 그러하고 대동탄광이 그러하다. 때문에 한족이 소수 민족을 멸시할 수가 없으며 만약에 민족적 분기가 일어난다면 그들의 체면을 유지할 수가 없을 뿐 아니라 다시금 분렬 상태에 빠진다면 력사는 퇴보하는 것이다. 어떻게 할 것인가? 여기에서 중국의 민족정책이 나온 것이다. 어떻게 하면 문화적으로 우위이고 수자●적으로 절대적 다수를 차지하는 한족이 153개의 소수 민족을 거느리고 국가의 통일을 유지해가며 발전시켜 나갈 것인가? 그는 력사적인 깊은 리해와 관용이 있을 뿐이다. 여기에 이러한 에피소드가 있다. 전 지구적으로 인구 폭발의 위기에 처한 전 세계는 인구 제한의 경종을 울리며 역시 중국도 예외가 아니였다. 한 쌍의 부부가 아이 하나만을 나을 것. 중국은 사회주의 국가임으로 국가의 통일적 통제력에 의하여 이를 강요하였다. 그런데 몽고족의 항의가 일어났다. 인구가 많은 것은 한족이지 우리 소수민족인가. 우리 땅에는 사람이 작아 승냥이가 제 세상을 차리고 있다. 우리는 인구를 불려 승냥이 세상을 정복해야한다. 하여 소수 민족 인구 문제에 대한 진지한 연구가 진행되어 한족을 제외한 소수 민족은 한 쌍의 부부가 두 사람을 나을 것. 월손족 같은 멸종에 처해 있는 소수민족은 얼마던지 날 수 있으며 또 장려도 한다고 규정하였다.

도람부
트럼프(Trump)를 말함.

히며
희며.

앞에서 말한 바와 같이 우리가 알고 있는 중국 사람은 산동 사람인데 사실은 같은 한족이라 하더라도 북방 남자는 키가 크고 피부색이 검으며 성격이 괄괄하지만 반면에 여자는 남편이 일을 되맡아 하기에 제대로의 우아성과 연약성이 있으나 우리가 경한 철도를 타고 광주로 향한다면 장강을 건너서부터는 떠들썩한 여자들의 도람부● 노는 소리에 피곤한 려행의 잠에서 깨여나게 할 것이다. 여기는 남방이다. 남방은 북방과는 정반대로 여자들이 활발하며 일하는데도 뻰대(멜대) 큰대의 빈 조각을 쪼개여 한 곳에 백여 근씩이나 달고 다니니 200여 근의 짐을 어깨에 메고 달리는 것이다. 같은 한민족도 이와 같이 다른데 154개 타민족은 더 말할 나위도 없는 것이다. 특수한 예로 동북 흥안령 산맥에서 생활하는 월쏜족을 말한다면 해방 전까지만 해도 수렵시대를 벗어나지 못하였던 민족으로 남녀로소 없이 짐승의 가죽으로 옷을 해 입고 말을 타고 총창을 메고 산림으로 다니며 사냥을 하여 생계를 유지해온 민족이 있는가 하면 청해 성의 위굴족은 백인종과 같이 피부색이 히며● 코가 높고 눈이 파란 게 마치 우리가 상식적으로 생각하는 서양 사람과 방불하다. 중화 민족이란 이런 154개 민족의 집체이며 한족은 인구의 80푸로를 차지하나 땅은 농업지대 20푸로를 점하고 있고 소수 민족은 인구는 20푸로나 땅은 국토의 80푸로를 차지하며 석유, 석탄 등 공업 원료의 보고를 차지하고 있다. 때문에 중국에서의 민족단결은 곧 국가의 통일과 국가 재무의 통일적 개방과 운영에 직접적 영향이 있는 것이다.

중공교육
연구*

이 원고는 한국교육개발원의 요청으로 집필한 것으로 본래는 제목이 없이 <한국교육개발원 원고>로만 표기 되어 있음.

나는 우연한 계기로 중공 땅에서 43년이란 세월을 보내다 86년에 가족을 인솔하고 영주귀향한 사람인데 항일까지 합하여 군인 생활 약 5년, 그 후로는 사회로 나와 줄곧 교육 문화 사업에 종사, 어언간 36년이란 세월이 흘러 22세에 청년의 몸으로 떠났던 내가 금년 67세인 로인으로 되었다. 이번에 한국교육개발원의 요구에 의해 중공지구의 교육 정황을 소개하는 이 글을 쓴다. 그러나 지면의 제약으로 다만 제강식으로써 제공하는 데 중공 교육 연구의 얼마간의 도움이 된다면 다행이라 생각한다.

항대抗大란 항일군사정치대학이란 뜻인데 상해등지의 좌익 사상을 가진 지식분자 및 대학생들이 운집하여 갔는데 그들에게 군사 교육을 시켜 적과 싸울 능력을 양성해주고 또 한 방면 좌익 사상을 정돈하여 항전에 대한 전략, 전술에 대한 인식을 통일시켜 항일 간부를 양성하는 중요한 학교였고 후일에 중요한 군사 간부와 정치 간부를 양성해냈다.

군정대학이란 군사정치대학이란 뜻인데 항대와 마찬가지로 군사지식과 기술을 배워줘 적과 싸울 기능을 가리키고 정치사상 인식을 통일시키는 교육을 진행하였는데 후일에 많은 간부를 양성해냈다.

첫째, 항일시기의 교육

교육의 지도사상: 일체는 항일의 승리를 위해 복무한다.

교육제도: 소학(국민학교●), 중학, 항일군사정치대학.

교육재료(교과서): 본지의 실지 재료로 본지인을 교육한다. 흥취 있는 것은 진찰기 변구정부 소학교과서에 〈抗日的 媽媽〉(항일의 어머니)는 당시 팔로군에서 활약하던 '호가장전투' 국제주의 전사 조선 혁명가 어머니의 이야기였다.

교원: 상해 등지에서 온 좌익 지식인과 학생

둘째, 국내전쟁시기(1945. 8. 15~1949. 10. 1)

교육제도: 소학, 중학, 대학, 군정대학(항일대학의 변신)

교재의 방침: 구 교재를 점차적으로 개조 사용

교원: 혁명에 참가했던 지식분자

셋째, 건국 이후(1949. 10. 1~1984)

이 시기는 우여곡절을 걸은 시기로 4계단으로 갈라봐야 할 것 같다.

제1계단(1949. 10. 1~1967)

총방침: 사회주의 교육의 경험이 없으니 쏘련의 경험을 치우쳐 배워야 한다(一邊例).

교육학: 쏘련의 까이로브 교육학

교재: 쏘련 교재의 번역 사용

교원: 해방 전의 교원과 구 중국 교원

훈련반 문제: 정치 관점·교육 관점의 통일

제2계단(문화혁명시기)

모주석의 말 한마디면 만 마디를 당한다. 임표林彪의 말, 모택동의 어록에 맞지 않는 일체는 반란造反해버려야 한다 하고 소학생은 홍소병紅少兵, 중, 고, 대학생은 홍위병紅衛兵을 조직하여 반란하기 시작하여 자기 학교부터 시작하여 가도로 공장으로 농촌으로 나중에는 정부 기관으로 마지막으로는 당시 국가주석인 류소기, 등소평, 도주를 타도하기까지 반란파 보수파로 갈라져 최초에는 변론으로부터 시작하여 돌맹이, 몽둥이, 싸움으로, 나중에는 무기까지 동원하여 '내전'하던 시기였었다. 그러니 실지상으로 학교는 전쟁 마당으로 되였으니 무슨 과학문화교육은 운운할 수도 없게 되였었다. 보다도 이런 내란 속에서 희생된 자 얼마이며 참페로 된 자 또 그 얼마인가.

제3계단

총방침: 로동자(무산계급전정), 중학생이상의 일체 지식분자는 노농勞農 군중의 재교육을 받아야 한다는 데서 농촌과 공장으로 보내여 노동시켰다. 까이로브 교육학도 수정주의 교육학이라고 부정당하다. 일체 교재도 수정주의 독소가 있다고 규정하다.

교재: 그도 이런 사상의 지배하에 다시 편찬하여 사용하였는데 과학상의 혼란은 더 말할 것도 없었다. 간단한 예를 하나 들어 보면 중학교 일어를 배워주는 일어 교과서에서 당시 중국에 '赤脚醫生'이란 것이 있었는데 'はたしの おいしゃさん'이라 하여 일본인도 모르는 일어를 만들어 배워주는 형편이였다.

제4계단(등소평 시기)

'白猫黑猫狐鼠子就好猫' 즉 '흰 고양이나 검은 고양이나 쥐만 잡으면 좋은 모양이다.' 이는 그의 유명한 말인데 그 뜻은 매우 광범해 국내적으로는 계급성분과 혁명역사만을 따지지 말고 그의 능력과 실지사업성과를 중시하고, 국제적으로는 쏘련 등 사회주의 국가의 경험만을 중시할 것이 아니라 미국 등 자본주의 국가의 경험도 중시하여 무릇 중국의 4개 현대화 실현에 유리한 것이라면 다 채납해야 한다는 것이다. '實事求是' 즉 객과 실지에 근거하여 그 발전규를 찾아내여 중국식의 사회주의건설을 모색하여 전진하자는 것이다. 이런 지도사상의 지배하에 대담하게 개방정책을 실시하여 세계 각국과의 경제교류, 과학 기술 경험 등을 교류하기 위하여 학자들의 학술교류는 물론 각국에 대량의 유학생을 파하며 외국의 선진과학경험을 배워 오도록 하자는 것이다.

이런 지도사상은 물론 교육에도 반영되여 있다.

총방침: 실사구시의 정신으로 문제를 관찰하여 중국의 사회주의 건설에 유리한 선진과학경험이라면 어느 나라의 것을 물론하고 교류학습하자는 것이다.

교재: 역시 마찬가지로 세계 각국의 교재, 연구 론문, 언론 잡지, 신문 등, 대학 도서관에는 모두 있으며 강사, 교수들에게는 다 공개되어 있다. 교재의 선택도 마음대로 할 수 있으며 그 경과 양호에 중점을 두고 있다.

교원: 과거 문혁시기의 공농 교원은 물론 다 철소되고 농촌으로 하방下放 사실상으로는 쫓겨 갔던 교원들은 불러 올라왔지만 문혁시기의 10년, 후위증시기의 10년, 20년간이나 문화과학교육이 유린은 받았으니 로교수들은 이미 60~70이 되었고 문혁 이전의 대학 필업생들이 골간이나 그들 또한 50년대로 들어섰으니 20년이란 공간을 어떻게 미봉할 것인가. 이게 곧 문제점인 것이다. 그리하여 그의 미봉 대책으로 영어교육, 진수교육을 강화하여 그들의 수준을 제고시키기 위해 노력하고 있다. 동시에 문혁시기의 평균주의平均主義 사상을 극복시키기 위해 조교, 강사, 부교수, 교수 등의 구별을 엄격히 하여 교원질의 제고에 힘을 물 붓고 있다.

교육제도상의 변화로는 당위黨委 책임제로부터 교장(대학이면 총장)책임제로 전환되었고, 일반대학 이외에 과학기술대학이란 학교가 신설되어 전국적으로 성적이 제일 우수한 대학응시생을 집중시켜 과학기술전문인재 배양에 힘쓰고 있다.

총적으로 말하면 모든 것을 봉쇄해놓고 천하제일이라고 자칭하여 자아위안하던 시대는 이미 지나갔고 모든 일은 실사구시하게 연구하여 '取長補短' 즉 자타의 장단점을 똑 바로 보고 남의 장점을 가져다가 자기의 단점을 보충하여 하루 속히 4개 현대화한 사회주의 새중국을 건설하는데 중국식의 사회주의 건설의 길을 개척해 가려는 것이다.

북경北京

란세
난세(亂世).

지금의 수도 북경에 가보면 연경燕京반점 등 연경의 이름이 든 간판, 상표 등을 볼 수 있다.

원래 북경은 주周나라 초기부터 연燕나라에 속해있었으며, 연나라가 진시황秦始皇에 멸망된 것이 서기전 222년이니까 서기전 약 700년 전부터 있었던 나라다. 그간 춘추전국의 란세●를 겪었으므로 그의 서울은 몇 차례 이전 되었겠지만, 모두가 현재의 북경의 근교에 있었으리라 추정되는데서 북경을 연경이라고도 하는 것이다.

연나라는 전국 7웅의 하나였지만 중국전토의 각도에서 본다면 한 개 지방정권에 불과하였었고 10세기에 와서 북경은 료遼의 5경의 하나로 간주되었다. 료는 송과 천하를 량분한 세력이였지만 역시 중국의 중심이라고는 할 수 없었던 것이다. 료대에는 북경을 남경南京이라고 하였었다. 료의 국도로 볼 때 북경은 남쪽에 있었던 까닭이다.

12세기에 와서 북경은 금金의 중도中都로 되였었다. 금은 료보다는 큰 나라이기는 하였으나 송宋이 아직도 남방에서 대치하고 있었던 것이다.

남송의 멸망이 1279이니까 원元나라가 비로서 전 중국을 지배하고 북경을 서울로 하였기에 전중국의 중심으로 된 것이며 당시는 대도^{大都}라고 불리웠다.

명태조^{明太祖} 주원장^{朱元璋}이 원나라를 정복한 것이 1368년경의 일로서 처음에는 남경^{南京}을 국도로 하였었으나 세조 때 북경에 자금성^{紫禁城}을 만들고 1421년에 정식으로 천도하였다.

당시 명세조는 원의 대도의 일부를 리용했을 뿐 대부분이 새로운 격식으로 수도를 꾸리였고 이는 현재 북경의 골격이 되였던 것이다. 그간 청나라가 명나라 이후 장기간 정권을 장악하고 있었으나 근본적인 변혁은 없었던 것이다.

중국의 전통적 도시 구조는 우선 성곽으로 둘러막는 법인지라 북경도 예외가 아니었고, 자연 인구의 증가와 집중으로 말미암아 성 밖에도 많은 인가가 생기게 되여 그를 둘러막기 위하여 또 새로운 성곽을 쌋키로● 한 것이 1553년의 일이었는데 4위●를 몽땅 둘러막기로 한 것이 경비의 관계로 남쪽만을 둘러막았다. 그 이후 원래의 성곽을 내성, 새로 막은 성곽을 외성 또는 라성^{羅城}이라고 부르게 되였다.

원래 북경의 성곽은 동면이 5.3키로, 서면이 4.7키로, 남면이 7키로, 북면이 6.8키로, 합계 24키로의 길이고 장소에 따라 차는 있으나 성벽의 높이는 대략 10메터, 기초부의 두께가 20메터, 성벽 상부의 폭이 17메터가량의 웅장한 것이였다. 해방 후 근대 성시로 개조하자니 성벽의 대부분은 헐리였으나 정양문^{正陽門}, 보통 전문^{前門}이라고 불리우는 좌우에는 청벽돌로 싸 올린 성벽이 기념물로서 아직도 남겨져 있다. 북경시의 면적은 178백 평방키로로 성과

동격인 특별시이며 인구는 1979년에 약 7백 50만이였으니 지금
은 이미 천만에 도달하였을 것이다.

고궁古宮

　　고궁이란 봉건왕조의 황제들이 살고 있던 옛날의 궁전이란 뜻이다. 북경 내성 내에 또 황성이란 불리우는 곳이 있는데 이게 곧 자금성紫禁城이며 전에 전재황제는 외성, 내성, 자금성의 삼중성벽 안에 궁전을 지었던 것이다.

　　고궁을 둘러싼 황성의 정문이 천안문天安門이며 고중의 정문은 오문午門이라고 한다. 천안문은 명대에는 승천문承天門이라 불리고, 청의 세조世祖시에 중건하는 것을 계기로 천안문이라고 개칭하게 되었다.

　　천안문은 그 밑에 아치형으로 된 큰 통로가 다섯 개 있는 이층으로 된 거대한 건축인데 오랜 세월을 두고 묵묵히 중국의 력사를 지켜보고 있었다 해도 과언은 아닐 것이다. 국가의 희로애락의 대사가 있을 때마다 그곳에서 여러 가지 소서紹書가 발표되었던 곳이다.

　　1900년 의화단義和團의 불길도 천안문 앞에서 전화의 불길이 올라갔고 1919년 애국적 학생과 지식인의 5.4운동의 불길도 여기에서부터 이러났고 1978년 4월의 천안문 사건도 여기에서 이러났던 것이다.

　　황색사기기와에 붉은색의 기둥 주朱색의 벽 대리석의 란간으로 이루어진 이 거대한 천안문은 황제의 경사가 있을 때 이곳에서 전국으로 알리는 소서가 발표된 곳이였으나 20세기에 들어와서는 제국주의의 침략에 분기한 혁명적 군중들이 그들의 의도를 전국에 호소하는 장소였던 것이다. 천안문은 이러한 의미에서 높이 고동치는 중국의 심장이라고도 말할 수 있을 것이다.

천안문을 지나 오문을 들어서면 별세계가 나타나는 것이다. 대화전大和殿 중화전中和殿 보화전保和殿은 외조3전外朝三殿이라고 하는데 이곳에서 봉건왕조의 공식적 행사가 진행된 곳이였으며 넓디넓은 외관을 꽂꽂이 북쪽으로 들어가면 내정內廷에 들어가게 된다. 외조는 외조 3전이 있을 뿐 휑댕그렁한 정원으로 되여있으나 내전으로 들어가면 건물이 많고 이리저리 가는 길이 복잡하게 되여 있다. 황제가 일상의 사무를 보던 곳도 이 내정이다.

이 내정에서 여러 가지 시정 정책은 확정되였던 것이다. 건청궁乾淸宮은 청대 황제의 집무실로서 아편전쟁의 직권 림즉서林則徐가 황제와 만난 곳도 이곳이며 여러 가지 력사의 비밀이 이곳에 숨어있는 것이다. 또 허구많은 궁녀가 이곳에 가치며● 자기들의 청춘의 탄식과 눈물을 흘린 곳 역시 이곳이다.

명과 청이란 두 개의 큰 왕조가 이곳에서 멸망하였는데 청나라의 경우는 왕조가 멸망한 후에도 퇴위한 원 황제가 잠시 그곳에서 살 것이 허락 되였는데 명나라 때에는 부패할 대로 부패한 황제는 실정에서 실정을 거듭하고 그 책임을 대신에게 미루어 부쳐 사형하였고 관료들은 그들대로 뢰물 받아먹기에 급급하고 리유를 부쳐 민재략탈에만 쌍불을 켰으니 농민들은 파산되여 갈

뿐, 일 년 내내 피땀을 흘려진 농사는 다 수탈당하고 세금조차 모자라 투옥되는 일까지 빈번하였다.

할 수 없이 고향을 버리고 도망친 농민들은 조직을 만들고 압박정치에 반기를 들게 되어 여러 가지 반정부조직이 생기게 되었고 그들은 서로 통합되어 점점 조직은 확대되었고 자기들의 힘으로 무장하게 되었다. 리자성은 그러한 무장농민집단의 지도자였다. 그는 본래 역졸驛卒로서 강력한 통쇄력이 있어 섬서성陝西省의 서안西安에서부터 동쪽인 북경을 향해 쳐올라 왔던 것이다.

"그까진 역졸 놈이 무엇을 할 수 있겠는가……"

명왕조의 간부들은 큰소리만 치고 있었는데 리자성은 연전연승 동진할수록 군세는 점점 뿔어 황제와 대신들이 설마하고 생각하고 있었는데 리자성의 군사는 북경성하에 도달하고 눈 깜짝할 사이에 북경성은 포위에 빠져 명군은 전의를 상실하고 뿔뿔히 도망치니 자금성의 숭정崇禎 황제는 처자를 죽이고 후면에 있는 경산景山에 올라가 목을 매여 자살하고 말았던 것이다. 지금도 경산에 가면 그 나무에 설명이 붙어 당시의 력사를 알리고 있다. 그는 비상용의 경종을 자기 몸소 울려봤으나 어느 누구도 그를 구하려 달려오는 사람은 없었다는 것이다. 민심을 배반 리용한 정권의 말로는 이런 것이란 교훈을 후세에 남긴 셈이다.

경산景山과 북해北海

명나라 최후의 황제 숭정제가 목을 매여 자살한 산이 경산인데 자금성의 진산鎭山으로서 고궁의 바로 북쪽에 인공으로 만들어진 산이다. 이 인공산은 원나라 때에 만들었다 하는데 만일 적이 북경을 포위하였을 적에 연료에 곤난을 막기 위하여 석탄을 올려쌓고 그 우에 흙을 덮었다고 하여 일명 매산煤山이라고도 하는데 중국말로 매는 석탄을 의미하는 것이니 석탄산이란 뜻이다. 높이는 92메터지만 고궁을 족하足下로 내려다 볼 수 있어 그 우에 올라서면 눈부신 황색사기기와의 고궁이 한눈에 안겨져 온다. 그래 이곳은 경산공원이라고 불리운다.

경산의 서쪽에 북해北海가 있다. '해'라고 해도 물론 호수의 뜻이다. 이도 역시 인력으로 된 것이며 북해 안에는 인공의 섬이 있고 그곳에는 라마 사원의 백탑이 있어 보통 백탑산白塔山이라고도 불리우고 있다. 북해의 력사는 경산보다 오래서 12세기의 금대라고도 하고 또 료遼대라고도 하는데 료대라 하면 10세기부터 11세기까지의 시대인 것이다.

백탑산의 본명은 경산瓊山이며 그 뜻은 붉은 옥과 같이 아름다운 산이란 의미이다. 김군金軍이 북송의 수도(현재의 개봉시)를 함락시키고 그 동북방에 있는 곤악昆嶽에서 명석名石을 얻어 북경에 가지고 와 그것을 기초로 하여 인공의 섬을 만들었다는 것이다. 북송의 수도의 함락이 1126년이니까 700년 이상의 력사를 갖고 있는 것이며 라마교의 백탑은 청의 순치順治 년간으로 기록되어 있다. 수목의 심록에 물 맑은 북해 부근은 금원禁苑으로서 일반 서민은 얼신도 못할 곳이였으니까 이곳에서 이러난 모든 일은 모두가 궁정인의 일 뿐이다. 화려한 옷차림에 여러 가지로 장식한 배를 타고 유유한 배노리를 하였겠지만 아마도 그들의 머리속에는 여러 가지 음모괴책이 획책되였으며 궁녀들의 탄식이 호수 물가에 흘러넘쳤으리라.

배노리의 가장 화려하던 것은 원나라의 최후의 황제가 만든 룡선일 것이다. 1353년 11월에 만든 이 배는 길이 160메터, 폭이 6.5메터. 선상에는 5개의 궁전을 안치고 5색의 채색으로 장식하여 황금으로 장식하였다 한다. 선수는 룡을 모방해 배가 움직이면 그 통의 머리와 눈이 움직이는 장치가 돼 있었다 한다. 이런 것을 만들어 향락에 빠져 있을 때 그 15년 후에 명의 주원장이 북경으로 쳐들어오자 원의 순제順帝는 전항도 못할 북쪽 초원으로 쫓겨 가지 않으면 않게 되였던 것이다. 지금 와서 회상해 보면 그 덕에 북경은 전화에서 피면할 수 있었다고나 할가……

경산이나 백탑산에서 북경을 구버보면 당시는 궁중 건물보다 높이는 더하지 못하게 하였으므로 그의 위풍을 헤아리고도 남음이 있을 것이다.

고루와 종루는 지금도 뛰여나 보이지만 건축 높이가 귀정되여 있던 당시는 더욱 그러하였을 것이다. 북과 종은 평시에는 시민에게 시간을 알리고 비상시에는 경보용으로 사용되었던 것이다. 이 두 건물은 원의 세조 후비라이(1260~1294)의 시대에 세워진 것이다. 종루는 한번은 자연히 도타되고 한번은 화제에 타버리고 현재의 것은 1745년에 세워진 3대의 것이며 고루는 몇 차례의 대수리를 가하여 현재까지 유지되어 온 것이다. 종루는 수리할 때마다 그 규모가 축소되어 현재는 고루의 규모가 훨씬 큰데 길이 50메터, 넓이 34메터, 높이 30메터이다.

원나라 수도였을 적에는 도시의 중심이였으나 지금은 성시의 북쪽에 기우러져 있다. 성시의 남쪽에 있는 대 건물은 유명한 천단天壇이다. 천단은 황제가 천신에게 제 지내던 곳인데 백색 3층의 대리석으로 되어 있다. 옛적에는 물론 금구였지만 지금은 일반에게 공개되어 '천단공원'으로 불리우고 있다. 그 공원 북쪽에 거대한 3층의 우산형의 집웅은 황색사기기와에 본체는 주朱색, 내부는 눈부실 지경의 현란한 색채의 그림이 그려져 있다. 이는 황제가 풍작기원을 하던 장소이다. 기년전紀年前은 1889년 의화단사건 일 년 전에 벼락에 의해 타버리고 현재의 것은 그 후 7년이 지난 후에 완공한 20세기의 건물이며 재건 시에 그 규모를 다소 작게 하였다는 것이다.

도연정陶然亭

지금은 체육장으로 된 천단 서쪽에 농업신을 모시는 선농단先農壇이 있었고 다시 그 서쪽 옆에 도연정이 있다. 이곳은 1695년에 공부랑중工部郎中의 강조江藻라는 사람이 세운 것이다. 기년전의 오색찬란한 그림에 황홀했던 눈은 이곳에 오면 소박한 또 딴 미에 도취되고 만다. 청나라 때에는 문인이나 서화가가 이곳에 와서 시나 서화로서 그 경치에 보답하였는데 어떤 이는 그 벽에 시를 사긴 이도 있었다. 그중 하나를 소개하면 과거시험의 최후단계인 회시會試에 실패한 공자진龔自珍이란 이가 쓴 기묘己卯 잡시 중에 벽에 써놓은 것이 있다. 그를 인용하면

樓閣參差未上灯
菰蕊深處有人行
馮君且莫登高望
忽忽中原暮靄生

여기에는 '도연정의 벽에 제한다.'라는 주가 있다.

이 부근의 루각은 고저가 서로 억갈려 천층만별인데

아직 등불조차 없어 어둡네
도연정 원못圓池에 무성한 갈밭을 지나는 이야
천부당만부당 높은 곳에 올라가 보지를 말라.
중국의 심장인 북경에는 저녁 안개가 서리여 아무것도 보지
못하리.

이상은 표면상의 뜻이라면 그 리면에는

중국의 황금시대는 이미 지나가고
어두어 가는 저녁 무렵이다.
경치는 저녁 안개에 보이지도 않으니
보는 사람의 가슴만 아푸게 하리.

그러니 고루에 올라가 보면 고얀히 마음만 타게 하리라는 뜻일
것이다. 구 중국시대의 암담한 정황을 반영한 것이다.

북간도(연변조선족자치주)
소개

一. 中國에 있는 朝鮮族

1982년 人口調査의 統計에 의하면 總數가 1,763,800여 인으로 되어 있는데 그 中 대부분은 東北三省에 있어 吉林省에 1,103,400여 인, 黑龍江省에 431,100여 인, 遼寧省에 198,300여 인, 內蒙古自治區에 17,500여 인이고 吉林省의 1,103,400여 인 중에도 大部分인 754,500여 인은 이곳에서 북간도라고 불리우는 연변에 살고 있다.

력사의 기재에 의하면 18세기 초부터 파산된 농민들이 쪽백이●를 차고 이곳으로 이주해왔고 19세기 중엽부터는 대폭적인 이주가 있었다 한다.

中國人民共和國民族區域自治總要에 의해 1952年 9月 3日에는 연변조선족자치주가 성립되었고 1958年 9月 15日에는 長白朝鮮族自治縣이 성립되고 東北三省內에 先后로 成立된 自治鄕(面에 상당함)의 數는 40余个이다.

自治란 무엇인가? 그 地方에서 主導的地位를 차지하고 其他民族을 통솔하여 中央의 政策을 貫際執行한다는 것으로서 黨이나 政府에서 第一地位는 그 民族이 차지하고 政治權利를 行事하는 것이다.

二. 연변의 민족 및 민족분포

全國人口總數는 187만 1,512명으로서 朝鮮族은 75만 4,567명, 40.32%를 차지하고 民族主體權을 사용하는 主體民族이며 漢族은 107만 4,240명으로 57.4%, 滿族은 3만 6,071명, 1.93%, 回族은 5,890명으로 0.31%, 609명의 蒙古族, 小數의 쫭족, 서비족, 묘족, 이족, 바이족, 투쟈족, 위글족, 리족, 뚱족, 요족, 장족등 16종의 민족이 살고있다.

단일 民族國家인 外國人으로서는 理解하기 어려우나 中國은 多民族國家로서 154개 民族이 雜居하여 各民族은 各其 그 集中地 以外에도 社會的 各種 原因으로 하여 離居現象이 生긴다 하는 것을 念頭에 두어야 한다.

하면 漢族보다 數가 작은 朝鮮族이 어떻게 하여 延辺에서의 主導的地位를 차지하였는가?

첫째, 력사적으로 고찰할 때, 중국의 고대문헌에 의하면 제일 먼저 연변에서 산 민족은 예맥이였고 고구려는 기원전 37년에 건국되여 기원전 27년(고구려 시조왕 11년)에 '부위훈을 파견하여 옥저를 멸망시키고' 훈춘경내에 '책성'을 설치하였으며 《삼국사기》에 의하면 '태조대왕 50년(기원 100년) 가을 8월에 사자를 파견하여 책성을 위무하였다.' 고고자료의 실증에 의하면 연길현 장안성자산성 옛터와 화룡현 장인강 북쪽의 옛무덤들은 모두 고구려의 옛터이라고 한다.

둘째, 연변(북간도)개발사상으로 볼 때, 북방의 한족은 수전●을 몰랐고, 조선족 농민이 그곳에 이주하여 수전을 개간하고 한전● 보다 소출이 배 이상 되는 벼농사를 개척해 내여 농업생산의 일대 혁명을 이룩해놓았다. 지금도 논물만 봐주면 수전 전문가의 대접을 받고 보통농민수입의 5.6배의 보수를 받고 있는 로농들을 북만, 서만에 가면 얼마던지 볼 수 있다.

셋째, 다난간고하던 抗日時期, 日帝侵略의 고난을 먼저 받은 朝鮮人은 연변에 亡命하여 그들의 抗日運動의 앞장에 서서 피를 흘리고 땀을 흘려 抗日에 선두에 서 있었다. 統計에 의하면 革命 當時 제일 많은 희생자를 낸 곳이 湖南省이고(毛澤東의 고향) 그 다음은 연변이다.

이상의 사실로 보아 연변자치주는 文字 그대로 조선인의 피땀 으로 찾아온 정치 권리인 것이다.

三. 연변의 지형 및 기후

이곳에서 북간도라 불리우는 연변은 자연지리학에서 불리우 는 구릉지대로서 大部分이 해발 300~500메터이며 경사도는 15도 좌우이고 황색연초 과일류(사과, 배) 재배에 적합하다. 위치는 장백산(백두산)지구에 위치하고 있으며 면적은 42,700평방키로로 서 길림성의 사분의 일, 남북한의 사분의 일, 한국의 이분의 일의 상등하며, 일본의 구주●와 상등하다. 산지면적이 10,700평방키로 이며 산악 자원이 가장 큰 자원으로 장백산(백두산)지구대는 120 여 종의 목본식물이 있는데 홍송, 백송, 가문비나무, 전나무, 분비

나무, 종비나무, 장백락엽송, 적송등의 침엽수종과, 들메나무, 황경비나무, 당페칸, 당피나무, 고로쇠, 오리나무, 버드희나무, 개화나무, 회화나무, 진달래나무뿌리 등의 활엽수종 등.

약용식물로는 산삼, 인삼, 당삼, 황기, 평패오, 세신, 천마, 북오미자, 동북가시오갈피나무, 으름덩쿨, 백선자, 서향나무, 원호, 부체마, 방풍, 누릉종덜쿨, 토황령 등 그 수를 헤알 수 없으며

버섯 종류로는 송이버섯, 느타리, 검정귀버섯, 검정버섯, 개암버섯, 느름나무버섯, 닭알버섯, 나팔버섯, 댑사리버섯, 왕들버섯, 패지버섯, 큰들버섯 등이고

산나물로는 고사리, 고비, 두릅, 참취, 당삽주, 잔잎 미나리 등 백여 종이며

야생과실로는 잣, 개암, 호두, 들쭉(고급음료수재료)머루, 다래, 돌배, 찔관이, 생열귀, 동배, 금양자, 나무 딸기 등 이루 헤아릴 수가 없다.

四. 연변지구의 력사적 연혁

구석기시대말기(2만6000여 년 전)에 이미 이 땅에 '안도인'이 살고 있었다 한다.

후에 수렵과 농업에 종사하는 씨족공동체의 부족부족들이 점차 두만강과 그 지류 그리고 목단강과 수문하 상류일대에 분포되였다.

력사상 연변지구는 각 민족이 잡거하던 지구의 하나였으며, 소수민족이 세운 왕조를 망라한 력대의 왕조들은 이곳에 지방행정

복옥지
북옥저(北沃沮).

지심계원사인
知審計院事印.

상경로만호일자호인
上京路万户釧字号印.

기구를 설치하여 다스렸다.

최초에는 예맥에 속해 있었고, 한나라시에는 복옥지●(즈구르라 고도 함)에 속해 있었고, 기원전 27년 이후에는 고구려, 713년 당조 는 대조영을 발해국왕으로 책봉하여 그때로부터 진국은 발해국 으로 고쳐지고 당조에 예속되어 있었다. 발해국 중경현덕부의 옛 터에 대하여 각종 학설이 있었으나 근래에 와서 새로 발굴된 력 사 문물에 대한 연구 성과에 근거하여 그 옛터가 화룡현 서고성 이라는 설에 치우치고 있다. 돈화현 오동성, 화룡형 서고성, 훈춘 현 판련성 및 기타 많은 지방에서 발해의 유적과 무덤 여러 장이 발굴되어 벽화, 묘비, 석각, 금속장식품 등 진귀한 발해문물이 출 토되였다.

료, 금, 원 시기에 와서는 926년에 발해국을 멸망시킨 거란은 연변일대를 동란국에 예속시켰다. 기원1115년에 녀진 완안부의 아구다는 황제로 자칭하고 국호를 대금이라 하였다. 1121년에 대 금은 료를 멸한 다음 연변지구의 동남부는 허란(해란)로에 속하였 고 서북부와 서남부는 회녕부에 속하여 상경로(회녕에 설치, 지금의 아성현경내)의 관활 하에 있었다. 화룡현 동고성 부근에서 금나라 시기의 '지심계원사인',● '상경로만호일자호인'●과 많은 문물들이 발견되였다.

기원 1206년 몽골족이 나라를 세우고 1271년에 국호를 원이 라 하여 금나라와 대치되였던 당시 연변은 동하(금나라)경내에 속 해있었다.

기원 1233년 9월 몽골군이 '대진(금나라)'을 멸망시키자 연변은

원조에 속하게 되었다. 1928년에 화룡현에서 '개원로퇴희혼초인'●
이 발굴되어 이를 실증한다.

개원로퇴희혼초인
开原路退毁昏巢印.

명조시대; 기원 1363년에 명조를 세운 주원장은 1388년에 전
동북지구를 평정하니 1409년에 그가 세운 눌간도사에게 연변은
속해있었다.

청조시대; 기원 1616년에 건주녀진의 두령 누르하치는 커란으
로 되며 국호를 대금이라 하였는데 후금이라 불리였다. 1635년에
황태국은 녀진을 만주라 고치고 1636년에 국호를 대청이라 고쳤
다. 누르하치 시기에 연변지구는 후금의 통치하에 있었다.

1644년에 청조군이 산해관을 넘어선 후 청조는 자기 조상의
발상지를 보호한다는 구실로 홍경(신빈) 이동, 이통주 이남, 두만
강 이북 지구를 봉금지구로 만들었는데, 그 후 장백산(백두산)봉
금구에 설치한 남황 사냥터는 태반이 연변지구였다.

민국시기; 1911년 10월에 신해혁명이 일어나고 그 이듬해에 중
화민국이 성립되었다. 1913년 2월에 동남로관찰서를 두어 연길, 화
룡, 훈춘, 왕청, 돈화, 앵목, 녕안, 동녕등 8개현을 관활하고 1914년
에 동남로관찰서를 연길도윤공서로 고치고 여전히 8개현을 관활
하게 하였다. 1916년에는 연훈진수자를 설치하였는데 1920년에
와서 연길진수사로 고치고 변방사무를 관리하게 하였다. 1929년 2
월에 연길교섭서를 설치하여 연길, 훈춘, 화룡, 왕청등 4개 현의 행
정사무와 외교 사무를 감독하게 하였고 그해 9월에 연길교시정준
비처및 연길, 훈춘, 화룡, 왕청 등 4개 현 행정감독공서를 설치하여
여전히 4개 현의 행정 사무와 외교 사무를 관리하게 하였다.

일제와 괴뢰만주국 시기; 일본제국주의는 동북을 강점하고 1933년 3월에 괴뢰 '만주국'을 세웠다.

1931년 9월에 연길주재 길림성특파행정전원림시판사처를 설치하여 4개 현의 행정사무를 관활하게 하였다. 1933년 8월에 그것을 길림성 연변행정독찰전원공소로 고쳤으며 1934년 12월에 괴뢰 '간도성'을 세우고 성소재지를 연길로 하고 연길, 훈춘, 화룡, 왕청, 안도 등 5개 현을 관활하게 하였다. 1943년에 연길가를 '간도시'로 고치고 '간도성'의 직활시로 하였으며 그해 10월부터 한시기 총성기구를 내오게 되자 '간도성'은 '동만총성'(소재지를 목단강에 두었었다.)의 귀속하였다가 1944년에 총성기구를 취소하고 간도성을 회복하였다.

五. 연변지구의 개척과 근대 반제반봉건투쟁

19세기중엽부터 많은 파산된 농민들인 조선족, 한족이 이곳에 몰려와서 만족과 함께 이곳을 개척하며 이때로부터 연변지구는 새로운 개척시기에 들어섰다.

물론 당시의 통치자들인 청조에서는 봉금정책을 실시하고 리조에서는 쇄국정책을 실시하였으나 파산된 농민들이 살길을 찾아 이곳에 찾아드는 홍류는 막아낼 방법이 없어 1881년에 연변지구에 거주한 조선족 농민들은 벌써 1만여 명에 달하였었다.

통계에 의하면 1907년에 연길청경 내에 있는 조선족은 5만여 호나 되였으며 한족은 조선족의 4분의 1도 안 되였다 한다. 이렇게 이주해온 농민들은 많은 한전을 개척하였으나 조선족은 한전의 소출보다 배나 되는 수전 농사에 능하여 수전을 개간하였으며 1920년까지만 하여도 연변의 논 면적은 6,350쌍(소쌍)에 달하였다 하여 지금도 전국적으로 인정되고 있는 사실은 북방의 벼농사는 조선족의 공로로 인정받고 있는 것이다.

청조말기와 민국시기의 반봉건투쟁; 청조말기와 민국시기에 조선족인민들은 혹심한 민족적 압박을 받았다. 청조의 통치하에 있는 조선족농민들은 "머리를 깎고 옷을 바꿔입어야"만 입적하고 땅을 부칠 수 있었다. 이런 민족동화정책은 조선족농민들의 민족자존심을 몹시 상하게 하였다. 그들은 자기의 두 손으로 일군 땅을 빼았기고 고용살이나 머슴살이를 할지언정 민족을 모욕하는 이런 정책에 굽어들지 않았다.

'원호'라고 불리우는 극소수의 입적자의 권리를 리용하여 자기들의 생계를 유지하려 하였으나 결국은 '점산호'라고 불리우는 극소수의 세력 있는 한족과 만족에게 개간한 땅을 빼았긴 많은 조선족농민들은 그들의 고농, 소작농으로 되여갔다.

소작료는 일반적으로 반작이였으나 그 밖에 그들에게 무상으로 땔나무를 해주고 농사를 지여주며 탈곡을 해주며 집수리를 해주며 짚을 썰어주는 등 초경적 착취와 가혹한 고리대 착취를 받지 않을 수 없었다. 이밖에 또 '민회세', '수리세', '소세', '소금세', '문턱세' 지여 조선족 집의 굴뚝이 높다하여 '굴뚝세'까지 바쳐야 하였다. 군대와 무장집사대에 있는 탐관오리들의 무조건 행패는 이루다 헤알 수 없었다.

압박과 착취를 받을 대로 받은 조선족 인민들은 여러 민족 인민들과 함께 온갖 형태의 투쟁을 벌리였는데 1899년 천보산은광 로동자들의 봉건적 략탈을 반대한 투쟁, 1910년 훈춘상인들이 지나친 세금을 안기는 것을 반대한 철시단행, 민국초기에 화룡현 에서 일어났던 현지사와 결탁한 토호열신들이 조선족인민들의 재물을 략탈하는 것을 반대하며 그들을 그 현서 쫓겨나게 한 투 쟁 등이다.

짜리로시아의 침략과 그를 반대하는 투쟁; 1900년 중국에서 의화단운동이 일어난 기회를 타서 "중동철도를 보호한다."는 구 실로 17만 대군을 출동하여 7갈래로 나뉘여 동북을 진공하였다. 7월 30일 동로시아군이 훈춘에 침입해오자 한결같이 일떠나 저 항하여 브스트니꼬브 중좌를 비롯한 200여 명을 요절냈으나 적 은 수효로 많은 수효를 당해낼 수 없어 훈춘, 연길, 돈화 등 성이 로시아군에게 공략되였다. 그러자 그들은 이르는 곳마다 살인, 방화, 강간, 략탈 등 갖은 만행을 다 부렸다.

짜리로시아군의 이런 만행은 연변 여러 민족 인민들의 더없는 분개를 불러일으켜 유명한 저항무장대오로는 연길, 훈춘일대에 서 사냥군 류영화가 조직한 '유민무장'(后에 충의군으로 편성되였다) 은 짜리로시아군과 싸워 그들에게 심대한 타격을 주었으며 양덕 승, 리사해가 거느리는 2,000여 명은 훈춘, 연길, 안도, 동녕 일대 에서 활약하면서 적들에게 타격을 가하였다.

1904년 2월에 일로전쟁이 폭발되자 80여만 명의 짜리로시아 군은 동북지구에 침입하여 갖은 만행을 다 부렸다. 연변의 각 지 방에서는 동북의 각계층 인민 극소수의 천재 이외에는 부모가 돌아가신 이후에야 그 고마움을 알고 고향을 떠나봐야 고향의 그리움을 알고 모국을 떠나봐야 모국의 온정을 깨닫는 게 되는 것이 인간의 상정인 상싶다.

각종 원인으로 하여 자기의 고향과 모국을 떠나 다민족국가인 중국에서 살고 있는 조선족은 조선인의 고유한 풍속과 문화를 그리워하고 진귀하게 안다. 명절에는 물론 평상시에도 일단 정년퇴직한 로인 노동력을 상실한 로인들은 마을마다 로인 독보조(신문을 읽고 듣는 조직)를 꾸며 신문을 통해 세상형세도 알고 또 그 여유시간에는 조선옷차림에 북과 장구를 두둘기며 그들의 만년을 즐기는 것이 보편화되어 있고 9.3 같은 명절에는 남녀로소 없이 조선족 옷차림의 조선족의 고유한 운동 즉 남자들의 씨름놀이, 여자들의 건네뛰기, 널뛰기등 놀이가 벌어지며 자기민족고유의 문화를 즐겨 각지 공원 또는 농촌에서는 마을광장마다 조선족 문화의 꽃을 피운다.

끝으로 내 친구가 쓴 〈두만강〉이란 시를 소개하고 글 맺겠다.

5천년의 풍상을 한 몸에 실고
두 나라의 지경을 흐르는 강물
백이의 겨레들이 살길을 찾아
눈물을 머금고서 걷는 두만강

일제의
침략과
반일투쟁

　일로전쟁에서 승리한 일제는 1906년과 1907년에 체결한 일로
비밀조약에서 변변을 포함한 동북의 남부지구를 저들의 세력범
위에 넣었으며 또 변변을 동북침략의 주요한 발판으로 삼았다.
1906년에 일제는 많은 간첩을 변변에 잠입시키고 1907년 8월에
는 룡정촌에 통감부간도파출소'를 세웠다.

　이러한 일제의 동향은 물론 청정부의 주의를 환기시켰으며 오
록정을 연길청에 파견하며 정황을 조사하게 하여 그는 그자들이
즉시 철거를 요구하였다. 9월에 청정부는 국자가(지금의 연길)에 길
림변무공소를 설치하여 '통감부간도파출소'와 대치하게 하였다.
그리고 변방요충지와 조선족들이 집거하는 지방에 14개소의 파
판처를 설치하고 지방의 정무를 처리하고 치안질서를 유지하며
일본헌병과 간첩들의 비범 행위를 제지시키게 하였다. 오록정은
일제가 세운 도로들 시패를 뽑아버리게 하고 삼송배산림을 봉하
고 일제와 결탁하며 경영하는 천보산 광산을 차압하게 하였다.

　1909년 9월, 일제는 부패무능한 청정부를 유인 협박하여 '간도
협약'을 체결하고 길림과 조선의 회령간의 길회선의 부설권을 략

로씨야
러시아(Russia).

탈하고 료정촌, 국자가, 백초구, 두도구를 통상지(훈춘은 이미 통상지로 되여 있었다.)로 개방하게 하고 룡정에 일본총령사관을 두고 기타 통사지에령사분관을 두어 치외법권을 가지였다.

이 매국조약은 전국인민의 더 없는 분개를 자아냈으며 연변의 진보적 조선족인사들도 변무공서에 련병으로 글을 올려 청정부의 매국행위를 성토하고 조선족인민들의 머리 우에 들씌운 '령사재판권'을 열렬히 반대하였다.

일제는 서구의 렬강 등이 제1차 세계대전으로 하여 동방을 살필 새가 없는 틈을 타서 저들의 특권을 리용하여 공업품을 투매하고 자본을 수출하여 1907년부터 1917년에 사이에 연변무역총액에서 일본무역이 차지하는 비중은 20%부터 65%로 증가되였다. 일제는 또 대량적으로 토지를 강점하여 연변인민들은 땅을 잃고 파산되였으며, 경찰과 특무를 파견하여 조선인들을 참혹하게 탄압, 학살하였다.

매국적인 조약 '지조'를 반대하는 전국인민들의 투쟁이 일어나자 국자가(지금의 연길)의 각 계층 군중들은 1915년 6월에 관청의 저애를 박차고 북산 학당에 모여 반일애국저금활동을 발동하고 일본상품을 배격하며 중국 상품을 제창하는 운동을 일으켰다.

조선족 중의 반일지식분자들은 각 지방에 사립중학교와 소학교를 세워 반일애국교육을 시켜 일제를 반대하고 간첩을 소멸하는 투쟁을 전개하였다. 1919년 3월 로씨야● 10월 혁명과 조선의 '3.1' 반일민족독립운동의 영향 하에 연변의 조선족인민들의 반일투쟁은 더욱 세찬 물결을 일으켜 3월 13일에 룡정, 연길, 대립자,

두도구 등 지방의 청년 학생들과 각 계층 군중 3만여 명은 룡정에 모여 반일군중대회와 시위행전을 단행하였다. 일제의 군경과 특무는 그 시위를 무력으로 탄압하여 40여 명의 살상자를 내는 류형 사건을 비져냈다. 그러나 세차게 타오르는 이 반일의 불길은 신속히 전 연변에 파급되어 선후로 10만여 명이 반일대시위행진에 참가하였다.

5.4운동의 소식이 연변에 전해지자 국자가의 도립중학교와 왕청 등지의 여러 민족 교원, 학생들은 련속 집회를 열고 조선과 산동, 연변을 침략한 일제의 죄악을 폭로 규탄하였고 연길도립중학교의 3명의 학생은 혈서를 써서 일제와 끝까지 혈전할 것을 맹세하였다.

그 후 연변의 조선족인민들은 분분히 반일단체와 무장대오에 참가하여 일제와의 무장투쟁을 벌리였다.

당시에 그들이 활동하던 거점은 봉오동, 청산리, 의란구, 도목구, 대항구 등지이다. 1920년 6월, 그들은 왕청현 봉오동에 매복전에서 일군 120여 명을 살상하였다.

그해 10월 2일에 일제는 '훈춘사건'을 비져내고 이것을 구실로 3개 온군 려단과 몇 개 련대를 망라한 1만여 명의 정규군을 연변지구에 침입시켜 경신년대토벌을 감행하였다. 당시의 《독립신문》의 보도에 의하면 10월 20일부터 26일까지 항일부대는 화룡현 청산리 일대에서 일본군 900여 명을 섬멸하며 놈들에게 심대한 타격을 안기였다. 이번 대토벌에서 일제는 가는 곳마다에서 조선족마을 습격하여 야수적인 '삼광'정책(殺光, 燒光, 창光)(물건이 있으면 다 략탈해 가고, 사람이 있으면 다 죽이고, 집을 다 불 놓아 버리다.)을 실시하였다. 그러나 당시의 전국인민들의 강렬한 항의와 규탄, 및 연변 여러 민족인민들의 견결한 저항으로 하여 일제는 1921년 5월에 이들의 반짜리로시아운동에 발마추어 '짜리로시야를 성토하는 격문'과 '포고문'을 많이 내걸고 각 농촌의 백성들은 침략군에게 먹을 것을 주지 않고 로시아 화폐를 쓰지 않는 등 여러 가지 수단으로 저항하였다.

민족적
감정과
전망

만약 우리가 지뻿트●나 몽고를 여행하면서 그 지방민을 만나고 우리가 조선족이란 것이 알려지면 그들에게 더욱 친절하고 따듯한 대우를 받을 수 있다. 그들은 말한다. "우리는 다 같은 소수민족으로 과거에는 한족의 기시와 압박을 받아온 처지였다 우리는 당신들을 환영한다."라고……. 이는 수천 년의 시대를 거쳐 한족에게 살기 좋은 평원지대를 빼앗기고 변강으로 몰려가 살던 과거 력사적으로 형성된 의식의 반영일 것이다. 바꾸어 말하면 한족에게 대한족주의 사상이 있어 그 의식에 대한 반발의식일 것이다. 그러나 한족은 자기국가가 다민족국가라 함을 자인하고 그에 대한 포응성과 실용주의적 의식이 있는 것은 역시 단일민족으로 이루어진 우리로서는 리해하기 어려운 점이 있었다. 실례를 하나 들어보자. 중국은 국민학교서부터 대학까지 남녀공학이며 각 소수민족도 한족과 같이 각 대학에 입학하여 학습할 수 있다. 그런데 만약 조선족이나 기타 소수민족이 그 반에서 공부도 잘하고 장래의 발전 전망이 보인다하면 한족 녀성이 그에게 사랑을 속삭인다. 열 번 찍어 넘어가지 않는 나무가 없다고 하는데 하물며 여성이 남성에게 덤벼드는데 안 너머갈 남자가 있겠는가! 이리하여 그와 결혼하게 되며 결혼하면 한족은 여간해서 조선말을 배우지 못하므로 가정에서는 한어를 쓰게 되고 아이들 역시 조선말은 모르고 한어를 써 동화되고 마는 현상이 있다. 흥취 있는 것은 소수민족에 대한 산아産兒 제한의 혜택(한 부부가 아이들을 낳수 있는 권리)이 나오자 조선말은 하나도 모르나 아버지가 조선족이니 나도 조선족이라고 주장하고 나와 산아 혜택을 달라고 하는 사건이 있어 연변대학교 조선문제연구소에서 전문 인원을 파견하여 조사하기로 하였는데 그 결과는 어찌되었는지 내가 규향● 직전이였으므로 결과는 알 수 없다.

하여간 하늘에서 비가 내려 각 나라의 강물이 생기고 그들의 기후와 특성에 따라 여러 가지로 변하며 무한한 절경을 이르는가 하면 악어가 우굴거리는 무시무시한 암소를 이룰지언정 나중에는 대해로 들어가 화합되는 것이 아닐까?

미완성 시

백련암 고개에서

까까지른 절벽 길 기여오르면
붉디붉은 담풍잎 나를반기네
천여년전 신라중 이곳에와서
터던닦고 정성올린 사리이련아
일편단심 렬부의 심장이련가

서리마져 붉은잎은 다떨어져도
붉게타는 너잎만은 그대로구나
세상만물 그 누구 영생하련만
죽어서도 붉은마음 그대로구나
청춘과부 지성어린 마음이련가

만사

내 무능해 사위잃고
오매불망 생각타가
저승으로 떠나가네
사위와서 산소보니
그 눈물 어데에 간직하리

1987. 12.

본래 원고에는 이 작품의 제목
이 없음. 편집자가 임의로 붙였
음을 밝혀둠.

포은선조의 제사를 모시며•

포은선조 그자손 그얼마인가
능곬벽지 외로히 잠겨있을제
자기로서 가꺼운 꼬감한첩을
나의맘을 위로해 가져왔도다

보고보니 그정성 이즐수없어
할아버지 제사에 남겨뒀더니
접시차려 고벼보니 반도 않되네
그러나 그의 정성 어찌 잊으랴

아낀돈을 보태여 접시차리니
흙백이 완연한 두층이로다
선조대한 부근민은 민구하건만
사실이 이러하니 어찌하리오

雨花台

창공에 아아한 우화대의 백아탑
창창한 설송도 숙연히 머리숙였네
숲속의 진붉은 미소어린 해당화
장엄한 맹세속에 승리를 자랑함인가?

화환에 휩싸인 청아한 렬사의
천만의 눈동자에 이슬이 맺네
우화석에 아롱진 붉은 무늬는
수난당한 렬사의 흘린 피련가!

사시장철 태연한 보람찬 우화대
세월이 흘러가고 해가 바꿔도
우화석의 붉은무늬 질줄 모르듯
가슴깊이 다진맹세 변할소인가!

우화대 가는 길가 푸른잔듸에
뭉텅뭉텅 떨어지는 붉은 동백꽃
선렬들의 뜻을 이은 젊은이들의

감격이 숨막킨 심장이런가!

남경 우화대를 참배하고서. 1984. 4.

비문

始祖高麗樞密院知奏事 滎陽公諱襲明先生二十代
高麗守門下侍中益陽君忠義伯圃隱諱夢周先生十代

宗孫迎日鄭公諱元徵 以後歷代宗孫墓地

嗚呼라 十年이면 江山도 變한다는데 四十年만에 故鄕에 돌아와 歷代先祖의 산소를 拜謁해보니 어떤 산소는 묵어 樹木이 울창하고 어떤 산소는 平土가 되다싶이 되어 있으니 自然이 흘러내리는 눈물을 禁할 수가 없었더라

始祖께서나 圃隱께서나 그 어른들의 思想의 根本은 忠孝와 眞이었나니 世波의 좀먹었던 흔적을 엿볼 수 있었노라 宗家란 무엇인가 始祖의 집안이요 圃隱의 집안이니 忠孝와 眞의 집안이라 이렇게 된 現實을 가슴아파하여 始祖二十五代 圃隱十五代宗孫鄭公煥祖位土를 處理하고 始祖三十二代 圃隱二十二代宗孫義烈의 長男哲洙 三男彰洙 四男德洙가 마음과 힘을 合하여 이 歷代의 宗孫墓地를 만듬은 忠孝와 眞을 保全하고 빛내고자 함이라

西紀一九八七年 丁卯 十月十日
始祖三十三代 圃隱二十三代宗孫哲洙 謹識

부록

조선의용군 정철수의
생애와 독립운동

염인호(서울시립대학교 국사학과 교수)

1. 머리말

정철수 선생(1921~1989)은 용인시 모현면 능원리 71번지에서 정의열과 경주 김씨 사이에서 장남으로 태어났는데[01] 고려시대의 충신 정몽주의 23대 종손이다. 용인은 외적과 한판승을 겨룬 항쟁의 땅으로 유명하다. 몽고군의 제2차 고려 침략 때 그 지휘관 살레타이를 격살시키고 승리를 거둔 곳은 바로 이 용인이었다.[02] 임진왜란 때 서울 수복을 위해 남도의 근왕군이 집결하여 일본군과 일전을 벌였던 곳도 용인이었다.[03] 조선의용대 대장 김원봉 장군의 출생지는 밀양이었는데 그곳은 의리를 중시한 김종직이나 임난 때 활약했던 사명대사의 고향이기도 하였으며 이것이 소년 김원봉에게 영향을 주었다고 한다.

학창시절 정철수는 가정환경은 비교적 유복했던 것 같다. 연변

---

01 〈종가기행 39, 영일정씨 포은 정문주〉, 2007. 3. 22(http//blog.naver.com/park9p9/1000582168).

02 윤용혁, 〈몽고 2차 侵寇와 처인성 승첩〉, 《한국사연구》 29, 1980; 심재석, 〈김윤후, 처인성, 충주산성과 그리고 민〉, 《한국역사연구회 회보》 16, 1993.

03 이 전투에서는 근왕군이 패배하였다.

대학에서 소장하고 있는 이력서에 의하면 정철수의 출신은 (소)지주였고 매년 전답에서 100석의 소출이 있었다고 한다. 정철수는 1930년 모현 보통학교에 입교하여 4년 동안 공부를 한 후 수원보통학교 2년을 다녔다. 그리고 서울의 경복중학교(제2고보고)를 다녔다.[04] 중학교 졸업 후 보성전문학교에 입학했으나 1943년 말 일제의 학도병 강제지원 정책에 따라 일본군으로 '징집'되었다.[05] 1944년 3월 25일 중국 산동성 제남의 일본군 병영을 탈출하였다. 남은 가족들에게 피해가 갈 것을 우려하여 고철高喆로 이름을 바꾸었다. 조선의용군·조선독립동맹에 가담하여 항일 민족 독립운동을 하였다.

8.15해방 후에는 중국 만주로 들어가 혼란기에 조선 동포를 보호하는 활동을 전개하였다. 모국과 고향을 그리워하였으나 여의치 못해 중국에서 40여 년간 삶을 살았다. 1987년 대한민국으로 영구 귀환하였으나[06] 1989년 사망하였다. 정철수 선생의 생애와 그가 전개한 항일 독립운동을 살피는 것은 그 개인의 삶을 넘어 우리나라 독립운동사를 더욱 풍부하게 하는 작업이 될 것이다. 필자는 정철수 본인이 집필한《나의 청춘》(중국에서 1993년 간행)과 중국 연변대학교 당안관에 소장되어 있는 이력서 등을 주요 자료로 활용하였다. 초고인 만큼 잘못된 점이 있거나 부족한 부분이

---

04 육필 원고 여백에 작성된 메모.

05 육필 원고 여백에 작성된 메모에는 1941년에 보성전문학교 입학 것으로 나와 있다. 그렇다면 보전 3학년 말 때 입영한 것이 된다.《나의 청춘》에서도 3학년 말에 입영했다고 나와 있다. 그러나 연변대학교 소장 이력서(1949. 5. 10)에서는 1942년에 중학을 졸업하고 같은 해에 보전에 입학한 것으로 나와 있다. 이것이 사실이라면 보전 2학년 말 때 입영한 것이 된다(《七歲至現在 詳細歷史經過》).

06 육필 원고 여백의 메모.

있으면 자료를 더 수집해 보완할 생각이다.

2. 조선의용대·조선의용군의 창설과 독립운동

1) 조선의용대의 창설

조선의용대는 1938년 10월 10일 중국 호북성 무한武漢에서 창설되었다. 당시 일본군 수십만 명은 전시 수도인 무한을 향해 공격해 들어오고 있었다. 무한은 포위되었고 위기에 처했다. 이때 불과 100명도 안 되는 한국인 청년들이 항일을 내걸고 무한에서 조선의용대를 창군한 것이다.

조선의용대 대원들은 학력이 높은 청년들이었다. 한국에서 학생운동하다가 발각이 되어 중국으로 망명하여 독립운동 진영에 가담한 청년이 적지 않았다. 또 중국의 대학교에서 공부를 하던 중 중일전쟁이 발발하고 대학이 문을 닫자 독립운동 진영에 가담한 청년들도 많았다. 연변 땅에서 중학교를 졸업하고 북경 상해 남경 등지의 대학이나 사관학교에 입학했다가 독립운동 진영에 가담한 사람도 많았다. 대체로 이 청년들은 순수하다고 평가를 받았고 애국심이 강하며 진취적이고 진보적이었다고 평가되고 있다.

이들을 이끌었던 사람은 의열단 단장으로서 이름 높았던 김원봉이었다. 김원봉은 일찍이 서울에 김익상을 보내 총독부에 폭탄을 던지게 했고(1921), 의열단원 나석주는 서울의 동척 건물에 폭탄을 던져 세상을 놀라게 했다(1926). 김원봉이 파견한 김지섭은 동경의 천황궁 입구에서 폭탄을 던졌고 또 의열단원 오성륜 등은 상해 황포탄에서 일본군벌의 수뇌 다나까를 저격하였다(1922). 김원봉은 조선의용대 창설 당시 이미 40세였지만 그의 목숨을 걸고 전개한 독립투쟁의 경력은 의용대 청년들을 지휘하기에는 적합하였다. 조선의용대는 중국군이 주둔한 각 전방으로 들어가 항일선전전을 전개하였다. 중일전쟁이 발발한 지는 이미 오래되었기 때문에 무력으로 상대를 항복시킨다는 것은 이제 불가능한 때였다. 그래서 상대방의 사기 저하를 노리고 아군과 백성의 사기를 높이는 선전전이 매우 중요한 때였다. 조선의용대는 직접 전투에 참가하지는 않았지만 조선의용대가 전개하는 선전전은 매우 중요한 의의를 지니고 있었다.

조선의용대는 1941년 봄 황하를 건너, 화북의 중국공산당 유격 근거지인 태항산맥(태항산)으로 이동하였다. 대원들은 1942년 7월 회의를 개최하여 조선독립동맹을 결성하는 한편 조선의용대는 조선의용군으로 명칭을 바꾸었다. 목숨을 아끼지 않는 항일운동 가운데 조선의용대·조선의용군 대원 가운데 조국광복을 보지 못하고 목숨을 잃은 사람은 무척 많았다. 8.15해방 후에는 만주로 이동하였다. 당시 만주는 혼란에 빠져 있었고 백만 동포들은 불안에 떨고 있었다. 조선의용군은 만주에 가서 동포들을 보호하는 활동을 전개하였던 것이다.

2) 동포 청년이 그리운 조선의용대·조선의용군

중국 관내지방(만주 제외한 중국)에서 활동했던 조선의용대·조선의용군의 가장 치명적인 약점은 부대를 확장할 수 없었다는 점이다. 왜냐하면 중국 정부가 통치하는 지역에는 한국 사람이 거의 없었기 때문이었다. 한국 사람이 가장 많이 살고 있던 곳은 만주 지방이었다. 다음으로 많이 살았던 곳은 북경과 천진 그리고 그 인근 지방, 상해 등등이었는데 이들 지역은 모두 일찍이 일본군이 점령하였다. 그래서 창설당시부터 조선의용대는 동포들이 많이 사는 만주로 가서 부대를 확대한다는 꿈을 가졌으나 실천은 불가능하였다.

100여 명으로 출범했는데 일 년 지난 1939년 가을에는 30여 명이 더 늘어났다. 늘어난 이유는 다음과 같다. 중국군은 중국 각지를 유랑하는 한국인 상인들이나 한국인 유흥가 여성 등을 적국敵國 백성이라고 체포하여 감옥에 가두었는데 조선의용대 간부들은 이들을 인계받아 교육시켜 조선의용대에 입대시켰던 것이었다. 전투력에서나 지식 등에서 떨어지는 사람들이었음에도 불구하고 조선의용대 측에서는 30여 명의 입대를 감격스러워했는데 그만큼 인적 자원 확보가 어려웠다. 정철수 같은 지식 있고 신체 건강하고 젊은 청년들 다수가 자발적으로 일본군을 탈출하여 조선의용대·조선의용군에 가담하기 위해서 왔다면 그 기쁨은 얼마나 클지 상상이 될 것이다.

양자강 황하 이남에서 활동했던 조선의용대가 1941년 봄에는 황하를 건너 화북지방으로 들어간 가장 큰 이유는 화북에는 상대적으로 한국인들이 많이 이주해 와 있고 만주나 북경 나아가 조국 한반도와 가까웠기 때문이었다. 화북의 전투 환경은 매우 열악하였다. 일본군의 대대적인 포위 공격이 빈번하였고 그 와중인 1941년 12월 12일 하북성 원씨현 호가장 마을에서 전투가 벌어졌다. 이 전투에서 조선의용대 대원 4명이 전사하고, 1명이 중상을 입었으며 또 다른 1명이 중상을 입고 포로가 되었다(호가장전투). 1942년 5월에는 일본군의 포위 소탕전 속에서 조선의용대의 현지 최고 지도자 윤세주, 진광화가 전사하는 참사가 일어났다. 그 이후에도 많은 대원들이 전사하거나 병들어서 사망하였다.

3) 1944년의 태항산 근거지

중국 대륙을 달리는 철도 가운데 가장 중요한 대동맥에 해당되는 철도는 경한선(북경~무한)이다. 이 경한선 서편에는 태항산맥이 철도와 평행하여 길게 남북으로 뻗어 있다. 이 산맥은 매우 험준했기 때문에 일본군이 함부로 들어갈 수가 없었다. 반면 태항산맥에서 북경 석가장 태원 같은 대도시는 가까웠기 때문에 태항산맥은 군사적 요지가 될 수 있었다. 그래서 중국공산당은 수도는 저 멀리 연안에 두었지만 공산당군대(팔로군) 전방총사령부는 이 태항산(태항산맥)에 두었다. 중공은 험준하고 척박한 태항산에 의지하여 고난에 찬 8년 항일전쟁을 수행하였다. 몇 년 전 중국에서는 "태항정신을 계승하자"는 구호가 주창된 적이 있었다. 그만큼 현재 중국은 '태항산의 추억'을 소중하게 생각하고 있다.

황하를 건너 북상한 조선의용대·조선의용군 역시 이 태항산에 본부를 두고 활동을 전개하였다. 1942년 7월에 결성된 조선독립동맹도 태항산에 본부를 두고 활동하였다.[07] 그런데 1941~1943

---

07   조선독립동맹과 조선의용군은 사실상 같은 단체라고 할 수 있다.

년 말까지 태항산은 일본군의 수차례의 포위 공격을 받아 위기에 처한 적이 한두 번이 아니었다.

그러나 1944년이 되면 상황은 반전되었다. 일본군은 한때 태평양 전선에서 승승장구했으나 1943년에 미국군대에게 밀리기 시작하였다. 급하게 된 일본은 중국에 있던 정예부대를 태평양전선으로 돌리기 시작하였다. 자연 중국내 일본군의 전투력은 약화되었고 일본군은 농촌 지대나 소도시에서 대도시와 그 주변으로 후퇴하였다. 반면 공산당의 팔로군·신사군은 일본군이 물러간 그 자리로 들어가 세력을 확대하였다. 산동성 수도 제남의 일본군 병영에서 훈련을 받았던 정철수가 1944년 3월 탈출하여 조금만 걸었더니 곧 공산당 팔로군 지구에 도달하였던 것도 1944년이니까 가능한 일이었다.

1944년이 되면 조선의용군·조선독립동맹은 그간 움츠렸던 어깨를 펴고, 기지개를 켜기 시작하였다. 이제 적극적으로 항일독립운동을 시작하려고 했던 것이다. 이를 주도했던 인물은 무정 장군이었다. 함경북도 출신인 무정(1905~1951?)은 일찍이 중국으로 망명하여 보정군관학교를 졸업하고 중국공산당에 가담하였다. 중국공산당이 항상 자랑스럽게 생각하는 대장정에 참가하여 유일하게 살아남은 한국인은 바로 이 무정이었다. 무정은 중국군 포병부대 창설자로도 유명하다. 일설에 의하면 공산당 팔로군 총사령관 주덕朱德에게 부인을 소개하여 준 사람이 무정이라고 한다. 그가 얼마나 중국 핵심 인사들과 가까웠는지를 보여주는 일례라 할 것이다.[08] 중국공

---

08 역으로 무정에게 중국인 부인을 소개해준 사람이 주덕이라는 설도 있는데 둘 중의 하나는 사실일 것이다.

산당이 얼마나 무정 장군을 신임했는지는 짐작할 수 있을 것이다.

1944년 초 무정은 태항산 근거지에서 적구공작반을 조직하였다. 무정은 김창만을 공작반의 선전부장으로 임명하였는데 정철수 회고록에 자주 등장한다. 그리고 조직부장에는 이유민을 임명했으며 조직과장은 자신의 부인인 김영숙을 임명하였다. 체제를 갖추자 북경 천진 같은 대도시, 천진 인근의 한국인 농촌 마을, 그리고 만리장성을 넘어 만주국의 하얼빈, 심지어 서울 등 국내에까지 공작원을 파견하였다. 북경 천진 같은 대도시에서 많은 한국인 청년들이 무정·독립동맹의 활동에 호응하였다. 많은 청년들이 집이나 학교를 떠나 태항산 근거지로 들어와 독립동맹원 조선의용군 대원이 되었다. 1945년이 되면 뒤에서 보겠지만 태항산에는 한국 청년들이 대단히 많았다. 이들을 수용하여 무정은 혁명군사정치학교를 설립하여 이들에게 항일교육을 실시하였다. 정철수도 이때 항일 교육을 받은 사람 중의 한 사람이었다. 혁명군사정치학교의 상세한 내용은 뒤에서 다시 살핀다.

무정이 국내로 보낸 공작원은 독립운동계의 거물인 여운형과의 연계 구축에 성공하였다. 독립동맹과 여운형이 주도하여 만든 건국동맹은 상호 협조하기로 맹약하였다.

일 년 지난 후인 1945년 봄 무정은 장문의 보고서를 작성하였는데 거기에는 그간의 활동이 담겨져 있다. 보고서는 중국공산당 중앙위원회, 특히 제2인자 주덕에게 전달하기 위해 작성된 것이었다. 이 보고서는 오늘날 조선의용군·독립동맹을 연구하는데 결정적인 역할을 하는 귀중한 사료가 되고 있다. 이 보고서 가운데 정철수의 흔적을 찾아낼 수 있을 것이다.

3. 정철수의 독립운동

1) 입영

전세가 기울자 일본은 1943년 초 일본인 대학생의 입영을 강제하는 법을 제정하였다. 이어서 조선인 학생도 입영을 지원할 수 있다는 학도병 지원병령을 발표하였다. 명칭은 지원이었지만 실제로는 징병에 가까웠다. 조선총독부는 선전매체를 이용하여 끊임없이 반복적으로 조선인 대학생(전문학교 포함)의 입영을 강요하였다. 그동안 천황의 은혜를 입었으니 이제 갚아야 한다는 것이다. 입영하지 않으면 비국민이라는 협박도 따랐다. 또 경찰을 동원하여 대상 학생 집에 드나들면서 부모들을 회유·압박하였다. 지원하지 않더라도 어차피 곧 징병제가 실시될 터이니까 지원해야 한다고 협박하였다.

일본은 이때 많은 국내의 한국인 '민족지도자'를 동원·활용하였다. 많은 지도자들이 입영을 권유하는 글을 썼다. 또 학생들이 찾아가 상의하면 훗날을 대비하기 위해서라도 입영하여야 한다고 권유하였다. 입영을 권유했던 지도자들은 오늘날 친일파라는 오명을 둘러쓰고 욕을 먹고 있으나 일부 지도자 가운데는 민족의 장래를 위해서는 입영이 필요하다고 진심으로 믿고 청년들을 설득했던 것 같다.

조선일보의 최근 기사에 의하면 여운형(1886~1947)은 총독부 기관지에 학병 권유문을 실었다고 한다. 고 계훈제의 수기 '식민지 야화野話'에는 학병 징집을 피해 다니다 여운형을 찾아가 상의했더니 '오늘날 우리는 상무정신을 찾아볼 수가 없다. 이 기회에 출정해 현대전법을 습득하면 유용할 것'이라고 했다고 한다.[09] 조선일보는 여운형이 친일파 명단에 빠진 것은 친일진상규명위원회가 균형을 잃은 행위라고 비판하였다. 그러나 여운형은 당시 지하에서 독립운동을 전개하고 있었고 1944년에는 지하조직 건국동맹을 조직한 사람이었다. 이처럼 지하에서 비합법적인 독립운동을 하고 있었기 때문에 친일파 명단에서 제외된 것으로 보인다. 여운형은 민족의 미래를 위해서는 학병으로 가는 것도 좋은 일이라고 '진심으로' 생각했고 그렇게 청년들에게 권유했던 것 같다.

민족 지도자들의 설득은 당시 청년들에게 큰 반향을 일으켰고 청년들로 하여금 입영케 하는데 큰 영향을 주었음이 분명해 보인다. 정철수가 다녔던 보성전문학교의 교장 김성수 또한 입영을 권유했던 인물 중의 한 사람이었다.[10]

역설적으로 들리겠지만 한국인 학생들이 일본군으로 입영해주기를 바라는 해외 독립운동가들도 있었을 것이다. 중국 관내지방(본토)에서 활동하던 조선의용군이나 한국광복군이 당면한 가장 큰 문제점은 대원들을 모집할 방도가 많지 않다는 점이었다.

---

09 〈친일, 고무줄 잣대〉, 조선닷컴, www.chosun.com, 2009. 11. 30.

10 《시사인》 114호에 의하면 보전 교장 김성수는 학도지원병제가 실시되자 보성전문학교의 지원율을 높이기 위해 각종 활동에 나섰다고 한다. 1943년 12월 보성전문학교 학도지원병 예비군사학교 입소식에서 "제군은 세계 무비의 황군의 일원의 광영을 입게 되었으니 학도의 기분을 버리고 군인의 마음으로 규율 있는 생활을 하라"고 훈시했다고 한다.

한국 청년들이 대량으로 일본군에 입대해 중국으로 온다면! 그들이 일본군을 탈출해 독립운동 진영으로 온다면! 하는 바람이 있었을 것이다. 학도병 강제 입영은 본인이나 그 가족들에게는 불운한 일이었겠지만, 그 소식은 중국의 독립운동가들에게는 낭보일 수도 있었을 것이다. 가족들의 안위를 위해서 혹은 기타 이유로 5천여 명의 한국인 학생들이 학병으로 입영하였지만 그 가운데는 중국으로 가면 탈출하겠다고 결심한 사람도 있었고 정철수는 그중 한 사람이었다.

2) 탈출과 그 역사적 의미

정철수는 중국 산동성 제남으로 끌려갔다. 제남의 일본군 훈련소에 배치받았다. 정철수는 입소한 지 3개월 만인 1944년 3월 25일 일본군 병영을 빠져나와 탈출하였고 성공하였다. 이때 평장우, 허섭 등 동료 두 명도 함께 동행하였다. 그런데 그들이 도달한 곳은 공산당 팔로군 지역이었다. 정철수의 운명은 본인의 의사와 관계없이 탈출 장소에 의해 절반은 결정되고 말았다. 만약 탈출해 놓고 보니 국민당 지구였더라면 정철수는 또 다른 삶을 살았을 것이다. 그런데 탈출해 놓고 보니 공산당 지역이었던 것이다. 3인은 곧 팔로군 유격 지역에 도착하였고 그들의 안내를 받았다. 그리고 두어 달 후 조선독립동맹 조선의용군의 본부였던 하북성 섭현 하남점에 도착하였다. 그리고 조선독립동맹에 가맹하고 조선의용군이 되었다.

민족의식이 강렬하였던 학도병의 탈출은 당시 매우 빈번한 현상이었다. 학병 김준엽이 중국 강소성 서주 교외 농해선 연선의 일본군 부대에 도착한 것은 1944년 2월 25일이었다. 그는 1944년 3월 29일 달이 없는 밤, 탈출을 감행하였다.[11] 학병 장준하가 강소성 서주의 일본군 부대에서 탈출한 것은 1944년 7월이었다. 이 두 사람이 탈출해서 도착한 곳은 모두 국민당 군대 관할 지역이었다. 반면 학병 엄영식은 1944년 8월 19일 서주의 일본군 병영에서 탈출했는데 당도해 놓고 보니까 공산당 지역이었다.[12] 학병 신상초도 탈출해 놓고 보니 공산당 지역이었다. 장준하 김준엽 등은 국민당의 배려 하에 대한민국 임시정부에 가서 활동했다. 반면 정철수, 신상초, 엄영식 등등은 공산당 지역에서 독립운동을 할 수 밖에 없었다. 이렇게 탈출한 사람은 적지 않았다. 엄영식은 신사군 거점의 하나인 반성半城에 1944년 9월 중순에 도착했는데 거기에는 이미 낯이 익은 얼굴들이 20여 명이나 있었다고 한다.[13] 20여 명은 모두 학병 출신 탈주병이었을 것이다. 기타 팔로군 지역이나 국민당 지구까지 합하면 그 수는 훨씬 늘어날 것이다.

이 학도병의 탈출은 물론 각각 본인의 운명에 결정적인 영향을 미쳤다. 뿐만 아니라 중국의 독립운동 진영 전체에 엄청난 돌풍을 몰고 왔다. 장준하 김준엽 등은 험준한 파촉령을 넘어 중경의 대한민국 임시정부로 갔다. 당시 임시정부에는, 평생 뜻을 굽히지 않았던 지사이지만 그러나 이제는 기운이 많이 빠진, 실천력이

---

11 姜德相, 《朝鮮人學徒出陣》, 岩波書店, 東京, 1997, 356쪽.

12 엄영식, 《탈출》, 야스미디어, 2005, 65~82쪽.

13 위의 책, 100쪽.

떨어질 수밖에 없는 노인들이 많았다. 지적인 면에서나 육체적인 면에서나 우수한 젊은 청년들이 임시정부에 오자 요인들은 감격했고 '젊은 피'를 수혈 받은 임정은 아연 활기를 띠기 시작했다. 임시정부는 이들을 광복군에 소속시키는 한편 미국 전략첩보국OSS과 협력하여 군사훈련을 받게 하였다. 바야흐로 본격적인 항일무장투쟁을 전개하려 했던 것이다.

공산당 지역의 경우도 유사하였다. 조선독립동맹·조선의용군의 독립운동을 전방에서 총지휘하고 있던 무정 장군도 한국인 학병들이 탈출하여 팔로군 지역으로 들어오자 무척 기뻐했던 것 같다. 무정 장군이 쓴 보고문(1945. 5)에는 이렇게 나와 있다.

작년 6월 4명의 조선인 지원병(그들은 모두 대학생 출신)이 적군에서 변구로 도주해왔다. 우리들은 이들을 위하여 태항에서 전前 일본군 조선인 병사대회를 개최하였는데 이때 각지에서는 대표를 파견하여 이 회의에 참석하였다. 회의석상에서 우리 동맹 선전부의 책임자와 전 일본군 조선 사병의 대표가 나누어서 보고를 하였고, 또한 신래新來의 전 일본군 조선사병 또한 회의 상에서 생동감 넘치게 적의 죄행을 폭로하였다. (중략: 인용자) 대회에서는 조선 사병들에게 편지를 보내기로 결정하였다. 회의 후 우리들은 회의의 자료 및 그 정황을 우리들의 신문報刊에 실었고 (중략: 인용자) 화북 만주 조선 내지의 동포 가운데 매우 좋은 작용을 불러 일으켰고 우리가 이 자료를 발표한 얼마 되지 않아 20여 명의 일군 조선 사병이 일군에서 도망해 우리 태항 근거지로 와서 투분^{投奔}하였다. 이 대회를 거행한 후 일단의 시간 동안 준비공작을 거친 후 작년 8월 29일 조선국치 기념일 때 진찰기에서 일본파시스트를 반대하는 조선학생 대 회를 개최하였다. (후락: 인용자)[14]

1944년 3월 하순에 탈출한 정철수 일행이 태항산 독립동맹 본 부에 도착한 것은 같은 해 6월경이었던 것 같다. 독립동맹 측에서 는 환영하는 대회를 열었고 그 상황을 신문에 실었으며 이것은 적구 한국인 사회에 좋은 반향을 불러 일으켰다는 것이다. 반응 이 좋자 이번에는 진찰기 군구에서 조선학생대회를 그해 8월 29 일 개최하였다는 것이다.

무정의 보고문에 의하면 8월 29일 대회에 참석한 사람 가운데 는 보성전문학교 대표 2명, 일본 불교대학 대표 1인도 있었다.[15] 아 마도 보성전문학교를 다니다 입영한 정철수나 동경 불교학교 고 마사와 대학에서 공부하였고, 학병으로 끌려왔다가 정철수와 함 께 탈출한 평장우를 지칭한 것으로 짐작된다.[16]

어쨌든 대학생 출신 지원병이 태항산에 온 것을 계기로 하여 많은 일들이 계획되고 실행되었던 것이다. 무정 장군은 이후 공 작원을 국내로 파견하였는데 접촉 대상 가운데는 무정의 옛 친구 도 3명이나 있었다. 1944년 당시 1명은 중학교 교장이었으며 다른

---

14 武亭, 〈華北朝鮮獨立同盟 一九四四至 一九四五月 工作經過報告〉(1945. 5. 5), 《關內地區朝鮮人 反日獨立運動資料彙編》下, 陽昭全 等 編, 遼寧民族出版社, 沈陽, 1987, 1151~1152쪽.

15 위의 글, 1148쪽.

16 정철수, 《나의 청춘》, 동북조선민족교육출판사, 1993, 100쪽.

2명은 중학교 교사였다. 무정은 이들 3인에게 "현재의 형세 변화의 정황 및 우리 동맹 의용군 활동의 정황"을 설명해주고 "중학교 학생 교육 과정에서 일단 징병 나가면 태평양에서는 미국에 투항하고, 시베리아는 소련 홍군에 투항하며 중국에서는 즉 팔로군 신사군에 가 조선의용군에 투항하라고" 가르쳐 줄 것을 제안하였다. 그들 3인은 이 제안에 찬성하였고 앞으로 독립동맹과 협조하여 민족 독립을 위해 분투하겠고 다짐했다고 한다.[17] 아마도 입영 문제로 고민했을 젊은이가 그 교장이나 교사들에게 일본군으로 가는 것이 옳으냐고 물었다면 그 교장·교사들은 말했을 것이다. 가는 것도 무방하다. 장래 쓰임새가 있을 것이다. 그러나 가급적 기회를 봐서 미군이나 중국군에게 투항하라고 했을 것이다.

이처럼 무정의 보고문을 통해서 보면 정철수 일행의 태항산 근거지 도착을 계기로 하여 화북과 만주 그리고 국내에서 징집된 학생들을 대상으로 한 전략이 수립되고 실천되기 시작했음을 짐작할 수 있다.

3) 항일문예운동

연변대학교 당안관 소장 이력서(1955)에서는 정철수가 태항산에서 조선의용군·조선혁명군사정치학교의 분대장과 소대장을 지냈다고 기록되어 있다. 그 옆에는 이를 증명할 수 있는 사람으로 김창만이란 이름이 적혀 있다.[18] 정철수의 태항산 항일운동 이

---

17 武亭, 앞의 글.

18 《參加革命工作前後主要經歷(包括學習)》, 1955.

력의 진위를 알고 싶으면 김창만에게 확인해보라는 뜻이 담긴 것이다. 1955년 당시 김창만은 북한에서 이미 유명 인물이 되어 있었기 때문에 확인은 쉬운 일이었을 것이다.

위의 이력서 그리고 《나의 청춘》을 통해서 보면 태항산 도착 후 정철수는 김창만과 매우 가깝게 지냈음을 알 수가 있다. 이 두 사람 사이를 연결해 주었던 것은 항일 연극이었다. 항일 연극사에서 김창만은 뚜렷한 업적을 남긴 사람이었다.

김창만은 중국 광동성의 수도 광주의 중산대학 재학 중 중일전쟁이 발발하자 중국 수도 남경으로 이주하였다. 김원봉의 주선으로, 남경에 집결한 김창만 등 청년들은 성자현의 육군군관학교에 입교하였다. 군관학교를 졸업한 사람들이 주축이 되어 1938년 10월 조선의용대가 창설되었고 김창만 역시 조선의용대 대원이 되었다. 연극에 대한 김창만의 소질은 군관학교에 재학할 때부터 발휘되었다. 1938년 6월 군관학교 졸업식장에는 〈두만강〉이라는 제목의 연극이 상연되었는데 배우는 군관학교 한국인 졸업생들이었고 연출은 김창만이 담당하였다.[19] 연극 〈두만강〉은 앞으로 만주로 들어가 두만강을 건너 조국으로 진군해야 한다는 졸업생들의 염원을 담고 있었다.

김창만의 진가는 조선의용대 사령부가 광서성 계림으로 철수한 다음에 획기적으로 발휘되었다. 중경과 함께 또 하나의 항일의 수도였던 계림에는 당시 중국의 문화인들이 거의 총집결하였다. 김창만은 조선의용대 연극대를 조직하였고 중국인 문화인들

---

19 염인호, 《조선의용군 연구》, 국민대학교 박사학위 논문, 1995.

의 적극적인 도움을 받아 1939년 3.1절 기념 공연을 계림의 한 극장에서 하였다. 제목은 〈조선의 딸〉이었고 관중의 대부분은 중국인이었으며 의용대 배우들이 중국말로 공연하였다. 유명한 중국인 시인 애청을 비롯하여 많은 문화인들이 중국 신문에 관람평을 실어줄 정도로 반향이 컸다.[20] 주요 줄거리는 일본인에 의해 고향에서 쫓겨나 카페의 여급이 되어 비참한 삶을 영위하고 있던 한국인 처녀가 조국 독립운동에 투신할 꿈을 지니게 된다는 것이었다. 당시 중국의 유흥업소 등을 전전하여 생계를 도모하다가 중국군에 체포되었으나, 조선의용대 측이 접촉하고 그리고 중국군에게서 인수 받으려 했던 한국인 여성을 모델로 한 것으로 보인다.

이런 이력이고 보면 태항산의, 1944년의 김창만은 학병으로 강제 동원되었다가 탈출하여 항일 독립군이 된 정철수 같은 사람을 모델로 한 새로운 연극을 제작, 상연하고 싶은 열망에 휩싸였을 것으로 생각할 수 있다. 《나의 청춘》에서 보면 선전부장 김창만은 정철수에게 학도병의 강제 지원과 탈출을 주제로 한 대본을 써 줄 것을 요청하였다. 고민 끝에 정철수는 응락했고 독립동맹 조직과장이자 무정의 처였던 김영숙도 정철수가 집필할 수 있도록 적극 지원하였다. 마침내 탈고하자 무정은 김영숙을 통해 근거지에서 구하기 어려운 설탕 등을 선물로 보내주었다고 한다. 이 일을 계기로 정철수는 김창만, 김영숙 나아가 무정 등 핵심 인사들의 신임을 크게 받았을 것으로 보인다. 정철수는 문학적 재능

---

20 염인호, 〈조선의용대 대본부의 계림지구 활동〉, 《고려사학보》, 2009.

이 뛰어났던 것으로 보인다.

이후에도 김창만과의 합작은 지속되었다. 조선의용군의 역사에 대해 선구적인 저작을 남긴 현용순의 글에 잘 나와 있다. 즉 태항산 하남점에 자리 잡고 있던 화북 조선혁명군사정치학교의 문예활동은 활발하게 전개되었는데 교장을 겸임한 무정은 구락부를 조직하여 김혁을 주임으로 고철을 벽보위원으로 배치하였다고 한다.[21] 이 구락부에서는 노래와 춤을 공연하였고 연극도 무대에 올렸는데 김혁은 희곡 〈호가장전투〉를 썼고 고철은 희곡 〈조선은 살았다〉 〈개동이와 이쁜이〉 풍자극 〈이발소〉를 창작하여 무대에 제공했다고 한다.[22] 김혁은 김창만이 틀림없을 것이다.

한편 현용순에 의하면 구락부는 진찰기 변구 정부의 요청을 받고 당지 군민에게 위문 공연을 하여 절찬을 받았다고 한다.[23] 진찰기 행은 정철수 자신의 글에 잘 나와 있다. 1945년 초 여름 '재화북조선인민 각계 대표 항일 변구 인민 및 항일 변구 정부 위문단'을 조직했는데 단장은 김창만이었다고 한다.[24] 중국인들에게는 한국어가 통하지 않기 때문에 '벙어리 연극'을 하기로 결정하였으며 연극의 제목은 '태양기 아래의 사람들'로 정하였으며 내용은 집단적으로 창작하였다고 한다. 주제는 조선에 대한 일제의 식민지정책의 진상을 폭로하고 중조 인민이 한데 뭉쳐 싸워나가

21 현용순, 〈조선의용군〉, 이정식 한홍구 편, 《항전별곡》, 거름, 1986, 318쪽.
22 위의 책, 318쪽.
23 위의 책, 318쪽.
24 정철수, 앞의 책, 119쪽.

기만 하면 혁명은 승리한다는 것이었다.[25] 정철수가 이 위문단의 일원으로 활동했음은 물론이다.

김창만과의 협력으로 정철수 개인은 태항산 생활이 비교적 순탄했던 것으로 보인다. 조선독립동맹 화중분맹에서 활동했던 엄영식의 회고록에서 보면, 작은 집단 내부에서도 권력투쟁이나 갈등이 많았다고 한다. 김창만 등과 관계가 좋았던 정철수는 태항산의 혁명간부학교 내에서 분대장(반장) 혹은 소대장(패장) 직을 맡는 등 순탄하게 생활했던 것 같다. 더욱 중요한 일은 대본 작성, 연극 상연 등의 작업을 통해 정철수는 자신 속에 깊이 내재되어 있던 문학적 재능을 발휘할 수 있게 되었고 이것이 이후 군대에서의 선전담당,[26] 그리고 연변에서 문인으로 활동하게 되는 계기가 되었던 것이다.[27]

4) 화북조선혁명정치군사간부학교

정철수가 태항산에서 화북조선혁명정치군사간부학교(군정학교로 약칭)에서 학생 겸 간부로 활동했음은 《나의 청춘》은 물론이고 연변대학교 소장 이력서들, 그리고 전우였던 최명세 등의 〈공증서公證書〉에서도 확인된다.

---

25 위의 책, 120쪽. 극의 줄거리는 120~125쪽 참조.

26 해방 후 연변에 온 조선의용군 제5지대는 여러 차례 연극 〈호가장전투〉를 상연하였다. 이때 김창만은 평양에 있었기 때문에 이 연극 상연에는 정철수가 깊이 관여했을 것으로 보인다. 현재 정철수의 육필 원고 〈호가장전투〉(미간행)가 남아 있다.

27 김창만의 뛰어난 선전 활동 능력은 북한에 가서도 발휘되었다. 1946년 8월에 결성된 북조선노동당의 선전책임자가 되었는데 특히 김일성 우상화에 공을 세웠다고 한다. 1950년대 후반 연안파 숙청 때 김창만은 김일성 편을 들었고 이로 인해 조선의용군·조선독립동맹 동지들로부터는 배신자 소리를 들어야 하였다. 김학철의 자서전이나 자전적 소설 등에는 김창만이 부정적으로 묘사되고 있는데 이 점은 《나의 청춘》과 비교되는 점이다.

화북 일대에서 많은 수의 조선인 청년들이 독립동맹·의용군 측에 합세해왔기 때문에 이들을 당장 수용해 교육해야 할 필요성이 생겼으므로 학교를 건립하였다. 태항산의 조선군정학교는 1945년 3월 1일에 정식으로 개교하였다.[28]

태항산의 군정학교 인원은 무정의 보고문에서(1945.5)에 따르면 293명이었다.[29] 293명 가운데 대학생 출신이 20명(7%), 중학생 출신이 82명(28%) 소학교 졸업생이 76명(27%) 농민출신 20명(7%) 노동자 출신이 26명(9%)이었으며 나머지(22%)는 도시빈민 소상인 직원 출신이었다.[30] 정철수는 20명 대학생 출신 가운데 1명이었다. 학생들 간에 학력 수준차가 심했기 때문에 교육은 일률적으로 행할 수는 없었다. 태항산 군정학교에서는 학생들의 수준에 따라 고급반·중급반·저급반으로 나누었다.[31]

중학 혹은 대학 정도의 수준을 지닌 사람으로 이루어진 고급반의 경우에는 군사를 60% 정치를 40% 배분하였다. 이때 군사과목으로는 대열기본동작, 내무규정, 초병근무, 분대·소대·중대·대대 전술, 사격기본동작, 전투사격, 기본 보병 무기 원리 및 그 보관, 경중기관총·수류탄·지뢰의 원리와 사용상식, 지형지물 이용과 판단, 진지구축상식, 기호통신旗號通信, 전화통신사용 방법, 군대의 관리 및 교육, 야간 긴급집합과 야간습격 등이었다. 정치과목은 시사, 사회발전사, "신민주주의론", 조선혁명운동사, 정

---

28 武亭, 앞의 글, 1159쪽.

29 위의 글, 1160쪽.

30 위의 글, 1160쪽.

31 위의 글, 1159~1160쪽.

치경제학, 철학 군대 중의 정치공작 등이었다.[32] 정철수는 이상과 같은 과목을 배웠을 것이다.

고급반의 경우에는 상대적으로 군사과목을 많이 배정했으며 군사과목의 경우 중대·대대전투 과목까지 포괄되었으며 정치과목의 경우에도 신민주주의론이나 조선혁명운동사 같은 민족해방운동의 전략 수립에 도움이 될 수 있는 과목을 설정하였다. 고급반 수업을 통해 정철수는 지도자로서 양성되었다고 할 수 있을 것이다.

앞에서 언급한 대로 정철수는 학생 가운데서는 분대장 소대장 등으로 활동하였다.《나의 청춘》에는 정철수가 대원들의 학습을 주도·지도하는 장면들이 잘 드러나 있다.

4. 해방 후 정철수의 활동

1) 조선의용군 제5지대

《나의 청춘》에서는 해방이 되자 태항산 생활을 접고 만주로 이동하는 것이 나오고 거기서 끝나고 있다. 그러나 미간행 육필 원고 〈동틀 무렵-조선의용군 5지대 이야기(1945. 11~1946. 3)〉에서는 이후 조선의용군 제5지대에 대한 이야기가 나온다.《나의 청춘》이 본인의 이야기를 중심으로 엮어 나가고 있는 반면 〈동틀 무렵〉에서는 중간 중간에 화자인 '나'가 등장하지만 나를 중심으

---

32 위의 글, 1159~1160쪽.

로 서술된 것이 아니라 조선의용군 5지대 활동을 중심으로 서술하고 있다. 개인사 연구 자료로는 가치가 덜하지만 조선의용군 제5지대 연구에는 좋은 자료가 될 것이다. 〈동틀 무렵〉에서 알 수 있는 사실은 다음과 같다.

첫째 돈화에서 무장해제를 당한 사실이었다. 만주의 심양에 집결한 조선의용군은 전체 대회를 개최하고 다음을 결정하였다. 즉 크게 3개 지대로 나누되 제1지대는 남만주로, 제3지대는 북만주로 그리고 제5지대는 연변으로 진출한다는 것이었디. 각각 현지에 도착하여 동포들을 보호한다는 것도 결정되었다. 그중에서도 동포가 가장 많은 연변으로 떠나는 5지대가 가장 인원이 많았다. 이 결정에 따라 의용군 제5지대는 심양을 출발하여 길림 교하 돈화를 거쳐 연변으로 들어갔다. 그런데 돈화에 도착했을 때 문제가 생겼다는 것이다.

돈화 역에 도착하자 일 중국인이 총을 쏘아 소련군을 쓰러뜨렸다. 총을 쏜 주체는 국민당지지 세력이었다. 이들은 조선의용군이 돈화를 지나간다는 소식을 미리 듣고 의용군을 소련군을 활용해 섬멸하려고 했다. 즉 조선의용군 측에서 총을 쏘아 소련군을 살해한 것처럼 꾸미고, 물정 모르는 소련군에게는 5지대를 소련을 반대하는 군대라고 모략하려 했다는 것이다. 그런데 5지대를 이끌고 있던 정치위원 전우가 침착하게 대응하여 위기를 극복했다는 것이다. 자치 몰살당할 뻔 했던 이 사건은 같은 5지대원으로 연변으로 갔던 엄영식의 《탈출》에도 나온다. [33] 그런데 엄영식은 지휘관

---

33 엄영식, 앞의 책, 190쪽.

을 박일우로 묘사하고 있는데 아마도 정철수가 옳을 것이다.

둘째, 해방 당시 연변에서 불고 있던 한 중 민족갈등의 실상을 보여주고 있다. 〈동틀 무렵〉에 의하면 소련군의 지시에 따라 연길에 들어가지 못하고 5지대는 조양천에 주둔했는데 조양천 역사 및 관사에 본부를 두었다고 한다. 〈동틀 무렵〉에 의하면 당시 연변에는 인민과 한간(친일파) 잔재 세력 사이의 갈등이 심각했다고 한다. 그런데 한간 잔재세력은 국민당 계통의 세력 속에 침투해 들어가 민족 갈등을 부추겼다고 한다. 공공연히 작은 왜놈인 한국인을 몰아내자고 선동했고 이에 따라 토비 무장세력의 한국인 마을에 대한 습격이 매우 잦았다고 한다. 피해를 입은 한국인들이 5지대를 찾아와 호소하였고 5지대는 마침내 토비 숙청에 나섰다고 한다.

5지대는 먼저 삼도만과 평강을 공격했는데 완벽한 승리는 거두지 못했으나 토비가 도주하였다고 한다. 삼도만 평강에서 조선의용군은 한중 민족단결 교육을 주민들 가운데서 실시했다고 한다. 이어서 천교령의 토비를 숙청했는데 토비들은 항복은 하되 조선인 부대에게는 하지 않고 중국인 부대에 하겠다고 요구했다고 한다. 정철수는 천교령의 토비들이 그동안 한국인에게 한 행패를 스스로도 알고 있기 때문에 의용군을 무서워했다고 하였다. 〈동틀 무렵〉을 통해서 볼 때 연변에서 한국인들은 중국인 토비 부대로부터 괴롭힘을 당했고 토비부대를 숙청한 의용군은 결국 동포 보호활동을 한 것이라 할 수 있다. 같은 5지대원으로 토비숙청에 참가한 바 있던 신상초는 회고록에서 동포 보호활동을 했노라고 적고 있다.

셋째, 조선의용군 명칭의 소멸 상황을 보여주고 있다. 1946년 3월경 연길의 경비대 한 간부가 조양천의 의용군 본부로 왔는데 그는 경비대와 의용군의 통합을 설득하러 온 것이었다. 그는 자위대(자치군)는 옷도 일본군 옷, 무기도 일본군 무기, 작풍도 일본식이라고 비판하면서 모택동 규율로 무장한 조선의용군을 찬양하고 조선의용군이 나서서 이 문제의 부대를 정돈시켜야 한다고 강조했다고 한다. 다른 한편 중국혁명과 조선혁명과의 관계를 설명하면서 통합을 주장했다고 한다. 새로운 연변, 새로운 만주 건설을 목표로 삼고 있었던 경비대나 자위대와는 달리 조선의용군은 8.15이전에는 한국 독립운동을 위해 탄생하였고 8.15후에도 조국으로 돌아가 조국의 정부와 군대를 건설한다는 목표를 그대로 갖고 있었다.

그러나 경비대 간부의 설득은 주효했고, 마침내 조선의용군과 경비대·자위대의 통합을 결정했다고 한다. 조양천의 조선의용대는 연길로 이동했다고 한다. 그리하여 길동보안군이 탄생한 것이다. 조선의용군이라는 명칭은 사라졌다. 이로써 한국 독립군으로서의 조선의용군은 사라진 것이다. 이제 중국의 혁명에 가담할 부대로 재탄생한 것이다. 이를 전후하여 대원들 사이에 동요가 있었다. 엄영식에 의하면 조국으로 가지 않고 만주에 남아 세력을 키운다는 소문을 듣고 무척 당황했으며 이로 인해 탈출을 결심했다고 한다.[34] 엄영식을 비롯하여 다수의 학병 출신 의용군 5지대원들이

---

34 위의 책, 195쪽.

대오에서 이탈하여 두만강을 건너 입국하였다. 정철수는 남았다.

2) 군문을 떠나 교육자의 길로

정철수는 1946년 5월부터 1948까지 길동군분구 정치부 선전교육부 선전과에서 활동하였는데 직책은 선전과장, 선교과장 들을 맡았다.[35] 야전부대를 지휘하기 보다는 주로 군대내의 문화·선전 부문에서 활동하였던 것이다. 1947년 3월에는 연변일보에 투고하였는데 그 주요 내용은 군인들은 민간인에게 폐를 끼치지 말고, 도와주어야 한다는 것을 강조하고 군분구 산하 어느 연대의 사례를 기술하고 있다.[36] 그런데 정철수는 군인으로서 성공한 것 같지는 않다. 1948년 들어와 군문을 떠나 연변일보사에 들어와 편집 일을 보았다. 그리고 익년인 1950년에는 연길현 교육과장으로 전출하였다.[37] 영원히 군문을 떠난 것이다.

길동군분구 시절과 연변일보 시절 그의 심리는 불안정했고 조국으로 돌아가고 싶어 했던 것 같다. 1949년 5월 10일 작성된 것으로 보이는 〈감정鑑定〉에 따르면 정철수는 연길현 교육과로 오기 전에는 "늘 귀국을 생각"했고 "활동을 불안정" 하게 했다고 한다. 처지를 불안하게 생각하고 조국으로 돌아가고 싶어하였던 것은

---

35 〈參加革命工作前後主要經歷(包括學習)〉.

36 고철, 〈+런 옹애공작은 어떻게 하였는가?(상)〉, 《길림일보》, 1947. 3. 13; 고철, 〈+런 옹애공작은 어떻게 하였는가?(하)〉, 《길림일보》, 1947. 3. 15.

37 정철수가 교육과장으로 활동한 사항은 당시 《동북조선인민보》 1949년 4월 12일자에 잘 나온다. 중국공산당 연변지방위원회 선전부의 학습 지시에 따라 전 연길현정부 학습 동원대회가 개최되었는데 이때 학습위원회가 조직되었다고 한다. 학습위원회 주임은 연길현 부현장이자 연길현 당서기 우복승(중국인)이 담당하고 학습위원회 부주임은 교육과장이었던 고철이 담당했다고 한다. 학습의 방법은 팔로군이 하던 방식이었다.

당시 정철수만은 아니었고 많은 간부들 사이에서 퍼져 있었던 경향이었다. 정철수의 직속상관이었던 전우는 길림성 주석 주보중에게 연변의 조선인들은 매우 불안해하며 귀국하려들 하고 있다고 털어 논 바가 있다. 1949년 5월 10일 작성된 것으로 보이는 이력서에 따르면 1948년 실시된 공산당 정풍운동 과정에서 불안정한 공작을 이유로 정철수는 '당 생활 일 년 정지 처분'을 당하였다.

연길현 교육과장으로 취임하면서 일에 보람을 느끼기 시작하고 부정적인 마음을 어느 정도 털어 낼 수 있었던 것 같다. 그러나 여전히 남과 어울리는 것을 그다지 좋아 하지 않은 것으로 나와 있고, 특히 중국인 학교와 교사를 이해하려 하지 않는다고 지적되고 있다. 1950년에는 재혼을 했고 이후 이력이 확인되는 1955년까지 계속하여 학교의 교사로서 활동하였다.

3) 고난의 세월을 거쳐, 과거사를 정리

정철수는 반우파투쟁 시기(1957~1959) 그리고 문혁 시기(1966~1976) 고생을 많이 했다고 한다. 반우파투쟁 때 정철수가 불려다녔다는 사실은 연변의 신문에서 확인된다.[38] 일철에 의하면 김학철을 비롯하여 김창걸, 최정연, 김순기, 주선우, 서헌, 채택룡, 고철(정철수), 김용식, 조룡남 등 조선족 문단의 중견 작가와 시인들에게 '자산계급 우파'라는 억울한 누명을 들씌웠다고 한다.[39] 같

---

38 우파분자로 지목된 최정연을 비판하는 자리에 정철수는 정길운, 황봉룡, 최수봉, 김태희, 김해민 등과 함께 열석했다(《연변일보》, 1957. 9. 21).

39 일철, 〈조선족 문단의 반우파투쟁〉, 《풍랑》, 중국 조선민족발자취 총서 7, 민족출판사, 1993, 124쪽.

은 글에 의하면 현실 생활 중의 부조리와 모순을 폭로하였거나 인간생활에서의 진지한 윤리와 애정을 인정미 있게 다룬, 이를테면 현실의 암흑면에 대해 강력한 비판의식을 나타냈거나 참다운 예술적 추구로써 새로운 예술적 경지를 개척한 의의 있는 작품들은 죄다 '사회주의적 문예의 정치 표준'과는 대치되는 '독초'라고 점찍어 놓은 후 소위 대중적 비판대회란 절차를 거쳐 '사형'에 언도되었는데 그중의 하나는 고철의 단막극 〈일일상사〉였다고 한다.[40]

문혁기와 그 이후의 정철수의 삶을 제대로 이해하기 위해서는 증언 채취 특히, 기록 사료 발굴이 필요할 것이다. 육필 원고 여백의 메모에 의하면 1979년 정철수는 연변대학교 일문학과 교수로 채용되었으며 1984년에 퇴직하였다고 한다. 연변에서 문혁 잔재 청소를 진두지휘하고 문혁 피해자들의 복권에 앞장서서 활동했던 조남기의 내연來延과 정철수의 교수 임용 사이에는 연관이 있어 보인다.

조선의용군 역사를 연구하는 사람의 입장에서 볼 때 정년퇴직 전후의 정철수의 활동은 매우 소중한 것이었다. 그는 연변 조선족발자취 총서 간행에 참가하였다. 문혁 때 연변의 조선족은 매우 큰 고난을 당하였다. 조선족의 언어는 많이 훼손되었고 조선족의 역사 연구하는 것은 금지되었다. 4인방 타도 후 조선족 역사 연구의 붐이 일어났다. 특히 1985년 6월 문정일, 조남기, 박문일, 조용호, 이덕수 등 10여 명의 상의하여 중국조선민족발자취총서

---

40 위의 책, 125쪽.

를 편찬 출판할 것을 발기했으며 같은 해 10월 총서편찬준비사업 위원회가 열렸다.[41] 이후 편집위원회에 구성되고 각 필자들에게 집필이 분담되었던 것 같다. 발자취총서 4권은 중일전쟁 발발 때부터 8.15까지를 쓰기로 되어 있었는데 자연 조선의용군의 역사는 여기에 해당되었다.

정철수가 각종 육필 원고를 보면 원고지는 발자취총서 전용 원고지가 많았으며 대체로 탈고 날자는 대체로 1986년이 많았다. 발자취총서 발간에 가담한 것이 분명해 보인다. 특히 동료였던 최명세, 이섭, 정길운 등과 많이 토론했던 것 같다. 정철수는 태항산 현지를 답사했고 그 내용을 이 발자취 총서 제4권에 실었다.[42] 현지를 답사했던 시점 역시 1985년 무렵인 것 같고 아마도 옛 동료들과 함께 답사했을 것으로 짐작된다.

그런데 《나의 청춘》도 이 발자취 총서 집필 활동의 일환이거나 아니면 보조를 같이 하여 집필되었던 것으로 보인다. 우선 발자취 총서 원고지에 글이 적혀 있음에서 알 수 있다.《나의 청춘》외에도 〈호가장전투〉(고철, 1986. 1), 〈동틀 무렵〉, 〈태항산에서 잠든 일본인〉(고철, 1986. 3), 〈미국 공군의 권총〉(1986. 8. 북대하에서), 〈생활의 동반자〉(1986. 8. 북대하에서) 등등 아직 공개되지 않는 여러 육필 원고가 있고 필자는 직접 확인하였다. 이런 글들의 특징은 위에서 언급한 대로 대체로 1986년에 탈고된 것으로 나와 있다는 점이다. 특히 86년 1월 북대하에서 탈고된 글들이 많았다. 중국

---

41 리희일, 《숨차게 걸어온 길》, 민족출판사, 북경, 1997, 181~182쪽.
42 고철, 〈다시 찾아 본 태항산 근거지〉, 《결전》, 중국 조선민족발자취 총서 4, 민족출판사, 1991. 답사 때 그린 것으로 보이는 태항분맹 일대의 지도가 육필 원고 사이에 끼워져 있다.

의 휴양지 북대하에서 마무리한 것이 아닌가 짐작된다. 이미 한국을 다녀왔고, 귀환을 위한 분주한 움직임 가운데 이를 차분하게 출간하기는 어려웠던 것 같다. 공개되지 않은 이런 글들은 이후 조선의용군 연구하는 데 적지 않게 도움을 줄 것으로 생각한다.

5. 맺음말

40여 년 만에 김포 공항에서 남한의 가족과 해후하는 정철수의 모습을 유명한 연변의 동포 작가 김학철은 잘 묘사하고 있다.[43] 그 긴 이별의 출발은 학병 '지원'이었다. 그리고 40여 년 만에 귀향한 것이었다.

정철수의 운명을 결정했던 것은 목숨을 건 탈출이라고 할 수 있을 것이다. 전시하에 부대를 이탈했다가 체포되면 총살이라는 것은 상식에 속할 것이다. 강덕상은 1944년 3월 29에 탈출을 단행한 김준엽을 탈출 1호라고 말하고 있다.[44] 그러나 정철수의 자료가 사실이라면 그 보다 4일 앞서 탈출한 정철수가 탈출 제1호가 되어야 할 것이다.

탈출해서 당도한 곳 또한 개인의 운명을 크게 좌우하였다. 김준엽 장준하와 달리 탈출해서 당도해보니 공산당 관할 지역이었고 이것이 정철수의 운명을 크게 좌우했던 것이다. 국민당 지구로

---

43 김학철, 〈작가 수업〉, 《태항산록—김학철문집 제1권》, 연변인민출판사, 1998, 282쪽.
44 姜德相, 앞의 책, 355쪽.

탈출한 사람들이 대부분 해방과 더불어 귀국할 수 있었으나 공산당 지구로 탈출한 사람들은 그렇지를 못했다.

탈출은 개인의 운명에 지대한 영향을 주었을 뿐 아니라 항일민족운동 진영에도 큰 변화를 가져다주었다. 국민당 지역으로 탈출한 사람들은 중경 임정을 찾아갔고 이를 계기로 임정은 큰 변화가 초래되었다. 정철수 일행의 탈출과 태항산으로의 이동은 무정 등으로 하여금 새로운 전략을 짜게 만들었다. 한편 탈출이 일본제국주의자들에게 끼친 영향도 간과할 수 없을 것이다. 독립운동 진영의 사기를 높여준 반면 일제를 당황케 한 행위 자체만으로도 탈출은 항일독립운동으로서의 의미를 충분히 갖는다.

탈출해서 항일진영에 가담한 정철수는 그의 뛰어난 문예 능력으로 인해 기존의 독립운동가들로부터 인정을 받았다. 특히 김창만과 함께 창작, 연극 활동을 했는데, 알려진 정철수의 여러 작품명으로 보아 매우 열심히 활동했던 것 같다. 이 활동을 통해 정철수의 내재된 능력은 잘 발휘되었고 이것이 해방 이후 군대에서는 줄곧 문화 선전부문에서 활동하게 했고, 중국 통일 이후에는 문인으로 한때 활동하게 했던 것이다. 문인으로서의 활동은 반우파투쟁으로 이어져 고난의 씨앗이 되기도 했던 것이다.

우리나라 독립운동사를 조망해보면 각 시기마다 요구되는 독립운동의 행태는 서로 달랐다. 열강 간의 세력 재편이 진행되고 있던 1919년의 경우, 만세 시위를 통해 한국인들의 독립 의지를 보여주는 것이 필요했다. 반면 일본의 패망이 기정사실화 되고 있는 1944~1945 시점에서는 군사·정치적 역량을 대폭 강화하여 최후의 일전을 벌일 준비를 하는 것, 일본 패망 후를 대비하는 일이 중요했다. 그래서 임시정부·광복군 경우에도 청년들에 대한 교육훈련을 중시했던 것이다. 해방 후 복잡하게 전개된 정세를 논외로 한다면, 척박한 태항산 산록에서 최후의 일전을 준비하고, 일제 패망 후를 대비해 군사·정치 훈련에 몰두한 정철수 등의 행동은 그 시대의 요구에 충실했던 것이다. 물론 독립운동으로서의 의미는 크다고 할 수 있다.

정철수 연구는 서두에서 이야기 한대로 개인의 차원을 넘어 조선의용군 역사 연구에도 큰 도움이 될 것이다. 이 연구를 심화시키기 위해서는 관련 자료들을 더욱 많이 발굴하고 또 이미 발굴된 자료들은 더욱 세심하게 검토해야 할 것이다.

가장 중요한 자료는 본인의 기록인 《나의 청춘》이 될 것이다. 이 책은 일제 말기 항일진영의 상황의 한 부분을 현장감 있게, 상세하게 보여주고 있다는 점에서 매우 귀중한 자료가 될 것이다. 이렇게 생생할 수 있는 것은 정철수 개인의 총명함이 무엇보다도 그 원인일 것이다. 그리고 직접 현장을 답사한 점, 중국의 옛 동료들과의 토론 등도 작용했을 것이다. 그러나 한편에서는 지나치게 자세하고 정확하다는 점에서 볼 때 해방 후 어느 시점에 한번 정리한 적이 있었을 가능성도 배제할 수 없다.[45] 정리된 글이 있는지의 여부를 확인해 보는 일도 중요할 것이다. 이와 더불어 해방 후 정철수가 집필한 소설을 비롯한 각종 기록물들을 체계적으로 수

---

45 문혁 종료 후 김학철은 조선의용대 시절에 관한 회고록을 많이 집필했다. 김학철은 해방직후 1946년경에도 이미 관련 이야기들을 정리하여 세상에 내놓은 바가 있다.

집 정리해야 할 것이다. 또 집필 무렵, 세상에 공개된 무정의 보고문(1945. 5)이 활용되었는지도 관심거리가 될 수 있을 것이다.[46]

《나의 청춘》은 다른 사람의 회고록과도 비교 검토할 필요가 있다. 학병 출신으로 탈출한 사람들은 유난히 회고록을 많이 남겼다. 장준하 김준엽 신상초 엄영식 정철수 외에도 더 있을 것이다. 이 중 신상초와 엄영식은 공산당 지역으로 탈출하여 조선의용군 독립동맹의 일원으로 활동하였다. 그런데 신상초·엄영식의 글과 《나의 청춘》의 글 사이에는 매우 큰 차이가 있다. 실례를 들면, 자유분방했던 대학생이 공산당의 조직에서 활동하면서 겪는 갈등이 전자에서는 지나치게 부각되고 있는 반면, 후자에서는 갈등 상황은 전혀 드러나 있지 않다. 전자의 사람들은 반공 국가에서 살아왔던 반면 후자는 인민공화국에서 오랫동안 살았다는, 후일의 생활 경험이 집필에 영향을 끼쳤을 것이다. 이런 류의 비교 검토를 거치면 우리는 《나의 청춘》을 더 깊이 이해할 수 있을 것이고, 이 회고록이 갖는 위상은 보다 더 분명해질 것이다.

---

46 《나의 청춘》에서는 조선혁명군정학교에 밀정으로 침투하였다가 자백한 어느 여성의 이름(강석분)도 나온다. 이 '강석분' 이름은 무정 보고문에도 나온다.

참고문헌

현용순, 〈조선의용군〉, 이정식·한홍구 편, 《항전별곡》, 거름, 1986.

武亭, 〈華北朝鮮獨立同盟一九四四至一九四五月工作經過報告〉(1945. 5. 5), 《關內地區朝鮮人反日獨
    立運動資料彙編》下, 陽昭全 等 編, 遼寧民族出版社, 沈陽, 1987.

고철, 〈다시 찾아 본 태항산 근거지〉, 《결전》, 중국 조선민족발자취 총서 4, 민족출판사, 1991.

정철수(고철), 《나의 청춘》, 동북조선민족교육출판사, 연길, 1993.

일철, 〈조선족 문단의 반우파투쟁〉, 《풍랑》, 중국 조선민족발자취 총서 7, 민족출판사, 1993.

姜德相, 《朝鮮人學徒出陣》, 岩波書店, 東京, 1997.

김학철, 〈작가 수업〉, 《태항산록-김학철문집 제1권》, 연변인민출판사, 1998.

염인호, 《조선의용군의 독립운동》, 나남, 2001.

엄영식, 《탈출》, 야스미디어, 2005.

〈華北朝鮮獨立同盟籌備紹介, 朝鮮反日學生代表大會〉, 《晋察冀日報》, 1944. 8. 26.

〈朝鮮反日本法西斯學生代表大會特刊〉, 《晋察冀日報》, 1944. 9. 8.

〈朝鮮學生反對'學徒志願兵'的鬪爭〉, 《晋察冀日報》, 1944. 9. 8.

고철 정철수 선생 연보

연도	주요 내력
1923년 12월 22일 (음력 11월 25일)	· 경기도 용인군 모현면 능원리 71번지에 출생 (부친: 鄭義烈, 모친: 金俊植, 포은 선생 23대 종손) *기록에 따라 생년월일이 다르게 기록됨
1930년~1934년	· 모현보통학교 입교(4년간 수학)
1935년~1936년	· 수원보통학교 전학(2년간 수학)
1936년~1942년	· 경복중학교(제2고보고)
1942년 3월	· 보성전문학교 입교
1923년 10월 29일	· 河曾德과 결혼
1943년 08월 03일	· 장녀 來姬 출생
1943년 12월 하순	· 보성전문학교 졸업을 앞두고 일본군 학도병으로 징집됨
1944년 3월 29일	· 중국 산동 성 제남의 일본군 훈련소에서(2개월간 이등병으로 훈련) 평장우(동경 불교학교 고마사와 대학에서 공부하다가 학병으로 징집), 허섭 등과 탈출
1944년 3월 30일	· 공산당 팔로군 지역에 도착. 고용(高勇) 대대장 휘하에서 신상초, 염영식 등과 활동 · 고철(高哲)로 개명(중국 팔로군 장교 고용에 의해 구출되었기 때문에 고씨성을 택하고, 본명 '철수' 가운데 '철'자를 따옴)
1944년 5월~10월	· 조선독립동맹 조선의용군의 본부였던 화베이 성 섭현 하남점에 도착 · 조선독립동맹 조선의용군에 가맹 · 재화북조선혁명군사정치학교 班長, 排長 직책 맡음 (교장: 무정 장군, 보도: 김영숙, 교도주임: 김창만)
1944년 6월	· 중국 태항산독립동맹 본부에 도착
1944년 8월 29일	· 조선학생대회 개최. 평장우와 함께 참석
1945년 3월 1일	· 조선혁명군사학교 정식으로 개교
1945년 6월	· 재화북조선인민 각계대표 항일변구인민 및 항일변구정부 위문단(단장: 김창만) · 벙어리극 〈태양기 아래의 사람들〉 발표
1945년 8월	· 8.15이후 東北으로 진입
1945년 9월 초순	· 호가장전투 희생자 4명(손일봉, 박철동, 량현준, 한청도)의 무덤에서 묵도

연도	주요 내력
1945년 8월 28일 ~11월	· 허베이 성 섭현을 떠나 3개월간 행군하여 길림에 도착
1945년 10월	· 재봉천조선혁명군사정치학교 졸업 · 선전부정치지도원겸 선전간사로 임명
1945년 12월 초순	· 조선의용군 제5지대사령부 선견중대 연변에 도착
1946년 5월 ~1948년	· 길동군구 정치부 선전교육부 선전과에서 활동(직책: 선전과장, 선교과장), 당시 김창만 주임, 고철 벽보위원 · 연변군구정치부선전과장 · 희곡 〈조선을 살았다〉, 〈개동이와 예쁜이〉 · 풍자극 〈이발소〉 등 발표
1946년 1월 14일	· 중국 공산당에 입당
1946년 10월	· 금주에서 활동
1947년	· 연변8지구직속대 생산초보총결노 모대회 참가
1947년 3월 13일	· 《길림일보》에 〈+련 옹애공작은 어떻게 하였는가?〉(상) 발표
1947년 3월 15일	· 《길림일보》에 〈+련 옹애공작은 어떻게 하였는가?〉(하) 발표
1948년 4월 5일 ~12월	· 연변일보사 입사(편집 담당)
1948년~1949년	· 공산당정풍운동과정에서 불안정한 공작을 이유로 '당생활 1년 정지처분'을 당함
1948년 12월 ~1950년 3월 6일	· 연길현정부 교육과장 재임 (부과장 허진의 소개로 부인 김순옥 만남) (증언자 허일준은 당시 과원임)
1950년 3월	· 길림중학교 초대 교장 부임(~1952년 재직) · 길림중 사택에서 거주
1950년	· 金淳玉(1930년 6월 2일)과 재혼
1951년	· 장녀 晶姬 출생
1952년 4월 ~1953년 5월	· 三反五反運動에 연루되어 수감 (길림시 인민법원 수양) · 처형 김씨, 부인, 장녀 등 3인 길림시에 거주
1953년 6월 ~1954년 8월	· 연길시로 이주 · 연길시 제2초급중학교 교원으로 근무(문학담당)
1954년	· 연변제2중학교 교원으로 근무(문학담당)
1954년 6월 1일	· 차녀 延姬 출생

연도	주요 내력
1954년 8월 ~1957년 7월	· 연변 제2고급중학교 교원으로 근무
1957년 5월 8일	· 장남 晶峀(來晶) 출생
1957년 8월 ~1958년 4월	· 중국작가협회연변분회 〈아리랑〉 편집부장 · 단막극 〈일일상사〉 발표
1957년 9월 21일	· **반우파투쟁시기(1957~1959)** · 자산계급우파로 비판 받음(최정연, 김용식, 심해수, 고철)
1958년 5월 ~1962년 8월	· 연길시 화룡으로 이주 · 와룡공사 개간사업 잡역으로 생계유지
1962년 9월 ~1978년 7월	· 우파분자로 지적되어 연변인쇄창에서 잡역노동자(보일러공)로 근무
1966년	· **문화혁명(1966~1976)**으로 수난을 당함
1975년	· 장녀 晶姬 결혼(사위: 문흥철)
1979년	· 연변제1중 교원으로 근무
1979년 11월 ~1984년	· 길림성장 조남기의 추천으로 연변대학교 일문과 교수로 부임. 일본 문학을 강의함
1984년	· KBS 이산가족 찾기 도움으로 모친과 재회 · 한국방문
1984년~1985년	· 중국 길림시 태항산 현지 답사(최명세, 이섭, 정길운 등 동행)
1985년 6월	· 《중국조선민족발자취총서》편찬준비사업위원회에 참가
1985년	· 대한민국으로 영구 귀환
1986년 3월	· 〈태항산에 잠든 일본인〉 집필
1986년 8월	· 북대하에서 〈미국 공군의 권총〉, 〈생활의 동반자〉 집필
1989년 2월 17일	· 사망
1993년	· 《나의 청춘》 출간
2011년	· 대한민국독립유공자 공훈표창

참고자료

고철, 《나의 청춘》, 동북조선민족교육출판사, 1993.

고철, 〈다시 찾아본 태항산근거지〉 《결전》, 《중국조선민족발자취총서》 4, 민족출판사, 1991.

《영일정씨포은공파 별좌공족보》, 2006.

《연변일보》.

《길림일보》, 1947. 3.

〈간부이력등기표〉(연길현인민정부교육과과장), 길림성위조직부, 1949. 4.

〈1955년중소학교교직원서기학습등기표〉, 연변제고급중학교, 1955.

〈간부이력표〉, 중공연변대학위원회조직부, 1983. 7.

〈고등학교확정여제승교사직무명칭정복표〉, 중화인민공화국교육부, 1983.

〈간부이직휴양신비표〉, 연변대학교, 1984. 4. 7.

감사의 글

아버님의 유고집 《나의 청춘(한 학도병이 걸어온 길)》이 국내에서 보강되어 출판되었습니다. 전우와 지인들이 영면하시기 전에 출간되었다면 더 널리 배우고, 간절히 묻고, 뜻을 가까이서 더 생각해 볼 수 있었으련만 하는 생각에 못내 아쉬움만 더합니다.

선친께서는 별다른 인생 역정을 겪으셨습니다. 포은종가의 23대 종손으로 출생하셨고, 일제강점기에는 학도병으로 징집되었다가 탈출하여 조선의용군으로 활동하셨습니다. 조국의 광복을 맞이하고도 귀국하지 못한 채 한민족의 민족교육에 헌신하셨으며, 독립운동가이자 민족교육자요, 문인이기도 하셨습니다. 고난과 역경의 시기에도 비록 궁핍하나 조금도 비굴하지 않았습니다. 당당하셨고 흔들리지 아니하셨습니다. 선친이 포은종가의 대종손이라는 사실을 안 뒤에야 비로소 그 당당함의 깊은 뜻을 이해하게 되었습니다. 선친이 더욱 크게 보이는 것은 불초의 우매함이 그만큼 더 심하기 때문일 것입니다.

중국에서 영구 귀국하기 전날 '樹高千丈 落葉歸根'이란 글자를 써서 보여주셨습니다. '그 아무리 높은 나무라 한들, 결국 낙엽이 돼 뿌리의 거름이 되고 만다.'라는 의지의 표현이셨습니다.

불초 래정은 결코 잊을 수가 없습니다. "종가의 종손은 운명적으로 태어나는 것이다. 충(忠)과 효(孝)와 진(眞)이 우리 가문의 정신이다."라고 영결하시던 말씀을…….

이 책을 엮는 데 책임을 맡아 수고해 주신 강남대학교 홍순석 교수와 원고 정리를 도와 준 강남대학교 대학원생들에게 감사드립니다. 아울러 재정적 지원을 해 주신 영일정씨 포은공파종약원의 정춘영 이사장님, 별좌공파 정성교 회장님을 비롯한 임원 여러분과 이 책이 발간하기까지 후의를 베풀어 주시고 염려해 주신 모든 분들에게 충심으로 깊이 감사 인사를 드립니다.

2013년 한식절에
불초 래정(來晶) 올림

고철 정철수 선생 유고집

나의 청춘
한 학도병이 걸어온 길

1판 1쇄 펴낸날 · 2013년 04월 30일

지은이 · 정철수
엮은이 · 홍순석

펴낸이 · 서채윤
펴낸곳 · 채륜
책만듦이 · 정나영
책꾸밈이 · Design窓

등록 · 2007년 6월 25일(제25100-007-00025호)
주소 · 서울 광진구 군자동 229
대표전화 · 02-6080-8778
팩스 · 02-6080-0707
E-mail · book@chaeryun.com
Homepage · www.chaeryun.com

책값은 뒤표지에 있습니다.
ISBN 978-89-93799-71-2 04990
ISBN 978-89-93799-70-5 (세트)

이 도서의 국립중앙도서관 출판시도서목록(CIP)은 서지정보유통지원시스템 홈페이지(http://seoji.nl.go.kr)와 국가자료공동목록시스템(http://www.nl.go.kr/kolisnet)에서 이용하실 수 있습니다.(CIP제어번호: CIP2013003646)